Gesammtbericht

über die

Thätigkeit des deutschen Juristentags

in den 25 Jahren seines Bestehens
1860—1885.

Jubiläumsschrift

im Auftrage der ständigen Deputation verfaßt
vom

Oberlandesgerichtsrath Thomsen
zu Stettin.

Berlin 1885.
Commissions-Verlag von J. Guttentag.
(D. Collin.)

Inhalts-Verzeichniß.

Statut

des

deutschen Juristentages.

---

§ 1.

Der Zweck des deutschen Juristentages ist: eine Vereinigung für den lebendigen Meinungsaustausch und den persönlichen Verkehr unter den deutschen Juristen zu bilden; auf den Gebieten des Privatrechts, des Prozesses und des Strafrechts den Forderungen nach einheitlicher Entwickelung immer größere Anerkennung zu verschaffen, die Hindernisse, welche dieser Entwickelung entgegenstehen, zu bezeichnen und sich über Vorschläge zu verständigen, welche geeignet sind, die Rechtseinheit zu fördern.

§ 2.

Der deutsche Juristentag tritt in der Regel alljährlich zusammen; doch ist die ständige Deputation ermächtigt, aus Gründen der Zweckmäßigkeit ausnahmsweise die Wiedereinberufung des Juristentages erst in dem auf dessen letzten Zusammentritt folgenden zweiten Kalenderjahre vorzunehmen.

§ 3.

Zur Mitgliedschaft berechtigt sind die deutschen Richter, Staatsanwälte, Advocaten und Notare, die Aspiranten des Richteramts, der Anwaltschaft und des Notariats, sowie Jeder, der nach seinen Landesgesetzen zum Richteramte, zur Anwaltschaft oder zur Ausübung des Notariats für befähigt erkannt ist, ferner die Lehrer an den deutschen Hochschulen, die Mitglieder der gelehrten Akademieen, die Doctoren der Rechte und die rechtsgelehrten Mitglieder der Verwaltungsbehörden.

§ 4.

Die Mitgliedschaft beginnt mit dem Empfange der Mitgliedskarte. Sie berechtigt zur Theilnahme an den Verhandlungen und an der Abstimmung.

§ 5.

Der Beitrag der Gesellschaftsmitglieder beträgt Sechs Mark jährlich und ist innerhalb vier Wochen nach Beginn des neuen Jahres zu entrichten, widrigenfalls derselbe durch Postvorschuß eingezogen wird. Nimmt ein Mitglied den mit Postvorschuß beschwerten Brief nicht an, so wird dies einer ausdrücklichen Austrittserklärung gleich erachtet. — Für die am Orte des Juristentages selbst zu lösende Anmeldungskarte sind Drei Mark zu entrichten.

§ 6.

Den Plenarverhandlungen des deutschen Juristentages gehen der Regel nach Abtheilungsberathungen voraus. Zu diesem Zwecke werden durch freiwillige Einzeichnungen der Mitglieder folgende vier Abtheilungen gebildet:

1) Abtheilung für Privatrecht, insbesondere Obligationen- und Pfandrecht, juristisches Studium und praktische Ausbildung.
2) Abtheilung für Handels-, Wechsel-, See- und internationales Recht.
3) Abtheilung für Strafrecht, Strafprozeß und Gefängnißwesen.
4) Abtheilung für Gerichtsverfassung und Civilprozeß.

Die Abtheilungen wählen ihre Vorsitzenden, Schriftführer, Berichterstatter und benachrichtigen den Vorsitzenden der Plenarversammlung (§ 7), sobald ihre Berathungen über einzelne Gegenstände geschlossen sind; ihre Anträge sind schriftlich zu fassen. In jeder Abtheilung stimmen nur Diejenigen mit, welche sich in die betreffende Abtheilung bereits eingezeichnet haben.

Sämmtliche Beschlüsse der Abtheilungen werden in der Plenarversammlung mitgetheilt. Es findet jedoch eine Erörterung und Entscheidung im Plenum nur dann statt, wenn dieselbe von der betreffenden Abtheilung vorgeschlagen, oder wenn sie von mindestens zehn Mitgliedern beantragt und von der Plenarversammlung beschlossen wird. Ueber die Vorfrage, ob dem von mindestens zehn Mitgliedern gestellten Antrage auf Plenarentscheidung stattzugeben, wird nur einem der Antragsteller und dem Berichterstatter das Wort ertheilt.

§ 7.

Die Verhandlungen der Plenarversammlung leitet ein Vorsitzender, welcher für die Dauer eines jeden Juristentages in der ersten Plenarversammlung durch Stimmzettel oder Acclamation gewählt wird. Derselbe benennt zwei bis vier Stellvertreter und vier Schriftführer. Er bestimmt die Tagesordnung und kann einzelne Gegenstände, ohne Vorberathung in den Abtheilungen (§ 6), unmittelbar zur Plenarberathung stellen. Auch ist er befugt, Nichtmitglieder als Zuhörer zuzulassen.

§ 8.

Bei allen Beschlüssen der Plenarversammlung und der Abtheilungen entscheidet einfache Majorität der anwesenden Mitglieder, bei allen Wahlen relative Majorität und im Falle der Stimmengleichheit das Loos.

§ 9.

Wird Schluß der Debatte beantragt, so wird über diesen Antrag sofort abgestimmt. In der Plenarversammlung sind alle Anträge mit Ausnahme des Antrages auf Schluß der Debatte schriftlich zu stellen.

§ 10.

Vor dem Schlusse eines jeden Juristentages wird von der Plenarversammlung durch Acclamation oder in einem einzigen Scrutinium durch Stimmzettel eine aus neunzehn Mitgliedern und dem Präsidenten des letzten Juristentages als Ehrenpräsidenten bestehende ständige Deputation gewählt. Die Liste der zur Acclamation vorzuschlagenden Personen wird durch den Präsidenten der Plenarversammlung, seine Stellvertreter und je zehn von jeder Abtheilung gewählte Vertrauensmänner gemeinschaftlich festgestellt.

Die ständige Deputation hat folgende Befugnisse und Obliegenheiten:

1) sie sorgt für die Ausführung der von dem Juristentage gefaßten Beschlüsse, veranlaßt nach eignem Ermessen den Druck der Protokolle und Vorlagen, bewirkt die Vertheilung der Drucksachen an die Mitglieder und verwahrt alle Akten und Schriftstücke des Juristentages;
2) sie bestimmt Zeit und Ort des nächsten Juristentages, trifft die für denselben nöthigen Vorbereitungen, erläßt die Einladungen, stellt die vorläufige Tagesordnung auf, wobei sie in der Regel nur die bis zum 31. Mai des laufenden Jahres eingegangenen Vorlagen zu berücksichtigen hat, und bereitet Abänderungsvorschläge in Betreff der Geschäftsordnung für die Plenarversammlung vor;
3) sie nimmt die Beitrittserklärungen neuer Mitglieder entgegen, fertigt die Mitgliedskarten aus, empfängt die Beiträge, bestreitet die Ausgaben und legt der folgenden Deputation Rechnung;
4) sie ergänzt sich selbst, falls eins oder mehrere Mitglieder während des Geschäftsjahres ausscheiden.

Die Deputation wählt aus ihrer Mitte einen Vorsitzenden, einen Schriftführer, welcher ein von der Deputation festzusetzendes Pauschquantum für baare Auslagen erhält, und einen Kassirer. Der letztere ist verpflichtet, der ständigen Deputation bei ihrem jedesmaligen Zusammentritt einen Kassenabschluß vorzulegen. Die Deputation läßt durch eines oder mehrere ihrer Mitglieder die Rechnung prüfen und die Kasse revidiren.

Die Deputation bestimmt Ort und Zeit ihrer Zusammenkunft. Zur Gültigkeit ihrer Beschlüsse ist die Einladung sämmtlicher Mitglieder, sowie die Mitwirkung von wenigstens fünf Mitgliedern erforderlich.

§ 11.

Abänderungen dieses Statuts können zwar von der Plenarversammlung durch einfache Stimmenmehrheit, jedoch nur auf schriftlichen Antrag, der vier Wochen vor dem Zusammentritt des Juristentages der ständigen Deputation (§ 10) überreicht worden, beschlossen werden.

Theil I.

Geschichte und Charakteristik des deutschen Juristentages.

„Es ist eine oft schon wiederholte und ausgemachte Wahrheit, daß der Charakter eines Volkes in seinen Gesetzen und in dem Verhältniß derselben zum Leben besteht, und daß ein Volk nur in dem Maße eine Einheit bildet, in welchem Gesetzgebung es verbindet, und daß ein Volk, welches mit seinem eigenen Rechte nicht vertraut, im eigenen Hause fremd und zersplittert ist. — Das Bedürfniß nach innerer Einheit des Rechtes reicht soweit als die Geschichte Deutschlands, und wenn diese Einheit durch unglückliche Zeitereignisse auch vielfach beeinträchtigt und gehemmt wurde, so ist das Bewußtsein der Nothwendigkeit doch niemals verschwunden!"

Bericht des Ausschusses des Deutschen Bundestages vom 12. August 1861.

„Durch die stattgehabte Verabschiedung der Justizgesetze ist die Sicherheit gegeben, daß in naher Zukunft die Rechtspflege in ganz Deutschland nach gleichen Normen gehandhabt, daß vor allen deutschen Gerichten nach denselben Vorschriften verfahren werden wird. Wir sind dadurch dem Ziel der nationalen Rechtseinheit wesentlich näher gerückt.

Die gemeinsame Rechtsentwickelung aber wird in der Nation das Bewußtsein der Zusammengehörigkeit stärken und der politischen Einheit Deutschlands einen inneren Halt geben, wie ihn keine frühere Periode unserer Geschichte aufweist."

Schluß-Thronrede des Deutschen Kaisers vom 22. Dezember 1876.

Die erste Anregung zur Gründung des deutschen Juristentages gab Dr. v. Holtzendorff (damals Privatdocent) am 3. März 1860 in einer Berathung des Vorstandes der Juristischen Gesellschaft in Berlin. Der Vorschlag, einen deutschen Juristentag auszuschreiben, fand dort sogleich allgemeinen Anklang. Man fühlte lebhaft das innere Bedürfniß für die nähere Verbindung der deutschen Juristen, man suchte und fand mittels Herbeiführung einer allgemeinen, periodisch wiederkehrenden Versammlung der Juristen deutscher Zunge eine Einrichtung, geeignet, der Einigung der deutschen Nation auf dem Gebiete des Rechts die Bahn ebenen zu helfen, positive Leistungen und Vorarbeiten für diese Einigung zu schaffen, das Gefühl der deutschen Rechtsgemeinsamkeit wach zu halten und zu kräftigen, Praktiker und Theoretiker aus allen deutschen Gauen zu einem persönlichen, in lebendiger Wechselwirkung die Rechtswissenschaft wie die Rechtspflege gleich befruchtenden Verkehr zusammenzuführen, dabei aber „einem einseitigen mikroskopischen Rechtsdogmatismus entgegen zu treten und fern von allem blinden Centralisationseifer denjenigen Besonderheiten in den Landrechten Geltung zu verschaffen, welche in den Eigenthümlichkeiten und Verhältnissen ihre objective Grundlage fänden".

Getragen von dieser Idee der Rechtsgemeinsamkeit erließ die Commission der Juristischen Gesellschaft nun eine Einladung zu dem ersten deutschen Juristentage auf Ende August 1860 in Berlin.

Auf ergangene Mittheilung bezeugten in besonderen Zuschriften fast alle Regierungen der deutschen Staaten, Preußen und Oesterreich an der Spitze, ihr reges Interesse an dem erstrebten Zweck der Herbeiführung deutscher Rechtseinheit und sagten dem Unternehmen ihre wirksame Unterstützung zu.

Aus den Antwortschreiben der Regierungen der drei größten Staaten mag hier Folgendes angeführt werden:

1. Schreiben des Preußischen Justizministers Simons: „Der

durch den Juristentag angestrebte letzte Zweck einer Förderung der Rechtseinheit im deutschen Vaterlande wird den Beifall eines Jeden finden, der die Nachtheile kennt, welche aus der Vielgestaltigkeit des Rechts in Deutschland für das Rechtsleben der Nation erwachsen."

2. Schreiben des Oesterreichischen Justizministers Grafen von Nadasdy: „Mit lebhafter Theilnahme begrüße ich das Unternehmen, welches eine gemeinsame deutsche Gesetzgebung für materielles und formelles Civil- und Strafrecht anstrebt und wesentlich zur Förderung der Aufgabe beitragen kann, die sich die Gesetzgebungen der deutschen Staaten gestellt und auf einzelnen Gebieten auch schon verwirklicht haben. Ich werde mit großer Aufmerksamkeit den Erörterungen des Juristentages und zwar um so mehr folgen, als ich nicht zweifle, daß dadurch auch schätzbare Beiträge für künftige legislatorische Arbeiten in Oesterreich gewonnen werden können."

3. Schreiben des Bayerischen Justizministers Freiherrn von Mulzer: „Das zeitgemäße Unternehmen, die Einheit Deutschlands auf dem Gebiete des Rechtes durch persönlichen Zusammentritt und Verkehr deutscher Juristen fördern zu helfen, ist gewiß in allen deutschen Gauen mit Freuden begrüßt worden."

So wurde denn zu Berlin in den letzten Tagen des August 1860 der erste deutsche Juristentag abgehalten, unter Betheiligung von ca. 800 Juristen. Von allen Seiten wurde der Juristentag in Berlin in einer Weise aufgenommen, welche auf's Deutlichste kundgab, daß die Einrichtung des neuen Instituts einem dringenden Bedürfnisse der Regierungen wie des Volkes entsprach.

Der jetzige deutsche Kaiser, unter dessen Auspicien die vom Juristentage ersehnte und erstrebte deutsche Rechts-Einheit jetzt zum größten Theile verwirklicht ist, bewilligte als damaliger Prinz-Regent von Preußen zu den Kosten des ersten deutschen Juristentages einen bedeutenden Beitrag und in Seinem Auftrage empfing der jetzige Kronprinz und künftige deutsche Kaiser die ganze Versammlung der deutschen Juristen, das lebendigste Interesse an der Sache ausdrückend, welche sie zusammengeführt. Uns Rückwärtsblickenden muß es als eine eigenthümliche Erscheinung vorkommen, daß der deutsche Juristentag in seiner Wiege Beweise huldvoller Anerkennung erhielt grade von zwei später vorzugsweise zu Schöpfern und Schirmern der jungen politischen und rechtlichen Einheit Deutschlands berufenen erlauchten Prinzen.

Dem ersten Juristentage folgten im Laufe der verflossenen 25 Jahre noch 16 andere, so daß 17 Juristentage stattgefunden haben:*)

Lfd. Nr.	Jahr.	Ort.	Präsident.
1.	1860	Berlin	von Wächter
2.	1861	Dresden	Bluntschli
3.	1862	Wien	von Wächter
4.	1863	Mainz	" "
5.	1864	Braunschweig	" "
6.	1867	München	" "
7.	1868	Hamburg	Gneist
8.	1869	Heidelberg	Bluntschli
9.	1871	Stuttgart	Gneist
10.	1872	Frankfurt a. M.	"
11.	1873	Hannover	"
12.	1875	Nürnberg	"
13.	1876	Salzburg	"
14.	1878	Jena	"
15.	1880	Leipzig	Drechsler
16.	1882	Kassel	Gneist
17.	1884	Würzburg	"

Jene Beweise der Anerkennung, welche dem Juristentage bei seiner Entstehung zu Theil wurden, wiederholten sich vielfach auch bei seiner Weiterentwickelung. Einerseits nahm die Bevölkerung der Versammlungsorte die Juristen mit der liebenswürdigsten Offenheit, Zuvorkommenheit und Gastfreundschaft auf, andererseits bezeugten die Souveraine und resp. die Regierungen der betreffenden Staaten in der einen oder andern Weise ihr Interesse an den Arbeiten des Juristentages.

So erklärte der Badische Staatsminister Jolly in seiner Ansprache auf dem achten Juristentage zu Heidelberg:

„Diese Aufgabe, in freier Forschung das Ideal zu erkennen und in unablässigem Bestreben nach seiner Durchführung zu ringen, haben Sie für einen der wichtigsten Zwecke unseres öffentlichen Lebens übernommen; dafür verdienen und empfangen Sie die Anerkennung unseres Volkes."

Ferner sagte der Württembergische Justizminister von Mittnacht bei der Begrüßung des neunten Juristentages in Stuttgart:

*) Zur Zeit beträgt die Mitgliederzahl ca. 1500, der Vermögensbestand fast 50000 Mark.

„Es ist geradezu Pflicht der Sachverständigen, jetzt ihre Stimmen zu erheben, und Pflicht der Staatsmänner, sie zu hören";

sodann der Oesterreichische Justizminister Glaser auf dem dreizehnten Juristentage zu Salzburg:

„Von Anbeginn des deutschen Juristentages habe ich an seiner Thätigkeit den wärmsten Antheil genommen und nie seine hohe Bedeutung für unser gemeinsames Rechtsleben aus den Augen verloren, denn gemeinsam ist uns geblieben eine aus derselben rechtsgeschichtlichen Grundlage emporgewachsene, in gleichem Geiste an unseren Universitäten gepflegte Rechtswissenschaft. Gemeinsam sind uns zwei neue, den über unsere Grenzen hinweg immer reger hin und herwebenden Geschäftsverkehr beherrschende Gesetzbücher, das hüben und drüben gleich hochgehaltene Ergebniß gemeinsamer Arbeit!"

endlich der Bayerische Justizminister von Fäustle auf dem letzten der siebenzehn Juristentage in Würzburg:

„In der That, Sie können — ohne erheblichen Widerspruch besorgen zu müssen — behaupten, daß in den letzten 20 Jahren keine größere gesetzgeberische Aufgabe auf dem Gebiete des bürgerlichen Rechtes, des Strafrechtes und des gerichtlichen Verfahrens in deutschen Landen gelöst worden ist, bezüglich deren nicht der Juristentag alle entscheidenden und wichtigeren Fragen erörtert und wesentlich dazu beigetragen hat, der Gesetzgebung die Pfade zu ebnen.

Und so wünsche ich denn, daß das, was Sie als communis opinio bezeichnen, auch fernerhin der Ausdruck einer gesunden, dem wahren praktischen Bedürfnisse der Nation entsprechenden Rechtsüberzeugung sein und bleiben möge!"

Eine fernere Anerkennung der Verdienste des Juristentages und zwar mit Rücksicht auf die Stelle, von welcher sie ausgeht, die bedeutsamste Anerkennung ist ausgedrückt in dem Anschreiben, womit der Bundeskanzler den Strafgesetz-Entwurf für den Norddeutschen Bund dem Juristentage übersandte:

„Der deutsche Juristentag, welcher seit einer Reihe von Jahren allen wichtigen Gesetzgebungsfragen unserer Zeit eine so werthvolle und fördernde Theilnahme zugewendet, wird diese dem anliegenden Strafgesetz-Entwurf für den Norddeutschen Bund nicht versagen wollen."

Eine solche Anerkennung der Verdienste des Juristentages wird man auch in der That für vollkommen gerechtfertigt erachten müssen, wenn man die arbeitsvolle Thätigkeit sich vergegenwärtigt, welche der Juristentag in den 25 Jahren seines Bestehens entwickelt hat, um das vorgesteckte Ziel zu erreichen. Dies Ziel besteht nach den Statuten (§ 1) in der Erfüllung zweier Hauptaufgaben:

1) eine Vereinigung für den lebendigen Meinungsaustausch und den persönlichen Verkehr unter den deutschen Juristen zu bilden,
2) auf den Gebieten des Privatrechts, des Prozesses und des Strafrechts durch Geltendmachung der Forderungen nach einheitlicher Rechtsentwickelung, durch Bezeichnung der entgegenstehenden Hindernisse und durch geeignete Vorschläge die Rechtseinheit zu fördern.

Die unmittelbare Befassung mit politischen oder öffentlich-rechtlichen Fragen ist grundsätzlich von der Thätigkeit des Juristentages ausgeschlossen geblieben, weil man mit Recht die Besorgniß hegte und aussprach, daß der Juristentag sonst in seinem eigenen Kreise sehr heftige, schwer zu überwindende Gegensätze wachrufen und außerhalb seines Kreises noch weit gefährlichere Gegensätze antreffen würde, die vielleicht alle seine Interessen gefährden könnten. Wenn gleichwohl der Juristentag ausnahmsweise Streifzüge in das öffentlich-rechtliche Gebiet machen zu müssen geglaubt hat, so geschah dies bei Verfolgung connexer Fragen aus den von ihm speciell erwählten anderen Rechtsgebieten (Verfassung, Verfahren und Competenz der Gerichte).

Die Thätigkeit des Juristentages muß also statutengemäß sich wesentlich in gesetzgeberischer Richtung bewegen; der Juristentag soll ein legislatorischer Rathgeber sein, soll bei den Arbeiten der Gesetzgebung anregen und helfen. Er will und kann nur wirken durch die Macht der moralischen Ueberzeugung, durch das Aussprechen der von ihm stets gesuchten und meist auch gefundenen communis opinio, durch die innere Wahrheit dessen, was er für wichtig erkennt und ausspricht. So sind denn auch von Anfang an alle Anträge abgelehnt, welche auf einen directen Verkehr des Juristentages mit den Regierungen oder mit der Volksvertretung hinzielten, und die Beschlüsse sind stets nur in der Form oder in dem Sinne gefaßt, daß der Juristentag seine Ueberzeugung ausspricht oder einen legislatorischen Akt für empfehlenswerth bzw. für nicht empfehlenswerth erklärt.

Das Hauptgewicht der Beschlüsse des Juristentages beruht nun keineswegs auf der Thatsache, daß im Plenum oder in den Abtheilungen eine so und so große Anzahl von Juristen ihr Votum abgegeben hat. Zunächst wäre die bloße Zahl der anwesenden Juristen im Verhältnisse zur Gesammtzahl aller deutschen Juristen stets zu gering, um einen Beschluß des Juristentages als vollständig sicheren Ausdruck der allgemeinen Ueberzeugung der deutschen Juristen ansehen zu lassen, sodann können bei der Theilnahme der jeweiligen Besucher an den Abstimmungen, besonders in den Abtheilungen, allerlei Zufälligkeiten mitspielen, endlich sind manche Beschlüsse nur mit einer knappen Majorität gefaßt worden. Das Hauptgewicht beruht vielmehr auf dem inneren Werth der Gründe und auf der Art und Weise, wie das Votum zu Stande gebracht wird. Nach einer gewöhnlich sehr sorgfältigen Vorbereitung durch schriftliche Gutachten resp. nach mündlicher Berichterstattung wird der Fall durch die debattirenden Redner von Mund zu Mund, von Auge zu Auge erörtert. In Frage und Antwort, Rede und Gegenrede klären sich die Ansichten, vermitteln sich die Contraste. Was ein Jahre lang geführter Schriftwechsel im litterarischen Kampfe nicht vermocht, wird oft in einer Stunde durch das Wortgefecht erreicht. Von hoher Bedeutung ist dabei eben der Umstand, daß Juristen aus den verschiedensten Rechtsgebieten, mit den verschiedensten Rechts-Anschauungen und Gewohnheiten, mit und gegen einander auftreten, daß Männer aus allen Zweigen des juristischen Berufs: Mitglieder von Justiz-Ministerien, Richter, Staatsanwälte, Rechtsanwälte als Praktiker, Professoren und Privatdocenten als Theoretiker, sich gegenseitig öffentlich aussprechen. Also die wahre Bedeutung, der wahre Werth der Arbeit des Juristentages dürfte mehr in den Verhandlungen selbst als in deren Resultaten, mehr in den Gründen als in den Beschlüssen zu finden sein.

Es wird als gerechtfertigt erscheinen, hier ein Institut zu erwähnen, welches nicht wenig zum gedeihlichen Wirken des Juristentages beigetragen hat: die ständige Deputation. Mit ihrem festen traditionellen Stamme alter Mitglieder und mit ihrem stets sich erneuenden jungen Nachwuchse bildet die Deputation neben dem Momente der fortschreitenden Mobilität zugleich das Moment der Stabilität in der wechselnden Flucht der Juristentags-Versammlungen. Die Deputation sucht, schafft, sammelt, ordnet und präparirt die Themata resp. das Arbeits-Material, und nicht selten ruht die Hauptlast der Begutachtung und der Berichterstattung*) vorzugsweise auf den Schultern ihrer Mitglieder, welche, aus möglichst vielen deutschen Stämmen und Rechtsgebieten ausgewählt und durch wechselseitige Beziehungen mehr oder weniger eng mit einander verbunden, in ihrer Vereinigung ein getreues Bild des gesammten Juristentages widerspiegeln.

Die zweite Haupt-Richtung der Aufgabe des Juristentages, nämlich: eine Vereinigung für den lebendigen Meinungsaustausch und den persönlichen

---

*) So am meisten von den Juristen Deutschlands:
Gneist (neben neunmaligem Präsidium des Juristentages): 2 Gutachten, 13 Referate.
Stenglein: 3 Gutachten, 12 Referate.
Von den Juristen Oesterreichs:
Jaques: 2 Gutachten, 7 Referate.

Verkehr unter den deutschen Juristen zu bilden, wird nicht selten bei der Beurtheilung der Wirksamkeit des Juristentages zu sehr unterschätzt. Ihre Bedeutung ist aber in der That eine hohe, und so ist sie auch im Statut an die Spitze gestellt. „Wir wollen" — so sagte der um den Juristentag so hoch verdiente langjährige Juristentags-Präsident von Wächter auf dem Juristentage in Wien — „die unschätzbare Ausbeute persönlicher Bekanntschaften und persönlichen, die Ecken der Polemik abschleifenden Zusammenseins gewinnen." Der große Werth des lebendigen persönlichen Meinungsaustausches bei den Sitzungsdebatten selbst ist bereits früher hervorgehoben. Aber auch nach anderen Seiten hin hat das persönliche Zusammenkommen sehr ersprießliche Wirkungen im Gefolge, die in hohem Grade dazu dienen, auch fernerhin das Interesse am Juristentage wach zu halten. Juristen aus den verschiedenen Rechtsgebieten tauschen im privaten Verkehr auch außerhalb der officiellen Debatten ihre Anschauungen und Erfahrungen gegenseitig aus, unbekannte Einrichtungen werden bekannt, die verschiedene Handhabung gleicher Gesetze wird mitgetheilt, die Mittel zur Abhülfe von praktischen Uebelständen werden besprochen, die Zweckmäßigkeit alter und neuer Vorschriften wird erörtert, kurz all das Gute, was die Zusammenkünfte engerer Juristenkreise im Kleinen bringen, bietet hier der Juristentag im Großen. Wenige Theilnehmer an den Juristentagen wird es geben, die nicht von jedem Juristentage in Folge des persönlichen Verkehrs mit den Berufsgenossen an juristischer Kenntniß und Erfahrung in irgend einer Weise bereichert mit erweitertem Blick heimgekehrt sind.

Weniger ein Zweck als vielmehr eine Folge der Thätigkeit des Juristentages ist die seinen Verhandlungen immanente theoretische Bedeutung: die Förderung der Rechtswissenschaft. In dem großen Material der Verhandlungen steckt eine Fülle wissenschaftlicher Forschungen und Erörterungen, deren Werth vielfach in der Litteratur Anerkennung gefunden hat. In der That haben sich ja auch viele unserer bedeutendsten Theoretiker wie Praktiker an den Gutachten und Debatten betheiligt und so durch den Glanz ihres Namens wie durch die Schätze ihrer Arbeit das wissenschaftliche Ansehen der Verhandlungen des Juristentages gehoben.

Nicht unerwähnt darf endlich hier bleiben die rein menschliche, die sociale Seite des Juristentages. Der Jurist des Nordens lernt die Sitten und Lebensanschauungen des Südens kennen und umgekehrt. Die charakteristischen Eigenthümlichkeiten der vielen deutschen Stämme treten einander gegenüber in die Erscheinung und gelangen unter den Genossen eines und desselben Berufes zu einer ebenso ungezwungenen und offenen wie interessanten und lehrreichen Wechselwirkung, umsomehr als der Versammlungsort bald in diesem bald in jenem Gau des deutschen Vaterlandes gewählt wird. Manche alte Bekanntschaften und Freundschaften aus den Universitätsjahren werden erneuert, neue werden angeknüpft, flüchtig vorübergehend oder dauernd für die Lebenszeit. Mit Recht hat daher auch der Juristentag die gesellige Seite der Vereinigung gepflegt, neben die Arbeit das Vergnügen gesetzt.

In der geschichtlichen Entwickelung des Juristentages lassen sich mit Rücksicht auf die inzwischen eingetretenen gewaltigen politischen Ereignisse und die dadurch hervorgerufene fundamentale Umgestaltung der Gesetzgebungs-Verhältnisse Deutschlands drei Hauptperioden unterscheiden.

Die erste Periode umfaßt die Zeit von der Gründung des Juristentages 1860 bis 1866, bis zur Lostrennung Oesterreichs von Deutschland resp. zur Errichtung des Norddeutschen Bundes (mit Anschluß der selbstständigen Südstaaten), eine Zeit, wo ziemlich alle Rechts-Gebiete für die Arbeit an der deutschen Rechtseinheit noch brach lagen, wo jede einheitliche Gesetzgebung fehlte. Fast trostlos erschienen 1860 die politisch-rechtlichen Zustände Deutschlands. Auf allen Rechtsgebieten herrschte die größte Zersplitterung. Selbst die Wechselordnung von 1848 war in mehreren Staaten nicht publicirt. Das Handelsgesetzbuch war noch nicht vollständig berathen. 38 verschiedene Prozeßordnungen waren es, nach denen das gerichtliche Verfahren in Deutschland sich gestaltete. In jedem Lande war ein anderes Strafrecht und ein anderes Strafverfahren, ja es gab selbst noch Länder, in denen für das Verfahren sowohl als für das materielle Recht die Vorschriften der peinlichen Halsgerichtsordnung galten und nach Carpzowscher Praxis geurtheilt wurde. Dazu beim Mangel jedes gemeinsamen Organs einheitlicher Gesetzgebung die Verwirklichung der Hoffnung auf Errichtung eines solchen ganz unabsehbar; die centrifugalen Kräfte in Deutschland mächtiger als die centripetalen, ja obendrein noch ein Doppel-Centrum Deutschlands im Dualismus Oesterreichs und Preußens! In der That mußte bei den ersten Anfängen des Juristentages ein festes Vertrauen auf die gute Sache und damit verbunden ein nicht geringer moralischer Muth dem deutschen Juristenstande innewohnen, als er angesichts solcher Zustände an die Aufgabe herantrat, die deutsche Rechtseinheit anzubahnen und zu befördern.

In diese Anfangsperiode fallen die ersten fünf Juristentage (I.—V.), welche vorzugsweise die Nothwendigkeit einer formalen einheitlichen Gesetzgebung geltend machten und das Bedürfniß betonten, für bestimmte Rechts-Materien gemeinsame deutsche Gesetze zu schaffen. Zugleich sprachen sie sich über viele einzelne wichtigere legislatorische Rechtsfragen aus.

Als zweite Periode, gleichsam als Uebergangs-Periode, erscheint die Zeit von 1866 bis 1871, bis zur Vollendung der politischen bezw. legisativen Einheit. Mit dem Norddeutschen Bunde war für den größten Theil Deutschlands eine Quelle formell gemeinen Rechts eröffnet, welche dann auch sofort reichlich zu fließen begann. Insbesondere wichtig für den Kreis der Thätigkeit des Juristentages, weil von ihm mehrfach in Anregung gebracht resp. vorbereitet, sind die norddeutschen Gesetze über den Wucher, die Schuldhaft, die Errichtung des Bundes-Oberhandelsgerichts, die Rechtshülfe, die Beschlagnahme der Arbeits- und Dienstlöhne, das Urheberrecht, vor Allem das Strafgesetzbuch.

Die in diese Zeit fallenden drei Juristentage (VI.—VIII.) fuhren fort, den Wunsch nach Erreichung der Rechtseinheit des ganzen Deutschlands kund zu geben, im Süden und im Norden dafür zu wirken und über einzelne legislatorische Fragen aus allen Rechtsgebietem zu verhandeln.

Die dritte Periode hat begonnen mit der Errichtung des Deutschen Reichs 1871. Was in der ersten Periode dem zweiten Juristentage bei seinem Ausspruche, daß für das nationale Werk der Rechtseinheit ein gemeinsames, von den Regierungen und den Kammern der Einzelstaaten anerkanntes Organ nothwendig sei, noch als ein Ideal in unbestimmter Ferne vorschwebte, was dann in der zweiten Periode näher gerückt und theilweise zum Anfange gediehen war, dessen reale Vollendung war jetzt Ereigniß geworden: im Bundesrathe und im Reichstage erstanden die gesetzgeberischen Factoren, welche durch den Mund des Kaisers nunmehr ein gemeinsames, alle Einzelstaaten umfassendes deutsches Recht verkünden konnten. Diese Institution zeigte denn auch sofort, daß sie mit dieser Macht auch die Einsicht und den Willen verband, die Einheit Deutschlands in der Gesetzgebung wie in der Rechtsprechung zur Erscheinung zu bringen. Die Justizgesetze des Norddeutschen Bundes wurden durchgängig zum Reichsrecht erhoben und die noch zu erledigenden großen Gesetzeswerke wurden in Angriff genommen. Für die seitdem abgehaltenen neun Juristentage (IX.—XVII.) war damit ein besonderer Antrieb gegeben, an diesen Werken mitzuarbeiten. Sie verhandelten über zahlreiche legislatorische Einzelfragen, nicht bloß bezüglich des zukünftigen, sondern auch bezüglich des schon vorhandenen deutschen Rechts, wie immer anregend und helfend.

So wurden denn als neue Reichsgesetze geschaffen: außer dem Militärstrafgesetzbuche, das Gerichtsverfassungsgesetz, die Civilprozeß-, die Strafprozeß-, die Concurs- und die Rechtsanwalts-Ordnung, ferner die Gesetze über die Civilehe, die Großjährigkeit, die Antragsdelicte, (die Wiedereinführung der Wucher-Beschränkungen) und über die Aktiengesellschaften.

Wie nun einerseits der Juristentag mit der größten Freude die Verwirklichung der deutschen Rechts-Einheit durch jene politischen Ereignisse herannahen sah, so wurden andererseits in den neuen Zuständen nicht geringe Gefahren für den Fortbestand des Juristentages selbst erblickt.

In Folge der staatlichen Umwälzungen von 1866 kam zunächst die Frage zur Erwägung, ob der Juristentag jetzt vom Schauplatz abzutreten habe. Diese Frage ward vielfach bejaht. Man sprach die Ansicht aus, daß beim Mangel einer deutschen legislativen Körperschaft der Juristentag zwar bisher gleichsam wie ein „Vorparlament ad hoc" fruchtbar gewirkt habe, daß aber durch die jüngsten Ereignisse die Sachlage völlig geändert sei. Die Frage nach den einigenden staatsrechtlichen Formen einer Legislation für Nord- und Süd-Deutschland habe jetzt alles Andere verdrängt, und der Lösung dieser Frage sei der Juristentag nicht gewachsen. Auch würde er, falls diese Vereinigung der Legislation vorläufig mißlinge, nicht der Aufgabe gewachsen sein, das legislatorische Band zwischen dem Norden und dem Süden irgendwie zu ersetzen und bei den gesetzgeberischen Gewalten eine Art Vermittler-Rolle zu spielen. Falls aber die Vereinigung gelänge, würde der Einfluß des Juristentages erst recht durch das allgemeine deutsche Parlament absorbirt werden, wie für Norddeutschland schon durch den Norddeutschen Reichstag. Als alleiniger Zweck des Juristentages bleibe auf alle Fälle übrig eine rein theoretische Aufgabe: die Förderung der Rechtswissenschaft. Hiezu jedoch sei der Juristentag weniger geeignet als kleinere Kreise, und mit Rücksicht auf die parlamentarische Thätigkeit werde es künftig dem Juristentag an Arbeitskräften wie an Arbeitslust fehlen. So hielt denn das derzeitige Schriftführer-Amt der ständigen Deputation „die äußersten Marksteine des deutschen Juristentages für erreicht", und glaubte in einem Vorworte zum Registerbande der ersten fünf Juristentage (Bd. 2 des VI. Juristentages) den Schwanengesang des Juristentages anstimmen zu sollen.

Glücklicherweise drang diese Ansicht in den betreffenden Kreisen nicht durch. Man war überwiegend der Meinung, daß grade die Einigung Norddeutschlands und dessen Trennung von Süddeutschland allen deutschen Juristen die Aufgabe und die Pflicht auferlege, das im Juristentag für die Idee der Rechtseinheit vorhandene Gemeinsame und Einigende in Deutschland zu erhalten und weiter zu bilden, und daß die deutschen Juristen auch künftig in diesem Streben sich einträchtig die Hände reichen würden, daß auch die Stimme des Juristentages nach wie vor nicht ungehört bei den gesetzgeberischen Gewalten des Nordens und des Südens verklingen werde, und daß mit der gesteigerten Aussicht auf Erfolg auch ein gesteigerter Impuls zur weitern Mitarbeit an der Rechtseinheit des ganzen Deutschlands gegeben sei. So wurde denn der sechste Juristentag ausgeschrieben und zwar nach München als der Hauptstadt des mächtigsten süddeutschen

Staates. Die hierauf gesetzten Erwartungen wurden auch auf's Glänzendste gerechtfertigt. Sowohl das allseitige Entgegenkommen vom Königlichen Hofe an*) durch alle Schichten der Bevölkerung hindurch, als auch die unverdrossene, fleißige Arbeit der zahlreich aus allen Gauen Deutschlands erschienenen Juristen gaben „ein leuchtendes Beispiel, wie der Deutsche für die Interessen der ganzen deutschen Nation zu wirken suchen soll". Mit Recht konnte am Schlusse der Präsident des Juristentages ausdrücklich constatiren, daß grade dieser sechste Juristentag mit besonderer Befriedigung auf seine Resultate zurückblicken dürfe. Die Grundlosigkeit der Befürchtung, daß der Einfluß des Juristentages auf die Gesetzgebung mit Rücksicht auf das deutsche Parlament schwinden werde, wird bei den weiter unten erfolgenden Erörterungen über das Verhältniß der Beschlüsse des Juristentages zur Gesetzgebung von selbst klar zu Tage treten.

Die zweite durch die Ereignisse von 1866 veranlaßte Frage betraf das fernere Verbleiben der deutsch-österreichischen Juristen im deutschen Juristentage. Von Anfang an hatten viele der deutschen Juristen Oesterreichs das lebhafteste Interesse am deutschen Juristentage bewiesen und an dessen Arbeiten sich mit Rath und That erfolgreich betheiligt. Mehr als Ein Staatsminister Oesterreichs gehörte zu den eifrigsten und thätigsten Mitgliedern des Juristentages, und der in Wien abgehaltene dritte Juristentag ist als der glänzendste und frequenteste aller Juristentage zu bezeichnen. Die historisch nothwendig gewordene politische Lostrennung Oesterreichs von Deutschland konnte nun die Befürchtung nahe legen, daß zugleich eine Lostrennung der österreichischen Juristen vom deutschen Juristentage erfolgen werde. Auch diese Befürchtung zeigte sich als grundlos. Die politischen Ereignisse mochten manche Wunde in Oesterreich geschlagen und vorübergehend eine kurze Trübung der Gemeinsamkeit der Rechtsinteressen verursacht haben, aber bald vernarbten die Wunden, die Verhältnisse klärten sich wieder und alle politischen Störungen wurden überdauert und überwunden durch die unvordenkliche Solidarität der Juristen des Deutschen Reiches und der deutschen Juristen Oesterreichs. Letztere verblieben im Juristentag. Unbeirrt durch die Ereignisse von 1866 haben sie nach wie vor ein warmes Herz entgegen getragen den Bestrebungen des Juristentages für die Rechtseinheit im Deutschen Reiche, und sie haben ein warmes Herz wiedergefunden für ihren Wettstreit, um neben den andern Nationalitäten des Oesterreichischen Kaiserstaates dem deutschen Wesen und dem deutschen Rechte in und für Oesterreich die gebührende Geltung zu verschaffen und zu wahren.

*) Der Prinz Ludwig von Bayern wurde damals und ist noch jetzt Mitglied des Juristentages.

Trotz 1866 sind die Juristen beider Reiche nicht müde geworden, ihre vereinten Kräfte an Kenntnissen und Erfahrungen der Weiterentwickelung deutschen Rechtes zu weihen, in fruchtbringender Wechselwirkung gegenseitig zu geben und zu empfangen und so das Band der gemeinsamen Interessen immer fester zu knüpfen.

Aehnlich wie 1866 wurden 1870/71 mit Rücksicht auf die nunmehr vollendete politisch-legislatorische Einheit Deutschlands Zweifel laut, ob die Fortdauer des Juristentages noch zeitgemäß sei. Aber auch diese Zweifel wurden beseitigt durch die Erwägung, daß für den Einfluß des Juristentages wesentlich nur die Form sich geändert habe, der Juristentag seine Einwirkung statt auf mehrere Legislationen nur auf Eine zu richten habe, und daß seine Thätigkeit von jetzt an belebt werde durch die Gewißheit des Erfolgs des nationalen Strebens nach Rechtseinheit.

Wie nun die Aufgabe des Juristentages nach zwei Seiten sich theilt: nicht bloß das künftige sondern auch das vorhandene Recht umfaßt und seine Arbeit dort den Charakter des Schaffens, hier den Charakter des Erhaltens und Verbesserns annimmt, so kann man in und neben den geschilderten drei Hauptperioden noch besondere innere Entwickelungs-Phasen der qualitativen Thätigkeit des Juristentages hervorheben. Diese bildeten sich für die verschiedenen Rechtsgebiete je nach der Verwirklichung der betreffenden Codification gemeinsamen deutschen Rechts. Jede Emanation eines großen Justizgesetzes hatte für dessen Bereich die Umgestaltung der Thätigkeit des Juristentages im Gefolge. So richtete sich die erhaltende und verbessernde Thätigkeit auf das Handels- und Wechsel-Recht in allen Perioden (13 Beschlüsse), auf das Strafgesetzbuch von 1871 an (4 Beschlüsse), auf die Civilprozeßordnung (2 Beschlüsse) und auf die Strafprozeßordnung (7 Beschlüsse) von 1877 an. Im Uebrigen herrschte nach wie vor die schaffende Thätigkeit. Auch in Beziehung auf diese inneren Entwickelungs-Phasen wurden nach Erlaß der großen Justizgesetze von 1877 Zweifel an der ferneren Zeitgemäßheit des Juristentages laut. Sie mußten aber wiederum bald verstummen vor der Hinweisung einerseits auf die überall und allezeit fortdauernde Thätigkeit des Erhaltens und Verbesserns, andrerseits auf die noch zu verwirklichende Einheit im Privatrecht. Eben die vierte Haupt-Phase wartet ja noch ihres Beginns durch die Emanation des bürgerlichen Gesetzbuches für Deutschland, bis wohin dem Juristentag die Aufgabe obliegt, an der Schöpfung des gemeinsamen Privatrechtes mitzuarbeiten.

In und zu den siebenzehn Jahresversammlungen des Juristentages ist ein außerordentlich reiches, in 36 Bänden niedergelegtes Material zusammengetragen. Es sind im Ganzen über 138 legislatorische Themata Haupt-

Beschlüsse gefaßt.*) Manche dieser Themata enthalten wiederum mehrere einzelne Fragepunkte und insofern hat der Juristentag mehr als 220 sachliche Aussprüche gethan und als Ausdruck seiner Ueberzeugung proclamirt. Außerdem sind fast 200 sachlich selbstständige (nicht bloß einen directen Gegensatz des Inhalts der Beschlüsse bildende) Anträge in den Debatten abgelehnt resp. für erledigt erklärt worden. Zur Vorbereitung der Verhandlungen sind nicht weniger als 241 schriftliche Gutachten geliefert, und in den Verhandlungen selbst sind außer ca. 200 Referenten nahezu 1000 Redner aufgetreten. Von den Hauptbeschlüssen bezielen 11 die allgemeine Gesetzgebung, 3 das juristische Studium, 19 die Gerichtsverfassung, 41 das Privatrecht, 9 das Strafrecht, 24 den Civilprozeß, 29 den Strafprozeß und 2 das internationale Recht. Ueber 34 Themata ist im Plenum**) des Juristentages verhandelt und Beschluß gefaßt, während über die anderen Themata nur in den betreffenden Abtheilungen debattirt und beschlossen ist, das Plenum bei diesen Abtheilungsbeschlüssen sich mit der bloßen Kenntnißnahme begnügt hat. Regelmäßig sind solche Abtheilungsbeschlüsse oder Themata zur Berathung und Beschlußfassung an das Plenum gebracht, welche als besonders streitig resp. wichtig erschienen. Die Zahl der einstimmig gefaßten Beschlüsse steigt kaum über 20, bei allen übrigen Beschlüssen hat eine Majorität entschieden, welche zuweilen an Einstimmigkeit, zuweilen an Stimmengleichheit grenzte. Während bei den allgemeinen Fragen der formalen Rechtseinheit Einstimmigkeit der Beschlüsse die Regel war, bildete bei den materiellen Einzelfragen Einstimmigkeit die Ausnahme. Hier entbrannte oft ein großer Kampf, dessen Lebhaftigkeit am besten die zahlreichen Anträge bezeugen, welche, abgelehnt, als Leichen auf dem Schlachtfelde zurückblieben. Um das rege Interesse an der Sache und die Gründlichkeit bei den Verhandlungen, welche den Beschlüssen vorhergingen, zu illustriren, mögen hier einige Beispiele angeführt werden. Die Verhandlungen über die Stellung der Staatsanwaltschaft (siehe unten C. 13) zogen sich durch vier Juristentage hin, nicht weniger als 11 schriftliche Gutachten wurden von Staatsanwälten, Ministerialräthen, Richtern und Rechtsanwälten geliefert, und an den Debatten betheiligten sich mehr als 30 Redner. Aehnlich verhält es sich mit der Frage des ehelichen Güterrechts (siehe D d 3 u. 4: 2 Juristentage, 7 Gutachten, 4 Referenten, 21 Redner, 7 abgelehnte Anträge), der freien Beweiswürdigung im Civilprozesse (F. 9:

---

*) Hier wie auch sonst wird die Bitte um Nachsicht wegen Versehen oder Irrthümer bei dem großen Material und den zahlreichen Daten auf geneigtes Gehör rechnen dürfen.

**) Bis zur Einführung des Schlußsatzes des § 6 der Statuten (bis zum dritten Juristentage) wurde übrigens stets ein Plenarbeschluß gefaßt.

3 Juristentage, 6 Gutachten, 3 Referenten, 26 Redner, 12 abgelehnte Anträge), der prozessualischen Behandlung der Preßdelicte, insbesonder bezüglich des Zeugnißzwangs (G. 6, 15, 16: 5 Juristentage, 6 Gutachten, 3 Referenten, 44 Redner, 6 abgelehnte Anträge), sowie der staatlichen Entschädigungspflicht für unschuldig erlittene Haft (G. 26, 27: 4 Juristentage, 5 Gutachten, 5 Referenten, 21 Redner, 9 abgelehnte Anträge).

Die umfangreiche Gesammtarbeit des Juristentages vertheilt sich auf die einzelnen Jahresversammlungen nach folgender, übersichtlich die allgemeinen Umrisse skizzirenden historischen Darstellung:*)

Der I. Juristentag (Berlin 1860) stellte zunächst die Statuten**) des Juristentages fest und verhandelte dann wesentlich über die formale Gesetzgebung, indem er das dringende Bedürfniß der Herbeiführung der deutschen Einheit auf dem Gebiete des Rechts klarlegte und durch einstimmige Plenarbeschlüsse zum Ausdruck brachte, so bezüglich des Handelsrechts, des Strafrechts, des bürgerlichen Rechts, zunächst wenigstens des Obligationenrechts, des Civilprozesses (und zwar auf Grundlage der Oeffentlichkeit und Mündlichkeit), ferner bezüglich einer gemeinsamen Eidesformel, der Rechtshilfe und der Errichtung eines höchsten deutschen Gerichtshofes. Die Beschlüsse der Abtheilungen über einzelne legislatorische Fragepunkte wurden vom Plenum zum nächsten Juristentage verwiesen.

Der II. Juristentag (Dresden 1861) begann sodann, — nachdem er die Nothwendigkeit einer gemeinsamen gesetzgeberischen Einrichtung für die Schaffung eines deutschen Civilprozesses und Obligationenrechts, das Bedürfniß der sofortigen Einrichtung eines höchsten Gerichtshofes für das bestehende gemeinsame deutsche (Handels-) Recht, sowie eines gemeinsamen Gesetzes zum Schutze der Urheberrechte ausgesprochen hatte, — sich mit einzelnen Fragepunkten auf den verschiedenen Rechtsgebieten eingehend zu beschäftigen. Der altdeutschrechtliche Grundsatz der Befugniß der Gerichte, über ihre Competenz selbst zu entscheiden, ward als nothwendig für die Unabhängigkeit der Rechtspflege bezeichnet. Man wollte damit an und für sich die Machtbefugniß der Verwaltungsbehörden, im öffentlichen Interesse nach Zweckmäßigkeits-Rücksichten resp. nach bestimmten Rechtsgrundsätzen in das Eigenthum u. s. w. einzugreifen, nicht berühren, sondern den Gerichten nur die Entscheidung vindiciren, ob ein einzelner Rechts- oder Streit-Fall diesseits oder jenseits der Grenze der Verwaltungsbefugnisse liege. Ferner

*) Die Beschlüsse selbst (und zwar systematisch geordnet) nebst den Resultaten der Gutachten und den abgelehnten Anträgen, soweit letztere die Beschlüsse resp. die Debatten illustriren, siehe im II. Theil.

**) Diese Statuten wurden modificirt auf den Juristentagen von 1861, 1862, 1863, 1873.

ward im Interesse des geschäftlichen Verkehrs innerhalb Deutschlands für wünschenswerth erklärt: eine gemeinsame Bestimmung des Zeitpunkts der Großjährigkeit, das Aufhören der väterlichen Gewalt mit diesem Zeitpunkt, sowie die Aufhebung der römisch-rechtlichen Beschränkungen der Intercession der Frauen. Es ward die Einführung der Verjährung erkannter Strafen empfohlen. Man sprach aus, vom Gesichtspunkte der collegialischen Gerichtsverfassung, daß im Civilprozesse der Schwerpunkt in die mündliche Verhandlung zu verlegen sei, d. h. die Hauptbestimmung der Schriftsätze eine informatorische und das mündlich Vorgetragene allein entscheidend sein solle; daß (als Consequenzen des Mündlichkeits-Prinzips) Anwaltszwang stattfinde; eine Zurückweisung der Klage per decretum unzulässig sei; die Ausführung des angeordneten Beweises nicht durch Rechtsmittel aufgehalten werden dürfe, und daß das Rechtsmittel dritter Instanz als Cassation zu verstehen sei. Man hielt zwar die allgemeine Einführung der Schwurgerichte für wünschenswerth, erklärte sich aber gegen jede prozessualische Ausnahmsstellung der politischen und Preßdelicte sowohl bezüglich der gänzlichen Ausschließung der Schwurgerichte als auch (wie das Plenum entgegen dem Abtheilungs-Beschlusse entschied) bezüglich der Zuweisung aller dieser Delicte an die Schwurgerichte. — Es wurden weitere Beschlüsse gefaßt gegen jede Partei-Stellung der Staatsanwaltschaft im Strafverfahren im Allgemeinen, für das Legalitätsprinzip, sodann für die Unzulässigkeit der prinzipalen Privatanklage, für die Anrufung des Gerichts bei staatsanwaltschaftlicher Ablehnung der Anklage, für die hieran sich anknüpfende Zulässigkeit der subsidiären Privatanklage, sowie für die Adhäsion des Verletzten. Endlich für die Ausdehnung der Rechte der Vertheidigung gab der Juristentag nach umfassenden Verhandlungen in zahlreichen Einzelbeschlüssen sein Votum ab. Insbesondere glaubte man bezüglich der prinzipalen Privatanklage, daß es einen Bruch mit der Entwickelung unseres Strafrechts, einen Widerspruch mit den sittlichen und staatlichen Zuständen der Gegenwart enthalten würde, wenn man in der Regel bei dem Verbrechen eine Verletzung blos des Individuums und nicht auch der Gesammtheit erblicken wollte. Nur bei besonders geringen Strafthaten rechtfertige es sich, die Anklage dem verletzten Individuum zu überlassen.

Der III. Juristentag (Wien 1862) brachte das Bedürfniß eines gemeinsamen Gesetzes über das Versicherungswesen, sowie über das Hypothekenwesen, und zwar nach den Prinzipien der Specialität und Oeffentlichkeit auf Grundlage des sachenrechtlichen Grundbuchsystems, zum Ausdruck. Bezüglich der Frage der gerichtlichen Competenz zur Entscheidung über die Giltigkeit von Gesetzen und von Verordnungen nahm das Plenum in letzterer Richtung die Ansicht an, daß der Richter im einzelnen Falle über die Anwendbarkeit resp. Giltigkeit der Verordnungen und Erlasse des Staatsoberhaupts oder der Staatsregierung zu entscheiden habe. Man ging von dem juristischen Fundament aus, daß, wenn das Gesetz selber die Giltigkeit gewisser Erlasse der Staatsgewalt an die Mitwirkung der Stände knüpft, überall, wo es an dieser Voraussetzung fehlt, ebensowenig ein giltiger Erlaß vorliegt, als wenn demselben irgend ein sonstiges Kriterium, ein äußerliches oder innerliches fehlt. Mit der Entscheidung hierüber erhebe der Richter sich weder über den Gesetzgeber noch werfe er sich zum Wächter der Staatsverfassung auf. Im Strafrechte erklärte man sich (im Plenum) grundsätzlich gegen absolute Strafandrohungen (nicht Strafen) und für Beschränkung der Ehrenstrafen. Für das Civilverfahren wurde über die bereits auf den beiden früheren Juristentagen mehrfach ventilirte Frage der Tragweite der richterlichen Beweisanordnung nach lebhaften Debatten, woran besonders die zum größten Theil an der bindenden Kraft des Interlocuts festhaltenden hannoverschen Juristen sich betheiligten, mit Rücksicht auf das Wesen der Mündlichkeit der wichtige folgenreiche Beschluß gefaßt (mit großer Majorität): daß das Beweisinterlocut den Richter nicht binde, daß also die in der hannoverschen Civil-Prozeß-Ordnung enthaltene, auf der Gebundenheit des Instanz-Richters an sein Beweisinterlocut beruhende Cäsur des Verfahrens zwischen Behauptung und Beweis nicht anzunehmen sei. Ein Recht oder eine Pflicht der Staatsanwaltschaft, in Civilprozessen sich gutachtlich zu äußern (partie jointe), sowie die Nichtigkeitsbeschwerde im Interesse des Gesetzes ward für unzweckmäßig erklärt.

Im Gebiete des Strafprozesses wurde zunächst das Institut der sogenannten Freisprechung von der Instanz einstimmig verurtheilt und sodann über die Voruntersuchung eingehend verhandelt, wobei man zu einer Reihe von Einzelbeschlüssen gelangte.

Auf dem IV. Juristentage (Mainz 1863) beschäftigte man sich besonders mit Organisations-Fragen. Die zahlreichen Beschlüsse bezielen zunächst die Gerichte (Unabhängigkeit der Richter, gerichtliche Collegialität mit Einzelrichtern für geringere Sachen), sodann die Rechtsanwaltschaft (Verbindung der Advokatur und Anwaltschaft, Freigebung der Rechtsanwaltschaft, Trennung vom Notariat), endlich (sehr detaillirt) das juristische Studium. Die auf dem vorigen Juristentag unerledigt gebliebene Frage, ob der Richter auch über die Verfassungsmäßigkeit der Gesetze zu entscheiden habe, wurde nach einer lebhaften Debatte von der Majorität des Plenums bejaht. Man erklärte dabei insbesondere, daß zwar die Gerichte im einzelnen Falle ein Gesetz nur insoweit anwenden sollen, als sein Inhalt die Zustimmung der Stände erlangt habe, daß es aber dringend wünschenswerth sei, über desfallsige Zweifel einen unabhängigen Cassationshof (das zukünftige deutsche Reichsgericht) entscheiden zu lassen. Ueber die schon auf dem vorhergehenden Juristentag erörterte Zulässigkeit der Paternitätsklage sprach sich der Juristentag ungünstig aus, indem er mit Rücksicht auf die verschiedenen damit verknüpften Uebelstände die Klage zur Zeit in Deutschland möglichst beschränken, ihre Aufnahme in das künftige deutsche Gesetzbuch nur in Ausnahmsfällen zulassen wollte. Das Plenum verwarf die Todesstrafe, während der Abtheilungsbeschluß sie für den Mord und für hochverrätherische Angriffe gegen die körperliche Sicherheit des Staatsoberhauptes, wenigstens einstweilen noch, beibehalten wollte. Die besonders in der Abtheilung lebhaft geführten Debatten brachten die juristischen, ethisch-religiösen und praktischen Gründe für und wider zur umfassenden Erörterung. Im Civilprozesse ward der bereits zum dritten Male besprochene wichtige Grundsatz der freien Beweiswürdigung, unter Vorbehalt besonderer Bestimmungen über Urkunden und Eid, endlich proclamirt, ferner der Personalarrest im Prinzipe für zulässig erklärt.

Der V. Juristentag (Braunschweig 1864) verhandelte in umfassender Weise über die Organisation der Staatsanwaltschaft (ständige Beamte, Unabhängigkeit, Disposition über gerichtliche Polizei, kein Aufsichtsrecht über Gerichte) und über deren Thätigkeit als Partei in Civilprozessen (im öffentlichen Interesse — partie principale — bei Ehe- und Entmündigungs-Sachen). Die Einführung von Handelsgerichten (aus Kaufleuten und Richtern) wurde für ein dringendes Bedürfniß erklärt. Das Gewohnheitsrecht wurde für den Fall umfassender Codification des Privatrechts, dem Zweck einer solchen Codification entsprechend, nur als ergänzende, nicht als derogatorische Rechtsquelle anerkannt; sodann für die Vormundschaft das Prinzip ausgesprochen: sie sei eine Sache der Familie, nicht des Staats. Im Civilprozesse ward mit Rücksicht auf die freie Beweiswürdigung jede Bestimmung über Unzulässigkeit des Zeugenbeweises verworfen, jedoch die Vernehmung vor dem Prozeßgerichte als Regel empfohlen. Im Strafprozesse beschränkte man (Pl.) die Zwangsmittel gegen Zeugen auf mäßige Geldstrafe oder Freiheitsentziehung und die Zeugnißpflicht auf die Vernehmung vor dem mit der Untersuchung befaßten Richter, weil die Anwendung strafprozessualischer Zwangsmittel nicht von der Staatsanwaltschaft oder der gerichtlichen Polizei abhängig sein dürfe.

Der VI. Juristentag (München 1867) erklärte sich gegen die akademische Gerichtsbarkeit in Civil- wie in Straf-Sachen, stellte vom staatsrechtlichen, nicht vom privatrechtlichen, Gesichtspunkte ausgehend als Prinzip auf: daß der Staat resp. die Gemeinde für den Schaden, welchen die Beamten durch vorsätzliche oder culpose Verletzung ihrer Dienstpflicht Dritten zufügen, haften müsse, verwarf die Wuchergesetze als dem Dispositionsrecht der

Parteien widersprechend und nicht durch gebieterische volkswirthschaftliche oder politische Gründe gerechtfertigt, nahm im Civilprozesse das Prinzip der Beweisverbindung an und sprach sich gegen die Regelung der Beweislast bei der Beweisanordnung aus. Dem Bedürfnisse einer gemeinsamen Concursordnung ward Ausdruck gegeben mit dem Wunsche, daß darin das Institut des Zwangsvergleichs (jedoch nur für den Concurs) aufgenommen werde. Ueber die Frage der Berufung wurde lebhaft und lange verhandelt, schließlich aber ging man in der Abtheilung wie im Plenum (einstimmig) zur Tagesordnung über, weil die wissenschaftlichen Forschungen über die Berufung noch nicht zum Abschluß gekommen seien. Die Beeidigung der Zeugen soll mit Rücksicht auf praktische Gründe nur einmal und zwar regelmäßig in der Hauptverhandlung und vor der Vernehmung erfolgen.

Der VII. Juristentag (Hamburg 1868) erklärte sich (Pl.) wie für Freigebung der Rechtsanwaltschaft so auch für die Freizügigkeit und für die Handhabung der Disciplin durch Anwaltskammern; sodann gegen die Anfechtung der Verträge wegen laesio enormis, gegen das Institut der vereidigten Handelsmakler, und zur Verhütung von Verkehrsstörungen gegen die Zulässigkeit der privaten wie offiziellen Außercourssetzung von Inhaberpapieren. Im Civilprozesse entschied man sich mit Rücksicht auf die freie Beweiswürdigung gegen eine gesetzliche Bestimmung über die Beweiskraft der Strafurtheile, und sodann (Pl.) für die Zulässigkeit der Beschlagnahme künftigen Lohns, jedoch unter Belassung einer Competenz; im Strafprozesse für richterliche, nur einmalige, Vorprüfung der Anklage, gegen eine Verpflichtung des Angeklagten zur Erklärung auf die Anklage in der Hauptverhandlung, sowie für die Befugniß des Staatsanwalts, zu Gunsten des Angeklagten die Rechtsmittel einzuwenden und die Wiederaufnahme zu beantragen.

Der VIII. Juristentag (Heidelberg 1869) adoptirte das Institut selbstständiger Vollstreckungsbeamten (Gerichtsvollzieher), verhandelte dann im Privatrechte eingehend über die Frage der Schuldanerkennungs-Theorie, um sie schließlich zum nächsten Juristentage zu verweisen. Im Plenum wurde (gegen eine Stimme) der wichtige Beschluß gefaßt, daß die Civilehe die nothwendige Form der Eheschließung sei, unter Aufhebung des Ehehindernisses der Religionsverschiedenheit. Die obligatorische Civilehe wurde bezeichnet als die nothwendige Folge der grundsätzlichen Auseinandersetzung der rechtlichen Ordnung der Ehe (für den Staat) und der sittlichen Ordnung (für die Kirche). Das im Mittelalter mit Rücksicht auf den Fortschritt zur sittlichen Erhebung der Ehe, auf die nothwendige Einheit des Eherechts und auf die nothwendige Permanenz des Beamtenthums eingetretene Verhältniß der Identificirung jener beiden Momente in der Römisch-katholischen Kirche sei in Folge der Entwickelung der kirchlichen und staatlichen Zustände in der spätern Zeit umgekehrt worden. Die rechtliche Seite, mit der Oeffentlichkeit der Vorbereitungsstadien, mit der rechtlichen causae cognitio über Einsprachen und Ehehindernisse und besonders mit der öffentlichen Beglaubigung des Eheschließungsakts, gehöre nunmehr zum Gebiete des Staats, während die kirchliche Trauung der Kirche verbleibe, aber ohne Verbindung mit weltlichen Zwangsmitteln. Die obligatorische (nicht die Noth- und nicht die facultative) Civilehe sei daher das Postulat gemeinsamer nationaler Gesetzgebung. Aus prinzipiellen und praktischen Gründen verwarf sodann der Juristentag für Actiengesellschaften und Kommanditgesellschaften auf Actien das Erforderniß der staatlichen Genehmigung, desgleichen für die Erwerbs- und Wirthschafts-Genossenschaften und nahm für letztere als Prinzip die Solidarhaft der Mitglieder an, jedoch unter Zulassung von Ausnahmen bei gewissen Cautelen für die Gläubiger. Im Civilprozesse erklärte der Juristentag sich nach einer ausführlichen, sich wesentlich um praktische Gesichtspunkte drehenden Debatte gegen die eidliche Vernehmung der Parteien als Zeugen, sowie gegen den Ignoranz- und Glaubens-Eid, jedoch für die eventuelle Eideszuschiebung, ferner gegen das Institut des unbedingten Mandats. Im Gebiete des Strafprozesses wurde im Interesse der materiellen Gerechtigkeit die Wiederaufnahme des Verfahrens bei erheblichen neuen Thatsachen oder Beweismitteln zu Gunsten des Verurtheilten für zulässig erachtet, ferner (im Pl.) das System der Einzelhaft für den Vollzug der Freiheitsstrafe adoptirt als am meisten die Grundbedingungen für die Erreichung aller Strafzwecke in sich vereinigend. Endlich wurde (im Pl.) die Ueberzeugung zum Ausdruck gebracht, daß das Militair-Straf-Verfahren reformbedürftig und wesentlich nach den Grundsätzen des bürgerlichen Verfahrens neu zu regeln sei, auch die Zuständigkeit der Militairgerichte im Frieden sich auf die Dienstvergehen beschränken müsse.

Auf dem IX. Juristentag (Stuttgart 1871) bildete im Privatrechte wiederum die Anerkennungs-Theorie den Hauptgegenstand. Nach eingehenden Debatten wurde die Frage, ob das künftige deutsche Gesetzbuch die verbindliche Kraft des Anerkennungsvertrages aufnehmen solle, in bejahendem Sinne beantwortet. Ein ohne Angabe des Schuldgrundes auf ein Schuldigsein oder die Leistung eines Gegenstandes gerichteter Vertrag, wenn eben die Absicht auf eine solche Abstrahirung vom Schuldgrunde geht, ward für klagbar erachtet, dabei aber ausgedrückt, einerseits: daß nicht blos eigentliche Condictionen, sondern auch andere Rückforderungsrechte, welche nach dem geltenden Rechte dem Schuldner aus dem unterliegenden Rechtsverhältnisse zustehen, gegenüber der Anerkennungs-Obligation geltend gemacht werden können, andererseits: daß, wenn die Aufhebung der ursprünglichen Obligation nicht beabsichtigt war, die Verbindlichkeiten aus der ursprünglichen und aus der neuen Schuld neben einander in alternativem Verhältnisse fortbestehen. Die Haftpflicht des Staats für die Schadenzufügung seiner Beamten normirte der Juristentag als eine directe. Mit Rücksicht auf den revidirten Entwurf der C. Pr. O. wurde in mehreren Einzel-Beschlüssen dessen Construction des Verfahrens gebilligt, insbesondere wurde, im Widerspruch mit einem Beschlusse des VII. Juristentages, aber im Einklange mit einem Ausspruche der 4. Abth. des VI. Juristentages, unter Verwerfung der Eventualmaxime eine Präclusion bei neuen Thatsachen und Beweismitteln für unvereinbar mit dem Wesen des mündlichen Verfahrens erachtet. Die im Entwurfe als Rechtsmittel zweiter Instanz neueingeführte revisio in jure wurde dagegen gemißbilligt und die unbedingte Berufung verlangt. Im Strafprozesse sprach sich der Juristentag nach langer Verhandlung für die möglichst ausgedehnte Mitwirkung des Laienelements aus, insbesondere auch für das Schöffeninstitut bei den Gerichten sowohl der mittleren als der untersten Ordnung, und zwar wurde den Schöffen das Richteramt im vollen Umfange, auch über Prozeßfragen und Strafmaß vindicirt. Man ging davon aus, daß alle Gründe für die Zuziehung des Laienelements bei Strafgerichten höchster resp. unterster Ordnung auch bezüglich der Gerichte mittlerer Ordnung zutreffen und eine Ausschließung der Laien hier und zwar grade bei der Aburtheilung der zahlreichsten Straffälle eine Inconsequenz sei. Die Entscheidung darüber, ob das Institut des Schwurgerichts oder des Schöffengerichts den Vorzug verdiene und eine einheitliche Einrichtung für die Combination des Laien- und des juristischen Elements bei der Urtheilsfindung in allen Straffällen sich empfehle, ward für die Erfahrungen der Zukunft vorbehalten. Ueber die Frage der Berufung des Angeklagten gegen sogenannte Straffreisprechung ging man zur Tagesordnung über mit Rücksicht darauf, daß die generelle Berufungsfrage selbst noch ungelöst sei. Endlich wurde noch als Kriterium für die Zuständigkeit der Gerichte die in thesi angedrohte Strafhöhe hingestellt, vorbehältlich der Zuweisung geringerer, an sich vor die Mittelgerichte gehörender Strafsachen an die niederen Gerichte (Correctionalisirungs-System).

Der X. Juristentag (Frankfurt a. M. 1872) beschäftigte sich besonders mit der Presse. Er sprach unter Ablehnung des Präventiv-Systems und Annahme des Repressiv- oder Justiz-Systems den Grundsatz aus, daß die Presse den allgemeinen gewerblichen wie strafrechtlichen und strafprozessualen Gesetzen zu unterwerfen sei, mit Ausschluß jeder Sonderstellung. Während man in der Abtheilung zwischen Preßdelicten, welche mit der Verbreitung der Druckschrift vollkommen consummirt sind, (Druckschriftcorpus delicti) und solchen Preßdelicten, wo noch eine weitere Strafthat vorbereitet wird (instrumentum delicti) einen Unterschied machte und nur in den letzteren Fällen die (strafprozessualische) Beschlagnahme zulassen wollte, in den ersteren die Unzulässigkeit jeder richterlichen wie administrativen vorläufigen Beschlagnahme aussprach, verwarf das Plenum diesen Ausspruch, indem es jene Unterscheidung, wenigstens legislatorisch, nicht gelten ließ und im Interesse des erforderlichen Rechtsschutzes jedenfalls dem Richter die Befugniß der vorläufigen Beschlagnahme vindiciren wollte. Die Möglichkeit und das Bedürfniß eines internationalen, alle Culturstaaten umfassenden Wechselrechts wurde anerkannt (Pl.) Man vertagte die Frage der Einführung der Civiljury als nicht spruchreif, und sprach ferner in einer gewissermaßen dilatorischen Weise aus, daß für die Ersetzung der Schwurgerichte durch Schöffengerichte kein Bedürfniß vorliege. Dem Reichsgerichte wurde die Revisionsentscheidung nicht blos über die Reichsgesetze, sondern auch allgemein über die Landesrechte vindicirt. Endlich noch verwarf der Juristentag das Erforderniß schriftlicher Form für Verträge als Regel, indem man annahm, daß die Vorschrift dieser Form überwiegende Nachtheile mit sich führe, der deutschen Sitte und Rechtsanschauung von der Verbindlichkeit des bloßen Worts widerspreche und eine nicht gerechtfertigte Bevormundung enthalte.

Auf dem XI. Juristentag (Hannover 1873) kamen besonders wichtige Themata zur Verhandlung. Zunächst wurden gleichmäßige Vorschriften über die Ausbildung der deutschen Richter, Staatsanwälte und Advokaten als ein Bedürfniß bezeichnet, und über die Competenz der Einzelrichter mehrere Detail-Beschlüsse gefaßt. Sodann entschied man sich zur nothwendigen Ausgleichung des mercantilen und civilen Doppelrechts im Mobiliarverkehr zu Gunsten der handelsrechtlichen Grundsätze, insbesondere über Rechtsgeschäfte (Kauf). Bezüglich der brennenden Zeitfrage der Verhinderung unsolider Begründung oder mißbräuchlicher Verwaltung von Actiengesellschaften wurden verschiedene bedeutungsvolle Abänderungen des Handelsgesetzbuches als nothwendig bezeichnet (Prospects-Theorie, Gründer-Verantwortlichkeit, Pflicht der Actionaire zur Vollzahlung, Controle, Klagerecht der Actionaire). Im Strafprozesse wurde das Kreuzverhör für die Hauptverhandlung sanctionirt und zwar nicht das subsidiäre oder facultative, sondern das obligatorische, indem man von der Ansicht ausging, daß die Parteien allein den vollständigen Ueberblick des Materials hätten und durch die von beiden Parteien erfolgende Befragung die beste Aufklärung der Wahrheit eintreten würde, daß ferner dabei auch die volle Unbefangenheit des Richters gewahrt bleibe. Ueber die Frage der Oeffentlichkeit der gerichtlichen Voruntersuchung entspann sich in der Abtheilung wie im Plenum ein lebhafter Kampf. Mit Rücksicht auf das Interesse des Angeklagten, die psychologische Einwirkung auf die Zeugen, die Beseitigung des Mißtrauens gegen den Richter, und in Erwägung, daß die Gefahr der Collusionen und der Verdunkelung des Thatbestandes nicht erheblich sei, entschied man sich für die Oeffentlichkeit als Regel. Dabei wurde die Gestaltung der gerichtlichen Voruntersuchung als mündliche contradictorische Beweisverhandlung charakterisirt und die sogenannte Parteien-Oeffentlichkeit für ungenügend erachtet. Die sehr eingehenden Debatten über die Entschädigung für Untersuchungshaft schlossen, bei Ablehnung aller Anträge, mit einem non liquet. Die Frage der Civiljury wurde wieder dem künftigen Juristentag überwiesen. Von speziellem Interesse waren die (bereits auf dem X. Juristentag eingeleiteten) Verhandlungen über das (der Landesgesetzgebung überlassene, nicht in die D. C. Pr. O. hineingezogene) Subhastations-Verfahren. Im Gegensatze zu dem fast überall in Deutschland bestehenden Rechte proclamirte der Juristentag den Grundsatz: daß durch die Subhastation diejenigen Hypotheken, welche aus dem Kaufpreise völlig gedeckt werden, nicht erlöschen, und es wurden zugleich Normativbedingungen verlangt, welche zur Erzielung eines thunlichst hohen Kaufpreises geeignet seien. Man ging davon aus, daß das bestehende Recht die Interessen der Gläubiger und des Schuldners in gleicher Weise gefährde, daß der Anspruch des Hypothekars lediglich auf Befriedigung aus dem Grundstücke an bestimmter Stelle gehe, also die dem Posten des betreibenden Gläubigers vorstehenden Forderungen durch die Subhastation unberührt bleiben und daß die vorgeschlagene Reform als Consequenz des modernen Hypothekenrechts erscheine.

Ebenso von besonderer Bedeutung waren die Verhandlungen des XII. Juristentag (Nürnberg 1875). Es wurde das Bedürfniß ausgedrückt, neben den ordentlichen Gerichten eine ergänzende Verwaltungsjurisdiction, Verwaltungs-Gerichte, einzuführen, sowohl für die Ueberschreitung der gesetzlichen Grenzen und Formen, als auch für eine unbillige, parteiische Maßbestimmung in Handhabung der Staatsgewalt.

Mit großer Gründlichkeit debattirte man über das schon auf dem XI. Juristentag berührte Thema des ehelichen Güterrechts. Das römische Dotalsystem ward allgemein verworfen. Von den drei großen Gütersystemen des deutschen Rechts: allgemeine Gütergemeinschaft, particulare Güter- (Errungenschafts-) Gemeinschaft, Verwaltungs-Gemeinschaft (Güter-Verbindung, Güter-Einheit), adoptirte die Majorität für die als wünschenswerth angesehene Codification das System der Verwaltungs-Gemeinschaft, modificirt durch die Haftung der Frau für die Schulden des Mannes mit dem nicht auf ihren Namen angelegten Vermögen. Die Regional-Idee, d. h. die Zerlegung Deutschlands in drei geographische Theile nach den jetzt darin vorherrschenden drei großen Gütersystemen, fand überall keinen Anklang. Ueber die Einrichtung der Vormundschaft wurden mehrere Einzelvorschriften gebilligt. Die Anfechtbarkeit der richterlichen Entscheidung über die Zulässigkeit der Klageänderung ward ausgeschlossen. Im Verfolg der früheren Verhandlungen über die Reform des Subhastationsverfahrens wurde als weitere juristische Consequenz aus der Natur des Hypothekenrechts anerkannt, daß der nachstehende Gläubiger eine wirksame Zwangsversteigerung nur herbeiführen kann, wenn ein Kaufpreis erzielt wird, der seine eigene Forderung ganz oder theilweise deckt. Deshalb und weil auch der wirthschaftliche Standpunkt verlange, daß der erste Hypothekar gesichert und nicht auf seine Kosten der nachstehende Hypothekar bevorzugt werde, empfahl der Juristentag (gegen eine Stimme) eine legislatorische Bestimmung dahin, daß der Zuschlag des Grundstücks nur dann zulässig sein soll, wenn die dem betreibenden Gläubiger vorstehenden Hypotheken (nebst den prioritätsmäßigen Zinsen und den Kaufskosten) durch den Subhastationspreis gedeckt sind. Von der Tendenz ausgehend, zur Sicherung einer richtigen Anwendung des Reichspreßgesetzes beizutragen, erklärte der Juristentag, unter Anlehnung an die Beschlüsse des V. Juristentages, für Straf- (nicht Disciplinar-) Sachen: daß die Zeugnißpflicht ohne Rücksicht, ob die Untersuchung die Richtung gegen eine bestimmte Person genommen habe, wirksam sei, daß im Falle und in Folge der fictiven Haftung des Redacteurs nach § 20 R. Pr. G. jede Zeugnißpflicht ausgeschlossen werde, daß im andern Falle resp. bei nicht periodischen Drucksachen die betheiligten Personen mit Rücksicht auf § 21 wegen propria causa nach allgemeinen Grundsätzen ihr Zeugniß verweigern dürfen. Ferner wurde im Anschluß an die Aussprüche des II. Juristentages die subsidiäre Privatanklage nicht blos als eine Frage des Verletzten, sondern als eine nothwendige Garantie des ganzen öffentlichen Rechts anerkannt und als allgemeine Ergänzung der Anklage des Staatsanwalts hingestellt. Das Thema der Entschädigung für Untersuchungshaft erlitt dasselbe Schicksal wie auf dem vorhergehenden Juristentage: lebhafte Debatten, Ablehnung aller Anträge. Auf die Zeitfrage wegen der Antragsdelicte erfolgte als Antwort der Ausspruch der Nothwendigkeit spezieller Beschränkungen des Antragsrechts hinsichtlich der Delicte selbst wie der Zurücknahme des Antrags, um der ungemessenen Ausdehnung der Mißbräuche des Antragsrechts entgegen zu treten, bezw. theoretische Mängel des

St. G. B. zu beseitigen. Die Civiljury endlich ward durch Verweisung auf „einen" der nächsten Juristentage einstweilen begraben.

Der XIII. Juristentag (Salzburg 1876) verhandelte zunächst wiederum über das eheliche Güterrecht und zwar über die Fragen: ob neben dem einheitlichen gesetzlichen Systeme (Verwaltungsgemeinschaft) die übrigen Hauptsysteme noch für die abweichende Privatautonomie als subsidiäre Systeme im Gesetzbuche dispositiv zu normiren, resp. ob abweichende Eheverträge zulässig seien. Diese Fragen wurden bejaht, jedoch mit der Bestimmung, daß derartige Eheverträge gegen Dritte nur wirken sollen, wenn sie in öffentliche Register eingetragen sind. Im Erbrecht wurde für die vom Verkehrsleben geforderte Continuität zwischen Erblasser und Erben das Römische System der Vermittelung durch hereditas jacens und durch Annahme der Erbschaft abgelehnt und das Deutsche System des unmittelbaren Erwerbs, unter Zulassung des Verzichts, acceptirt als das theoretisch natürlichere und praktisch den Verhältnissen mehr entsprechende. Im Strafrechte erkannte man den beendigten Versuch zwar als Strafzumessungsgrund und die freiwillige Verhinderung der Vollendung als Strafaufhebungsgrund an, erklärte sich aber gegen die im Entwurfe der Strafrechts-Novelle beabsichtigte Aufnahme des Unterschieds zwischen beendigtem und nicht beendigtem Versuche als Grundlage verschiedener Strafsätze, weil der beendigte Versuch wegen seiner nur quantitativen, nicht qualitativen Bedeutung als nicht geeignet erscheine, eine Grenzlinie absolut höherer Strafbarkeit zu ziehen. Mit Rücksicht auf die wirthschaftliche und sittliche Schädigung der Gesammtheit, sowie auf die Verletzung des Concursanspruchs der Gläubiger, sprach man die Nothwendigkeit aus, wegen Befriedigung oder Begünstigung resp. Annahme einer solchen im Falle des dolus Strafbestimmungen gegen Gemeinschuldner und Gläubiger zu treffen. Im Civilprozesse verwarf man die in der Legislatur enthaltene Anknüpfung der Bestimmungen über Klageänderung an die Lehre vom Klagegrunde als unpraktisch und mit dem mündlichen Verfahren nicht vereinbar; man wollte vielmehr die Unzulässigkeit der sogenannten Klageänderung auf eine Aenderung des Anspruchs durch wesentliche Aenderung des Objects beschränken. Die so lange umstrittene Frage der Entschädigung für Untersuchungshaft wurde endlich zum Austrage gebracht. Man erkannte an, daß im Falle der Freisprechung oder der Zurückziehung der Anklage der Angeklagte nicht blos aus Billigkeitsgründen, sondern aus einem Rechtsanspruche eine angemessene Entschädigung für die Haft verlangen könne, weil dies Uebel, als ein besonderes Opfer des Einzelnen für die Rechtspflege, nicht als ein Zufall erscheine. Dabei wurde die Bedingung der Führung des Unschuldsbeweises abgelehnt, jedoch der Entschädigungsantrag dann ausgeschlossen, wenn der Angeklagte durch sein Verschulden während des Verfahrens die Untersuchungshaft oder deren Verlängerung verursacht hat. Sodann sprach der Juristentag aus, daß wegen falscher richterlicher Rechtsbelehrung der Geschworenenspruch durch ein Rechtsmittel anfechtbar sein müsse, indem eine solche Anfechtbarkeit zur Paralysirung eines schädlich einwirkenden Rechtsirrthums der Geschworenen nothwendig, auch praktisch durchführbar sei und das Geschworenen-Institut nicht gefährde.

Auf dem XIV. Juristentag (Jena 1878) wurde zunächst über zahlreiche Einzelfragen bezüglich des juristischen Studiums (3 Jahre genügend, Tentamen in der Mitte) und der Einrichtung der Prüfungen Beschluß gefaßt, indem allseitig die Ueberzeugung sich kundgab, daß nur durch verbesserte Ordnung des Universitätsstudiums, des Vorbereitungsdienstes und der Prüfungen etwas Ersprießliches geschaffen werden könne. Die strenge Localisirung der Anwälte auf ein bestimmtes Collegialgericht ward als Regel angenommen. Die wichtige legislatorische Frage, ob das Eigenthum an Mobilien durch Abschließung des Vertrags oder durch Uebergabe der Sache erfolgen solle, zog die Planarversammlung zu ihrer Berathung und sprach sich, gegenüber dem Französisch-Englischen Vertrags-Systeme, für das Römisch-Germanische Traditions-System aus, wesentlich mit Rücksicht auf die Erkennbarmachung des Eigenthums-Ueberganges, auf den in den neueren Rechten mit dem gutgläubigen Besitz verbundenen umfassenden Schutz und auf den Mangel eines Verkehrs-Bedürfnisses nach Neuerung. Ebenso entschied sich der Juristentag im Gegensatze zu der unbedingten Testirfreiheit der Englisch-Nordamerikanischen Gesetzgebung für Beibehaltung des Instituts des Pflichttheilsrechts und zwar für die Qualification dieses Rechts als eines obligatorischen Anspruchs auf Zuwendung einer bestimmten Geldsumme. Dagegen wurde in einem wechselrechtlichen Punkte dem Englisch-Nordamerikanischen Rechte der Vorzug gegeben, indem man aus praktischen Gründen des Verkehrslebens es für wünschenswerth erklärte, bei verweigerter Annahme eines Wechsels statt des Deutsch-Französischen complicirten Systems von Sicherheits-Regressen den Regreß auf sofortige Zahlung zu richten. Den Vorschlag des Bremer Congresses für Reform und Codification des Völkerrechts*), die Protestfrist wegen höherer Gewalt (auswärtigen Staatsverbots) zu verlängern, konnte der Juristentag im Allgemeinen nicht acceptiren als unvereinbar mit der

*) Die seit einer Reihe von Jahren bestehende internationale „Association for the reform and codification of the law of nations" hat mit Erfolg an der Aufgabe gearbeitet, durch Aufstellung gemeinsamer Grundsätze für die Culturvölker eine Gleichheit des Rechts und der Rechtspflege der verschiedenen Staaten herbeizuführen, vorzugsweise im Privatrechte und hier besonders im Handels- (Wechsel-, See-) Rechte.

erforderlichen Wechselformstrenge. Die Thema-Frage, ob das Verschweigen eines Gründergewinnes bei Gründung einer Actiengesellschaft (als Betrug) den ersten Actienzeichnern oder Andern gegenüber strafbar sei, bezog sich auf die Praxis verschiedener deutscher Gerichte, welche mehr oder weniger schroff den Satz prinzipiell aufgestellt hatten, daß in einem solchen passiven Verschweigen als Verletzung einer Wahrheitspflicht eine strafrechtliche Verletzung liege. Nach erschöpfender Debatte, welche im Allgemeinen eine abfällige Kritik dieser gerichtlichen Praxis erkennen ließ, beschloß man, zur Tagesordnung überzugehen, weil eine formelle Kundgebung des Juristentages auf dem interpretativen, kritischen Gebiete hier sich nicht empfehle. Zur Ergänzung des auf dem vorhergehenden Juristentag gefaßten Beschlusses über die Anfechtbarkeit des Geschworenenspruchs wegen falscher richterlicher Rechtsbelehrung wurde ausgesprochen, daß die richterliche Rechtsbelehrung für die Geschworenen kraft ihrer Amtspflicht bindend sein solle.

Der XV. Juristentag (Leipzig 1880) proclamirte im Anschlusse an das alte deutsche Recht, welches die Verheirathung des Mannes als Mündigsprechung ansah und die Frau durch die Verheirathung unter das Mundium des Mannes gab, den Grundsatz, daß mit der Verheirathung die Rechtswirkung der Großjährigkeit zu verbinden sei. Sodann wurde über die Vindication beweglicher Sachen verhandelt. Von den drei großen in Deutschland sich gegenüberstehenden Vindicationssystemen: System des Römischen Rechts mit unbeschränkter Vindicationsbefugniß, System des Deutschen Handelsgesetzbuches mit Verlust des Eigenthums durch Uebergang auf den redlichen Erwerber, und System des Preußischen Landrechts mit Vindication des bisherige Eigenthums gegen Kosten-Ersatz an den redlichen Erwerber, ward das Römische System einstimmig abgelehnt, in dem Streite um das radicale System des H. G. B. und das vermittelnde System des Pr. L. R. aber durch Majoritätsbeschluß dem ersteren im Großen und Ganzen der Vorzug gegeben, weil theoretisch ein innerer rechtlicher Grund für den obligatorischen Ersatz-Anspruch fehle, weil praktisch das System des Pr. L. R. für den Handelsverkehr unerträglich, die Disharmonie zwischen merkantilem und bürgerlichem Rechte eine Calamität sei und das Preußische System nur in vereinzelten Fällen reelle Bedeutung für den Vindicationsberechtigten habe. Eine Aufhebung der Ausnahme für gestohlene und verlorene Sachen (H. G. B. 306 in fine) wurde nicht gebilligt. Im Anschlusse an den früheren Ausspruch über das Traditionssystem suchte man die Gefährlichkeit des constitutum possessorium dadurch zu beseitigen, daß man dasselbe auf den Fall der „gesparten" Uebertragung beschränkte, wo nämlich neben dem Geschäfte der Veräußerung ein zweites ernstliches Geschäft geschlossen wird, welches den Veräußerer zur Wiederübernahme der Gewahrsam berechtigt oder verpflichtet, ferner dadurch, daß man ev. für das c. p. eine das bisherige Eigenthum überwindende Kraft des redlichen Erwerbs, sowie die Begründung eines Pfandrechts an Mobilien ausschloß. In mehreren wichtigen Einzelpunkten wurde eine gesetzliche Ausdehnung der Sonder- oder Individual-Rechte der Actionaire gegen die Gesellschaft und die Gesellschafsorgane für nothwendig erklärt. Mit Rücksicht auf die betreffenden Gläubiger und Schuldner hielt man eine Vorschrift für gerechtfertigt, daß auf Denjenigen, welcher ein Handelsgeschäft übernimmt oder in ein solches als offener Theilhaber eintritt, bei unveränderter Firma die activa wie passiva vermöge zwingenden Rechts übergehen, wenn nicht bezüglich der activa den Schuldnern das Gegentheil bekannt gemacht ist. In Folge einer mächtigen Strömung gegen die Wucherfreiheit hatte das Gesetz vom 24. Mai 1880 Beschränkungen des Wuchers wieder eingeführt. Mit der Agitation gegen den Wucher verband man die Agitation gegen die allgemeine passive Wechselfähigkeit. Der Juristentag erklärte mit Einstimmigkeit im Plenum wie in der Abtheilung sich gegen jede Beschränkung der allgemeinen Wechselfähigkeit, weil letztere aus der ratio juris folge, von Alters her bestanden habe und die Beschränkungen erst vom Anfange des 18. Jahrhunderts datiren, weil volkswirthschaftlich die Vortheile der allgemeinen Wechselfähigkeit weit größer seien, als die Nachtheile, sie auch nicht im Causalzusammenhange mit dem Wucher stehe, endlich weil die Beschränkungen praktisch nicht durchführbar seien. De lege ferenda war man sodann der Ansicht, daß im Interesse des Verkehrs der urkundliche Beweis der Wechsel-Präsentation nicht zu erfordern sei. Im Strafprozesse sprach man aus, daß das Forum bei Prozeßdelicten sich richtet nach dem Orte oder den Orten, von wo aus die Verbreitung der Druckschrift erfolgt, ferner (im Plenum), daß das, in Oesterreich als primär geltende, objektive Strafverfahren gegen Preßerzeugnisse vom Standpunkte der Wissenschaft wie der Rechtspflege nur als subsidiär, wenn nämlich die Verfolgung oder Verurtheilung einer bestimmten Person nicht ausführbar ist, sich rechtfertige und zwar geregelt nach den Grundsätzen der Oeffentlichkeit und Mündlichkeit.

Die Verhandlungen des XVI. Juristentages (Cassel 1882) bewegten sich hauptsächlich im Gebiete des Privatrechts. Die unvordenkliche Verjährung als Grund des Erwerbes oder Verlustes von Rechten soll nicht mehr anerkannt und durch eine Ersetzung oder Verjährung von bestimmter Dauer ersetzt werden, weil letzteres Institut den Bedürfnissen des heutigen Rechtslebens, wie auch mit Rücksicht auf die probatio initii der Billigkeit mehr entspricht. Bei gefundenen Sachen suchte man die Interessen des Verlierers und des Finders nach den Grundsätzen des altgermanischen

Rechts mit einander zu vereinigen (Erhaltungs- und Anzeige-Pflicht, Fundgeld, event. Eigenthumserwerb) und wies das (nicht streitige) Verfahren der Verwaltungs- (Polizei-) Behörde zu. Der Juristentag empfahl ferner bezüglich der Lebensversicherungen den legislatorischen Satz als der modernen Rechtsentwickelung und den socialen Bedürfnissen der Neuzeit entsprechend: daß bei Versicherungen, welche nicht auf den Prämienzahler, noch zu Gunsten seines Nachlasses, sondern zu Gunsten anderer Personen lauten, die Versicherungssumme lediglich diesen Personen, nicht den Nachlaßgläubigern zu Gute komme, vorbehältlich des Anfechtungsrechts wegen betrüglicher Veräußerung. Ueber die Frage der Differenzgeschäfte entwickelten sich besonders interessante Debatten. Man erklärte sich endlich aus juristischen und volkswirthschaftlichen Gründen gegen gesetzliches Verbieten oder Beschränken der Differenzgeschäfte, insbesondere weil juristisch sie nicht unter Spiel und Wette fallen, sondern auf dem Gebiete der Kaufgeschäfte liegen, charakterisirt durch die Abwickelungs-Methode mittels Ausgleichung der Differenz, auch eine theoretische Unterscheidung zwischen, ohnehin seltenen, sogenannten reinen und gemischten Differenzgeschäften sich weder gesetzgeberisch noch praktisch durchführen lasse, weil volkswirthschaftlich die Vortheile der Differenzgeschäfte die Nachtheile einer mißbräuchlichen Speculation weit überwiegen. Die Haftung des Ausstellers für einen vor der Begebung gestohlenen oder verlorenen Wechsel wurde de lege ferenda verneint und zwar, wie beim Mangel eines Widerspruches gegen die von dem Gutachten abweichenden Ausführungen des Referenten anzunehmen ist, aus Rücksicht auf den beim Wechsel im Geben und Nehmen liegenden, hier fehlenden Begebungsvertrag und auf die Interessen auch der allgemein wechselfähigen Nichtkaufleute; jedoch wurde aus Opportunitätsgründen bei einer angekündigten oder begonnenen Massenemission von Inhaberpapieren die Haftung anerkannt. Bei verlorenen Inhaber- und indossablen Blanco-Papieren erklärte man, als den Verkehrsbedürfnissen entsprechend und mit der Circulationsfähigkeit vereinbar, es für empfehlenswerth, mit dem Aufgebotsverfahren eine gerichtliche Zahlungssperre zu verbinden, ferner bezüglich der Zinsscheine und Gewinnantheilsscheine, wo die sogenannten Verjährungsfristen als Präclusivfristen rechtswirksamer Präsentation erscheinen, eine selbstständige gerichtliche Zahlungssperre unter den Voraussetzungen des § 840 D. C. P. O. zuzulassen zur Erhaltung des Anspruches gegen den Aussteller. Nachdem in Folge der betreffenden Verhandlungen des Juristentages beim neuesten Entwurfe eines Preußischen Subhastationsgesetzes von der Preußischen Legislatur die bisherigen Grundlagen nochmals geprüft und die vom Juristentag als Reform-Vorschläge proclamirten Prinzipien nunmehr adoptirt waren, nahm der Juristentag Anlaß, sie wiederum zu bestätigen. Wie früher bei der Untersuchungshaft, so entspannen sich jetzt auch bei der Strafhaft über die Entschädigungsfrage lebhafte Debatten, welche damit endeten, daß aus ähnlichen Gründen wie bei der Untersuchungshaft und auch nach der Analogie beim Civilprozesse der Juristentag (in der Abtheilung einstimmig, im Plenum fast einstimmig) den Beschluß faßte: im Falle einer mit Erfolg durchgeführten Wiederaufnahme des Strafverfahrens zu Gunsten des Verurtheilten sei derselbe berechtigt, aus der Staatskasse Genugthuung für die verbüßte Strafe, sowie Ersatz der Vermögensnachtheile zu verlangen. Dieser Anspruch wurde jedoch wiederum für den Fall einer vorsätzlichen Herbeiführung der Verurtheilung ausgeschlossen. Ueber die Frage wegen der Befugnisse des Amtsrichters im Vorverfahren ging man, besonders mit Rücksicht auf die kurze Wirksamkeit und eine zu erhoffende sachgemäße Anwendung der St. P. O., zur Tagesordnung über. Endlich sprach sich der Juristentag in einer Reihe von Einzelbeschlüssen über Fragen des internationalen Strafrechts aus und zwar bezüglich der Rechtssätze über das Geltungsgebiet des heimischen Strafrechts zum ausländischen (Territorialprinzip), über das Auslieferungswesen (nicht: kosmopolitische Strafrechtspflege, sondern: gegenseitige Rechtshilfe) und über den Schutz gegen internationale Angriffe auf gewisse Rechtsgüter, denen ein internationales Interesse innewohnt (internationales Strafrecht).

Schließlich der XVII. Juristentag (Würzburg 1884) beschäftigte sich wiederum zunächst mit bedeutenden Fragen aus dem Privatrechte. Bezüglich des Fruchterwerbs nahm der Juristentag eine vermitteltende Stellung ein zwischen den beiden Hauptprinzipien: dem sogenannten Productionsprinzipe des Deutschen Rechts, wonach der Produzent die Früchte als verdientes Gut zum Eigenthume erwirbt und zwar schon im Stadium der Pendenz, und dem sogenannten Substantial- (Partial-) Prinzipe des Römischen Rechts (wenigstens des Römischen Rechts seit der Pandectisten-Zeit), wonach die Früchte als Theile der Muttersache in Folge des Eigenthums oder eines dinglichen Nutzungsrechts an der Muttersache erworben werden mit der Separation oder Perception. Man erklärte sich nämlich für ein modificirtes System. Im Anschluß an die moderne Rechtsentwickelung und mit Rücksicht auf die jetzigen Anschauungen und Bedürfnisse des Verkehrs erklärte man als Grundlage des Fruchterwerbs nicht die Thatsache der Production, sondern das Eigenthum oder das dingliche Nutzungsrecht einschließlich des Pachtrechts an der Muttersache, verwarf dagegen die ganze Perceptionstheorie unter Annahme des unmittelbaren Erwerbs und erkannte die sachenrechtliche Selbstständigkeit der hängenden Früchte dahin an, daß das Eigenthum beginnt mit dem Zeitpunkte, wo die Früchte in äußerlich sichtbarer Gestalt hervortreten. Sodann gelangte der Juristentag mit Bezug sowohl auf die Bedürfnisse des praktischen Lebens als auf die Ergebnisse der Theorie, vom Standpunkte sowohl des Französischen und Englisch-Nordamerikanischen als unseres gemeinen Rechts, einstimmig zu dem Resultate: daß in obligatorischen Verhältnissen der Arbeitgeber für jedes Verschulden hafte, welches von seinen Arbeitern in Ausführung der ihnen übertragenen Verrichtungen begangen werde. Die Frage, ob eine gesetzgeberische Regelung des Checkverkehrs zu wünschen sei, wurde mit Rücksicht auf das hervorgetretene Bedürfniß des Verkehrs bejaht. Im Anschluß an den früheren Ausspruch über die Freiheit der Differenz-Geschäfte erklärte der Juristentag, daß er von einer Börsenordnung keinen wirksamen Schutz gegen die Speculations-Mißbräuche bei Zeitgeschäften erwarte, jedoch die Einführung von Strafbestimmungen für gewisse speculative Operationen der Prüfung des Juristentages und der Gesetzgebung empfehle. Ferner faßte der Juristentag einen Beschluß*) (den einzigen, welchen er im Seerechte gefaßt hat), daß zum Schutz der Befrachter den mißbräuchlichen contractlichen Beschränkungen der im Artikel 607 H. G. B. den Verfrachtern auferlegten Verantwortlichkeit resp. der Beweislast die rechtliche Wirkung gesetzlich entzogen werde. Im Strafrechte wurde in Veranlassung eines reichsgerichtlichen Urtheils, welches einen im Civilprozesse falsch geschworenen Compromißeid für straflos erklärte, die Frage erörtert, ob der § 153 St. G. B. dahin abzuändern sei, daß die Strafandrohung sich auf alle von einer zuständigen Behörde erhobenen Eide erstreckt. Die Frage wurde verneint und zwar — wie nach den unwidersprochen gebliebenen, von den sämmtlichen, das Urtheil für unrichtig erklärenden Gutachten abweichenden Ausführungen des Referenten anzunehmen sein wird — weil die reichsgerichtliche Entscheidung vollkommen dem Gesetze entspreche, der § 153 nach seiner Entstehungsgeschichte, seinem Wortlaute und Sinne als gesetzliches Criterium die causa der Eidespflicht, nicht den Ableistungsmodus, aufstelle, und die Leistung vor einer für diesen Akt zuständigen Behörde nur eine zu subintelligirende Voraussetzung des Gesetzes sei. In dem Streite um die Frage, ob unter Abänderung des § 65 St. P. O. die Beeidigung in der Regel bei der ersten Vernehmung erfolgen solle, wurden auf beiden Seiten entgegengesetzte Erfahrungen constatirt; jedoch entschied sich die Majorität für die Verneinung des Abänderungs-Bedürfnisses bei sachgemäßer Anwendung des Paragraphen. Die vom Juristentag schon einmal ex professo (VI), sowie mehrmals gelegentlich erörterte, aber nie zum Austrage gebrachte Frage der Berufung in Strafsachen wurde in Beziehung auf die erstinstanzlichen Urtheile der

---

*) Aehnlich der diesjährige Congreß für Völkerrecht, zu Hamburg.

landgerichtlichen Strafkammern jetzt zur entscheidenden Verhandlung gezogen. Sowohl in der Abtheilung wie im Plenum wurde heftig gekämpft, und die aus der Litteratur und aus den früheren Verhandlungen des Juristentages genugsam bekannten theoretischen und praktischen Gründe für oder wider wurden ausführlich erörtert.

Schließlich entschied sich in der Abtheilung wie im Plenum eine nicht sehr große Majorität für die Berufung mit dem Ausspruche: „Die Einführung der Berufung zum Oberlandesgerichte gegen die erstinstanzlichen Urtheile der landgerichtlichen Strafkammern, wenigstens hinsichtlich der Schuldfrage, ist dringend zu wünschen.“ Während jedoch auf dem VI. Juristentag dem Staatsanwalte die Berufung zum Nachtheile des Angeklagten abgesprochen war, wurde jetzt ein spezieller Antrag, die Berufung nur zu Gunsten des Angeklagten einzuführen, abgelehnt, also die Zweiseitigkeit des Rechtsmittels zur Herbeiführung einer sachlich gerechten Entscheidung festgehalten. Für die Verhandlungen des Juristentages in den 25 Jahren seines Bestehens bildeten diese über eine brennende Zeitfrage sich aussprechenden Debatten mit ihrem lebhaften Verlaufe und mit ihrem höchst interessanten Inhalte wohl einen seiner Geschichte wie seines Charakters nicht unwürdigen Schluß.

Theil II.

Die Beschlüsse des Juristentages, nebst den Resultaten der Gutachten.

A. Allgemeine Gesetzgebung.
B. Juristisches Studium und praktische Ausbildung.
C. Gerichtsverfassung (Competenz).
D. Privatrecht:
  a) Allgemeiner Theil,
  b) Sachenrecht,
  c) Obligationenrecht,
  d) Familienrecht,
  e) Erbrecht,
  f) Handels- und Wechsel-Recht.
E. Strafrecht.
F. Civilprozeß.
G. Strafprozeß.
H. Internationales Recht. *)

*) Pl. = Plenarbeschluß.
Die römischen Zahlen bezeichnen den betreffenden Juristentag resp. den Band der Verhandlungen desselben.
A. = Antragsteller, d. h. welcher den Thema-Antrag gestellt hat. Wo nichts Anderes bemerkt ist, ist das Thema von der ständigen Deputation gegeben.
G. = Gutachter.
R. = Referent.
Wenn nichts Anderes bemerkt ist, beruhen die Beschlüsse auf den Anträgen des betreffenden Referenten.

„Nec erit alia lex Romae, alia Athenis,
sed et omnes gentes una lex continebit."
Cicero.

A. Allgemeine Gesetzgebung.

1. (Pl.)

(I. 138, 280, 332.) A.: Straß. R.: Waldeck.

Es ist wünschenswerth, daß ein allgemeines deutsches Civilprozeßgesetzbuch erlassen werde und zwar auf Grundlage der Oeffentlichkeit und Mündlichkeit.

Der Antrag Straß wurde in der 4. Abtheilung dahin gestellt:

Der deutsche Juristentag wolle die deutschen Regierungen ersuchen, ein allgemeines deutsches Civilprozeßgesetz zu erlassen. Die Abtheilung stellte jedoch den Grundsatz auf:

daß der Juristentag sich nicht mit Gesuchen an die Regierungen zu wenden habe.

Demgemäß modificirt wurde der Antrag angenommen, und zwar im Plenum mit dem Zusatze (Götting):

auf Grundlage der Oeffentlichkeit und Mündlichkeit.

2. (Pl.)

(I. 128, 225.) A.: Unger. R.: v. Wächter, Ihering.

Es wird ausgesprochen, daß, da die Abfassung eines gemeinsamen Civilgesetzbuchs höchst wünschenswerth, ja ein dringendes Bedürfniß sei, die Umstände zur Zeit aber die Ausführung dieses Unternehmens nicht gestatten, es nothwendig sei, mindestens eine gemeinsame Gesetzgebung für das Obligationenrecht herbeizuführen. (Antrag v. Wächter.)

Die Plenarversammlung erklärte zugleich: „Daß der Juristentag nur seine Ueberzeugung über die an ihn gebrachten Anträge auszusprechen, nicht aber die Beschlüsse in irgend einer officiellen Weise an die Regierungen zu bringen habe.

3. (Pl.)

(I. 37, 59, 63, 319, 240.) A.: v. Kraewel, v. Groß, Wahlberg, R.: v. Groß.

Der deutsche Juristentag erkennt an, daß ein allgemeines deutsches Strafgesetzbuch ein dringendes Bedürfniß ist.

4. (Pl.)

(II.², 100.) R.: Bluntschli.

a) Nachdem die Mehrzahl deutscher Regierungen sich bereitwillig erklärt hat

die Begründung einer gemeinsamen deutschen Civilprozeßordnung und den Erlaß eines gemeinsamen Gesetzes über das deutsche Obligationenrecht

einzuleiten, spricht der deutsche Juristentag seine Ueberzeugung aus, daß die erfolgreiche Förderung dieses Zweckes des allgemeinen Dankes des Vaterlandes sicher ist.

b) Wenn über die Form der Einleitung zu diesem Werke zur Zeit noch eine Meinungsverschiedenheit unter den deutschen Regierungen besteht, indem von der einen Seite auf die Vermittelung des Bundestages Werth gelegt, von der andern Seite aber die freie und unvermittelte Vereinbarung der Regierungen vorgezogen wird, so erachtet der deutsche Juristentag diese Meinungsverschiedenheit in keiner Weise für so erheblich, daß dadurch das Zustandekommen des Werkes selbst gefährdet oder auch nur verzögert werden könnte. Vielmehr drückt er den lebhaften Wunsch aus, daß durch allseitiges Entgegenkommen diese Frage zur baldigen Lösung gebracht werde.

c) Zu diesem Wunsche hält sich der Juristentag um so mehr für berechtigt, als es sich zur Zeit nur erst um die Vorarbeiten für jenes Werk handelt und der deutsche Juristentag der Ueberzeugung ist, daß zum endlichen Zustandekommen einer gemeinsamen Gesetzgebung auf dem Gebiete des Prozeß- und Obligationenrechts die Einleitung zu einer gemeinsamen, von den Regierungen und den Kammern der einzelnen Staaten anerkannten, wenn auch lediglich zu diesem nationalen Werke festgesetzten Einrichtung nothwendig ist.

Dieser Beschluß wurde auch auf das Strafrecht ausgedehnt (Antrag v. Kraewel).

5. (Pl.) (Vgl. C. 7.)

(IV.², 212, 127.) A.: Auerbach und Genossen.

R.: Anschütz.

a) Der Juristentag spricht den Wunsch aus, daß diejenigen deutschen Bundesstaaten, in welchen das allgemeine deutsche Handelsgesetzbuch, einschließlich des Seerechts, noch keine Gesetzeskraft hat, dasselbe alsbald unverändert einführen.

b) Der Juristentag spricht den Wunsch aus, daß diejenigen deutschen Bundesstaaten, welche die in Nürnberg beschlossene und bereits von mehreren Staaten publicirte Novelle zur allgemeinen deutschen Wechselordnung noch nicht publicirt haben, baldigst mit der Publikation vorgehen möchten.

6. (Pl.)

(I. 290, 333.) A.: Mayersohn. R.: Waldeck.

Der baldige Erlaß eines für alle deutschen Staaten geltenden Gesetzes über die gegenseitige Vollstreckbarkeit der Civilerkenntnisse ist ein dringendes Bedürfniß.

7. (Pl.)

(I. 143, 283.) A.: Sutro. R.: Waldeck.

Die Einführung einer allgemeinen Eidesformel ist wünschenswerth.

Der Antrag Sutro lautet:

Der deutsche Juristentag wolle erklären, daß eine in ganz Deutschland geltende allgemeine Eidesnorm mit den Eingangsworten:

„Ich schwöre bei Gott, dem Allmächtigen und Allwissenden"

und mit den Schlußworten:

„So wahr mir Gott helfe, Amen!"

wünschenswerth sei.

Abgelehnt wurde die spezielle Festsetzung der Formel.

8. (Pl.)

(II. 236, II.², 258, 704). A.: Heydemann. R.: Unger.

Die baldige Herstellung eines gemeinsamen deutschen Gesetzes zum Schutze des Urheberrechts an Werken der Litteratur und Kunst gegen Nachdruck sowie gegen unbefugte Nachbildung und Aufführung ist wünschenswerth.

9.

(II.², 205, 705.) R.: Miller.

Der Uchatzy'sche Antrag bezüglich eines allgemeinen deutschen Patentgesetzes wird vertagt bis dahin, daß über die hauptsächlichen juristischen Grundsätze eine Vorbereitung und näher Vorschläge vorliegen.

10.

(III. Vorl. 8, III.², 278, 71.) A.: Kuntsch, Miller, Bernau. R.: Kohlschütter.

Es liegt ein dringendes Bedürfniß vor, daß über das gesammte Versicherungswesen, soweit es noch nicht durch das H. G. B. regulirt ist, ein gemeinsames deutsches Gesetz erlassen werde.

Es wurde abgelehnt, auf die Einzelheiten bezüglich der Form oder des Inhalts einzugehen.

11. (Vgl. F. 22.)

Der Erlaß einer gemeinsamen Concursordnung ist wünschenswerth.

12. (Pl.)

(2 III. Vorl. Nr. 11, III², 364, 75.) A.: v. Kraewel. R.: Wahlberg.

Der Zwiespalt, der noch in Beziehung auf die Frage über die Todesstrafe in der deutschen Legislation besteht, soll kein Hinderniß sein, sofort zum hochwichtigen Werke der gemeinsamen deutschen Strafgesetzgebung zu schreiten. (Antrag v. Wächter.)

B. Juristisches Studium und praktische Ausbildung.

1.

(IV.², 152, 123.) A.: Volkmar. R.: v. Wächter.

a) Der Juristentag erklärt sich gegen jeden Collegienzwang.

b) Es fallen weg die Zwangsatteſtate,

c) ferner das Monopol der Landesuniversität,

d) sowie jede Beschränkung des Privatdocententhums durch Regierungscommissaire, durch Ertheilung der venia docendi, durch Wiederruf und durch Beschränkung der Fächer, über welche der Privatdocent lesen darf.

e) Für diejenigen, welche in den Staatsdienst oder in die Advokatur einzutreten beabsichtigen, ist die Bestehung einer strengen Prüfung nothwendig.

f) Es sollen aber höchstens zwei Examina stattfinden, ein theoretisches und ein praktisches.

g) Das erstere soll von akademischen Lehrern und Praktikern — Mitgliedern der Gerichte und der Advokatur — abgehalten werden.

Die Thema-Anträge Volkmars lauteten:

Der Juristentag wolle als seine Ueberzeugung aussprechen:

Das juristische Studium auf den Universitäten bedarf einer weiteren Entwickelung. Diese anzubahnen erscheinen folgende Maßregeln geeignet:

1. Die Exegese und die juristische Litteraturgeschichte ist mehr zu berücksichtigen, als dies bisher geschehen.
2. Bei der Besetzung der Professuren ist auch auf die praktische Vorbildung des Docenten Gewicht zu legen.
3. Es ist durch eine juristische Klinik den Bedürfnissen der Praxis zu genügen.
4. Die Studienzeit ist auf einen vierjährigen Zeitraum auszudehnen.

5. Ein einziges Examen genügt. Bei diesem wirken in gleicher Zahl als Examinatoren mit:
   a) Die Docenten der Fakultät ohne Unterschied zwischen den ordentlichen und außerordentlichen Professoren und den Privatdocenten,
   b) die Mitglieder der Gerichte,
   c) die Mitglieder des Büreau.

   Die Personen der Examinatoren wechseln.
6. Die collegia publica sind ein wesentliches Moment des Unterrichts.
7. Die Lernfreiheit ist so nothwendig als die Lehrfreiheit.

   Es fällt daher fort:

   jeder Collegienzwang,

   jedes Monopol der Landesuniversität,

   jede Verkümmerung des Privatdocententhums.

Abgelehnt wurde der Antrag (v. Witzleben):

Die Abstufung in dem Zeugniß der Reife durch Censur und Censur-Grade sollen wegfallen,

ferner abgelehnt der Antrag (Volkmar):

es soll nur ein Examen statttfinden.

2.

(XI. 75, XI.², 32, 303). G.: Göppert. R.: Becker.

Es ist wünschenswerth und ausführbar, gleichmäßige Vorschriften für die theoretische und praktische Ausbildung aller Richter, Advokaten und Staatsanwälte des Deutschen Reiches zu geben.

Das Gutachten Göppert kommt zu demselben Resultate.

3.

(XIV.ª 3, 119, XIV.ᵇ 77, XIV.² 202, 279.) G.: Gierke, Gneist, Fürst. R.: v. Schwarze, Gneist.

a) Reichsgesetzliche Vorschriften über das juristische Studium und über die juristischen Prüfungen sind ein dringendes Bedürfniß.

b) Eine Ausdehnung des dreijährigen Universitätsstudiums vorzuschreiben, ist nicht erforderlich.

Dagegen empfiehlt sich die Vorschrift, daß in der Mitte des akademischen Studiums die Studirenden ein Tentamen zu bestehen haben, nach welchem sie mindestens noch zwei Semester lang ihre Studien auf der Universität fortzusetzen haben, bevor sie zur ersten juristischen Prüfung zugelassen werden können. (Antrag Kühne.)

Das militärische Freiwilligenjahr ist in die Studienzeit nicht einzurechnen.

c) Die in § 2 des deutschen Gerichtsverfassungs-Gesetzes vorgeschriebenen zwei Prüfungen bestehen je aus einer schriftlichen und einer mündlichen Prüfung.

d) Die mündlichen Prüfungen sind öffentlich.

e) Die Prüfungscommissionen werden von der Landesjustizverwaltung eingesetzt.

Die Mitglieder derselben werden im Voraus auf mindestens ein Jahr ernannt.

In der Commission soll jedes Prüfungsfach durch mindestens ein Mitglied vertreten sein.

Die Commission für die erste Prüfung ist aus Universitätslehrern und Praktikern zusammenzusetzen.

Die Commission für die zweite Prüfung ist aus Justizbeamten und Advokaten zusammenzusetzen.

f) Den Gegenstand der ersten Prüfung bilden: Rechtsgeschichte, Rechtsphilosophie, römisches Privatrecht, deutsches Privatrecht, Landes-Privatrecht, Strafrecht, Civil- und Straf-Prozeßrecht, Kirchenrecht, Völkerrecht, Volkswirthschaft und Staatsrecht.

Alle diese Materien sind bei der Prüfung zu berücksichtigen.

g) Die erste Prüfung ist auf Erforschung der positiven Kenntnisse des Candidaten, seiner Einsicht in das Wesen und die geschichtliche Entwickelung der Rechtsverhältnisse, sowie darauf zu richten, ob der Candidat sich die für seinen künftigen Beruf erforderliche allgemeine juristische Bildung erworben habe.

h) Die zweite Prüfung hat die Aufgabe, festzustellen, ob mit voller Sicherheit angenommen werden kann, daß der Candidat diejenigen praktischen Kenntnisse und Fähigkeiten sich erworben habe, welche für die erfolgreiche Ausfüllung einer selbstständigen Stellung im Justizdienste erforderlich sind.

i) Den Gegenstand der zweiten Prüfung bildet das geltende öffentliche und Privatrecht in seiner praktischen Anwendung.

Die Thema-Frage lautet:

Ist eine gemeinsame Prüfungs-Ordnung für deutsche Richter und Anwälte nothwendig? und wie ist sie auf der Grundlage der §§ 2—6 des deutschen Gerichtsverfassungsgesetzes zu gestalten?

Die (gedruckten) Anträge Brunner's lauten:

1. Mit Rücksicht auf die Stellung, welche die Reichsjustizgesetze dem Richteramt zuweisen, sind reichsgesetzliche Vorschriften über das juristische Studium und über die juristischen Prüfungen ein unabweisbares Erforderniß.

2. Dabei ist eine Verlängerung des juristischen Studiums über den Zeitraum von drei Jahren hinaus dringend rathsam und ohne jede Schwierigkeit ausführbar, soweit die praktische Ausbildung eine Verkürzung gestattet.

3. Das Prüfungswesen ist dahin zu ordnen, daß die erste juristische Prüfung als wissenschaftliche Prüfung die Garantie einer gründlichen rechtswissenschaftlichen Vorbildung gewähre, sowie daß die Prüfungscommissionen wenigstens zum Theil aus Lehrern der Rechtswissenschaft gebildet werden.

Von den Gutachtern kommt

a) Gierke

im Wesentlichen zu denselben Resultaten, wie sie in den vom Juristentag angenommenen Anträgen des Referenten v. Schwarze liegen, jedoch will Gierke vierjähriges Universitätsstudium.

b) Gneist's

Gutachten gelangt zu folgenden Sätzen:

Die Zulassung zur zweiten (praktischen) Prüfung ist durch den Nachweis einer mindestens dreijährigen, dem deutschen Gerichtsverfassungsgesetz § 2, 3 entsprechenden Thätigkeit bedingt.

Der Bewerber hat von denjenigen Landgerichten, Amtsgerichten und Rechtsanwälten, bei welchen er beschäftigt gewesen, Zeugnisse über die Art, das Maß und den Erfolg seiner Beschäftigung beizubringen.

Gegenstand der Prüfung ist das Landesrecht in seiner praktischen Anwendung bei den Landesgerichten.

Zur Abhaltung der Prüfung ist eine ständige Prüfungscommission von der Landesjustizverwaltung zu ernennen.

Das Reichsjustizamt ist befugt, diesen Prüfungen durch einen Commissarius beizuwohnen und auf dessen Bericht die Ertheilung der Fähigkeitszeugnisse zu beanstanden.

Die Zulassung zur ersten (wissenschaftlichen) Prüfung ist durch ein vierjähriges Studium der Rechts- und Staatswissenschaften auf einer Universität bedingt.

Gegenstand der Prüfung ist:

I. Das in Deutschland geltende römische und deutsche Privatrecht, einschließlich des Handelsrechts. Römische und deutsche Rechtsgeschichte.

II. Das deutsche Staatsrecht mit Einschluß der Grundzüge des Verwaltungsrechts. Völkerrecht. Kirchenrecht. Strafrecht. Civil- und Strafprozeß. Grundzüge der Staatswissenschaften.

Die erste Abtheilung dieser Prüfungen kann nach Wahl des Candidaten auch in einem früheren Zeitpunkt, jedoch erst nach Beginn des dritten Studienjahres bestanden werden.

Die Prüfung ist auf jedes der oben bezeichneten Gebiete zu erstrecken, und bei jedem Prüfungsgegenstand wie in dem Schlußurtheil ist auszusprechen, ob die Leistungen als ausgezeichnet, als gut oder als genügend zu erachten sind.

Die Prüfungscommission ist aus Mitgliedern eines Oberlandesgerichts und anderen bewährten Justiz- und Verwaltungsbeamten, sowie aus einer Mehrheit von Universitätslehrern so zu bilden, daß für jedes Prüfungsfach ein oder mehrere geeignete Examinatoren vorhanden sind.

Die mündliche Prüfung ist öffentlich.

Der Vorsitzende und die Mitglieder der wissenschaftlichen Prüfungscommission werden von dem Minister der Justiz und des Unterrichts gemeinschaftlich ernannt und setzen durch collegialischen Beschluß ihre Geschäftsordnung unter Bestätigung der vorgesetzten Minister fest.

c) Fürst's Gutachten

stellt die Sätze auf:

1. Zur Erlangung einer Stelle als Richter, Staatsanwalt oder Rechtsanwalt ist ein dreijähriges Studium in den Rechtswissenschaften und die Ablegung zweier Prüfungen erforderlich.

2. Die erste Prüfung ist eine theoretische, sie wird vor den Mitgliedern der Landesjustiz-Verwaltung, unter Beiziehung von zwei Rechtslehrern der betreffenden Landesuniversität abgelegt.

3. Diese Prüfung ist eine schriftliche und eine mündliche.

4. Sie umfaßt die Erforschung der Kenntniß des römischen Privatrechts und der Rechtsgeschichte, des deutschen Privatrechts nebst Handels- und Wechselrecht, des gemeinen und deutschen Civil-Prozesses, des Strafrechtes und Strafverfahrens und der National-Oeconomie, sowie die Grundzüge des in dem Bundesstaate des Candidaten geltenden Civilrechtes. Nach abgelegter erster Prüfung sind die in § 2 des Gerichtsverfassungsgesetzes vorgeschriebenen 3 Vorbereitungsjahre zur Beschäftigung bei den Gerichten, bei der Staatsanwaltschaft und bei einem Rechtsanwalte mit

der Maßnahme zu verwenden, daß der Candidat mindestens ein Jahr bei einem Einzelgericht oder bei einem Rechtsanwalte sich ausgebildet haben muß.

5. Die zweite oder große Staatsprüfung wird vor einer Central-Prüfungs-Commission, deren Mitglieder aus den höchsten Gerichten eines jeden Bundesstaates entnommen werden, abgelegt.

Die Ernennung der einzelnen Prüfungscommissare erfolgt durch den Reichskanzler.

6. Die zweite Prüfung ist ebenfalls eine schriftliche und eine mündliche; sie soll die Erforschung der praktischen Ausbildung des Candidaten und seiner wissenschaftlichen Fortbildung bezwecken.

Die schriftliche Prüfung erstreckt sich auf die Bearbeitung von einem oder mehreren Rechtsfällen.

7. Die mündliche Prüfung hat Fragen und Rechtsfälle aus dem römischen Rechte, dem preußischen Landrechte und dem französischen Rechte, aus dem Strafrechte, aus dem Wechsel- und Handelsrechte, sowie aus dem Staatsrechte zu umfassen.

8. Jeder ordentliche öffentliche Lehrer des Rechtes an einer deutschen Hochschule ist zum Richteramte oder zur Ausübung der Anwaltschaft befähigt.

9. Wer die zweite Staatsprüfung bestanden, ist in jedem deutschen Bundesstaate zu jedem Richteramte und zur Ausübung der Anwaltschaft befähigt.

Schluß-Bemerkungen.

A. Die Thema-Frage: „Ist unter die Vorschriften über die Ausbildung der Rechtspraktikanten eine obligatorische Beschäftigung bei den Verwaltungsbehörden aufzunehmen?"

G.: Behaghel, v. Fäustle. (VIII., 412, 415, VIII², 17) wurde vertagt.

Gutachten:

1. Behaghel's

Sätze lauten:

1. Da man Anlaß hat, von den Rechtspraktikanten, welche sich zum Verwaltungsdienste vorbereiten, die Beschäftigung bei Verwaltungsstellen zu fordern, so läßt sich in denjenigen Vorschriften über die Ausbildung der Rechtspraktikanten, welche dieselbe praktische Vorbereitung für den Dienst in der Justiz und in der Verwaltung anordnen, eine Bestimmung, welche rücksichtlich sämmtlicher Rechtspraktikanten die Beschäftigung bei den gedachten Stellen für obligatorisch erklärt, nicht umgehen.

2. Es ist aber die Anordnung derselben praktischen Vorbereitung für die beiderlei Dienste bei der fundamentalen Verschiedenheit derselben verwerflich; es sollte vielmehr die praktische Vorbereitung für jeden dieser Dienste mit Rücksicht auf seine ihm eigenthümliche Anforderung an den öffentlichen Diener in besonderer Weise geregelt werden.

3. Wo dem entsprechend die praktische Ausbildung für jeden der beiderlei Dienste in besonderer Weise geregelt wird, ist in die Vorschriften über die Ausbildung der Rechtspraktikanten für den Justizdienst eine obligatorische Beschäftigung bei Verwaltungsstellen nicht aufzunehmen, diese vielmehr auf die Vorschriften über die Ausbildung für den Verwaltungsdienst zu beschränken.

2. v. Fäustle

bejaht die vorliegende Frage und fixirt die Zeit der administrativen Praxis auf ein Jahr, welche sowohl bei den Regierungscollegien und unteren staatlichen als auch bei größeren Communalbehörden genommen werden könne.

B. Der Thema-Antrag (Costa):

Der deutsche Juristentag wolle aussprechen die Nothwendigkeit

1. eigener Lehrkanzeln an den deutschen Hochschulen für vergleichende Rechtsgeschichte, Gesetzgebungswissenschaft und Justizpolitik;
2. der Beförderung eines Handbuches der Justizpolitik.

R.: Waldeck (I. 144, 294, 335) wurde abgelehnt.

C. Gerichtsverfassung (Competenz).

1.

(II[2], 5, III, Vorlage 18 a, IV, 12, 263, IV[2], 330, 116.) A.: Eberty, Hauschteck. G.: Ruhwandl, Lienbacher. R.: Faber.

I. Die Vorbedingung einer einheitlichen deutschen Prozeßgesetzgebung ist Einheit in den Grundzügen der Gerichtsverfassung.

II. Die Gerichtsverfassung sämmtlicher deutschen Staaten soll auf folgenden Grundsätzen beruhen:

a) In allen wichtigeren bürgerlichen und Strafsachen entscheiden schon in erster Instanz kollegialisch gebildete Gerichte.

Den Einzelrichtern sind nur die leichteren Gesetzesübertretungen, ferner die Streitsachen von geringerem Belange, sowie Sachen von dringlicher Natur zuzuweisen.

b) Die Richter sind inamovibel. Hierbei sind folgende nähere Bestimmungen maßgebend:

1. Entlassung oder Zurücksetzung kann gegen die Richter nur durch Urtheil des Strafgerichts verfügt werden.
2. Unfreiwillige Versetzung auf eine andere Richterstelle von gleichem Rang und Gehalt kann nur im Interesse der Rechtspflege aus dringenden Gründen verfügt werden. Diese Verfügung soll, wofern sie nicht durch Aenderungen in der Organisation der Gerichte oder Gerichtsbezirke veranlaßt ist, oder ein sonstiger im Gesetze bestimmter Ausnahmsfall vorliegt, von der Justiz-Aufsichtsbehörde nur nach vorgängigem Ausspruche des höheren Gerichts, wodurch das Vorhandensein der gesetzlichen Erfordernisse anerkannt wird, getroffen werden.
3. Die unfreiwillige Zuruhesetzung eines Richters soll gleichfalls nur nach vorgängigem Ausspruche des höheren Gerichts, wodurch das Vorhandensein der gesetzlichen Erfordernisse anerkannt wird, erfolgen.

c) Das Richteramt ist von allen seiner Natur fremden Geschäften, namentlich aus dem Gebiete der Verwaltung, rein zu halten, soweit nicht durch dringende Gründe der Zweckmäßigkeit Ausnahmen geboten sind.

Thema-Anträge:

Eberty:

1. Die erste Aufgabe nationaler Civilgesetzgebung ist Einheit in der Gerichtsorganisation.

2. Die Gerichte sind gleichförmig in Deutschland zu organisiren.

3. Die Gerichtsorganisation muß auf

a) Inamovibilität der Richter,

b) deren Befreiung von allen Geschäften außer dem Rechtsprechen,

c) Ausschließlichkeit der richterlichen Befugniß auf dem Gebiete des Rechtsstreites,

d) Kollegialverfassung gegründet werden.

Hauschteck:

1. Die für die erste Instanz zu errichtenden Kollegialgerichte sind von jeder verwaltenden Thätigkeit — auch der Justizverwaltung — zu befreien.

2. Eine Jurisdiction von Einzelrichtern im bürgerlichen und Strafprozesse ist für unwichtigere Sachen, jedoch nur unter der Voraussetzung zulässig, daß dem Kollegialgerichte das Recht gesichert bleibt, jeden nach den gewöhnlichen Kompetenzbestimmungen vor den Einzelrichter gehörigen Prozeß vor sein eigenes Forum zu ziehen, sofern dieses von einer Partei oder der Staatsbehörde beantragt wird.

Das Gutachten Ruhwandl erklärt sich im Wesentlichen für die Anträge Eberty und den Antrag Hauschteck Nr. 1, gegen Eberty 3 a in seiner Unbedingtheit, gegen Hauschteck Nr. 2.

Das Gutachten Lienbacher spricht sich für die Anträge Eberty 1, 2, 3 a aus, für 3 b und Hauschteck 1 mit der durch die Rücksicht auf die Selbstständigkeit der Rechtspflege gegenüber Verwaltungs-Einflüssen und auf Geschäftsförderung gebotenen Beschränkung, ferner für (Kollegial-) Gerichtshöfe und für Einzelrichter (je nach ihren Zuständigkeiten), als erste Instanzen, übrigens gegen den Antrag Hauschteck 2.

Abgelehnt wurden die Anträge

a) (Lingemann):

Die erste Aufgabe einer nationalen Civilgesetzgebung ist die Herstellung einer den Bedürfnissen der Zeit entsprechenden Prozeßordnung und Gerichtsorganisation.

b) (Ref.):

in IIa hinter „dringlicher" noch „oder sonst eigenthümlicher,"
in IIb, 1 hinter „Straf" noch „oder Disciplinar,"
in IIb 2 hinter „höheren Gerichts" noch „oder einer Richtercommission,"
in IIb 3 hinter „Richters" noch „vor dem Eintritt einer gesetzlich bestimmten Altersgrenze"
und nach „Gerichts" noch „oder einer Richtercommission"
hinzuzufügen.

c) (Ref.):

Die vorübergehende Verwendung eines Richters auf einer anderen Stelle ist bis zu einer gesetzlich bestimmten Dauer ohne Vernehmung des höheren Gerichtes zulässig.

d) (Dumont):

Es soll stets eine Trennung der Rechtsprechung von der Verwaltung, der freiwilligen von der unfreiwilligen Gerichtsbarkeit, stattfinden.

e) Hauschteck's

Antrag Nr. 2.

2. (Pl.)

(IX², 359, X², 249, 315, XI², 229, 360). G.: Roos. R.: Wielandt, Jung, v. Kißling.

A. Die Stellung des Einzelrichters soll diejenige eines selbstständigen judex ordinarius erster Instanz mit örtlich abgegrenztem Gerichtssprengel sein.

B. Die Competenz des Einzelrichters soll umfassen:

I. alle vermögensrechtlichen Ansprüche unter 300 Mark,

II. ohne Rücksicht auf den Streitgegenstand die durch Prorogation an den Einzelrichter gelangenden vermögensrechtlichen Ansprüche.

III. Die Rechtsstreitigkeiten zwischen Miether und Vermiether ohne Rücksicht auf den Streitwerth, ferner die Rechtsstreitigkeiten aus dem außerehelichen Beischlafe.

IV. Mit Rücksicht auf die besonderen Arten des Verfahrens sind dem Einzelrichter zuzuweisen:

1. Die Erlassung von Arresten und einstweiligen Verfügungen,
2. die Beweisaufnahme zum ewigen Gedächtniß,
3. das Mahnverfahren,
4. der Sühneversuch in Ehesachen und
5. die Zwangsvollstreckung.

V. Auch das Aufgebotsverfahren zum Zwecke der Amortisation von Urkunden, ohne Rücksicht auf den Werth, ist dem Einzelrichter zu überweisen.

C. Das Verfahren vor den Einzelrichtern betreffend, so
1. soll kein Anwaltszwang bestehen, doch soll die Vertretung durch Anwälte gestattet sein,
2. sind vorbereitende Schriftsätze nicht geboten, aber zulässig, und
3. sind die Bestimmungen des 1872er Entwurfs über das Verfahren bei den Einzelrichtern im Allgemeinen zu billigen; die Frage wegen der Rechtsmittel vorbehalten.

Das Gutachten Roos erklärt sich im Wesentlichen mit den betreffenden Bestimmungen des Norddeutschen Entwurfes einverstanden und macht übrigens folgende Vorschläge:

1. Die Provokationen gegen unbestimmte Gegner, die Einhalts-Verfügungen gegen Vollstreckungen wenigstens in dringenden Fällen, die Entscheidungen über Ernennung und Ablehnung von Schiedsrichtern, die Hilfeleistungen der ordentlichen Gerichte beim Verfahren der Schiedsrichter, und die Vollstreckbarkeitserklärung der Schiedssprüche sind ohne Rücksicht auf den Streitwerth den Amtsgerichten zu übertragen.

2. Die Handelsganten sind den Handelsgerichten zu überweisen. Das sonstige Concursverfahren, soweit die Eröffnung der Gant und das übrige nicht streitige Verfahren als Gegenstand gerichtlicher Thätigkeit erklärt wird, eignet sich zur Zuständigkeit der Amtsgerichte; alle Rechtsstreitigkeiten über Vindicationsansprüche an die Masse, über Forderungen einzelner Gläubiger und über Vorrechte derselben dagegen sind mit Vorbehalt der nöthigen näheren Vorschriften wegen möglichst gleichzeitiger Verhandlung und Abschneidung nutzloser Verhandlungen lediglich den allgemeinen Regeln über Zuständigkeit nach dem Streitwerth zu unterwerfen.

3. Eine Berufungs- und Beschwerdeinstanz gegen die Entscheidungen und Verfügungen der Amtsgerichte ist nothwendig und kann für Berufungen — vorbehaltlich der Cassationsbeschwerde und etwa zulässiger Ladungsversagungen — eine angemessen niedere Beschwerdesumme festgesetzt werden.

Berufungen und Beschwerden gegen die Amtsgerichte und gegen die Kollegialgerichte sind an ein und dasselbe Obergericht zu verweisen.

Abgelehnt wurden die Anträge

a) (Ref.):

auch die Handelssachen unter 300 Mark den Handelsgerichten zuzuweisen.

b) (v. Kißling):

für Bagatellsachen bis 100 Mark ein besonderes Verfahren vor dem Einzelrichter eintreten zu lassen.

3.

(V, 37, V², 3, 10, 134, 53). A.: Borchardt, Rainach. G.: v. Holzschuher, Anschütz, Röder. R.: Pfeiffer.

a) Die Einführung besonderer, aus rechtsgelehrten und kaufmännischen Richtern gebildeter Handelsgerichte erscheint als ein dringendes Bedürfniß.

b) (Eventueller Beschluß für den Fall, daß ein Ausspruch über die Organisation der Handelsgerichte beliebt werden sollte, worüber die Abtheilung die Definitiventscheidung für jetzt abgelehnt hat.)

Die Handelsgerichte sind aus kaufmännischen Richtern und einem Juristen als Präsidenten zusammenzusetzen. (Antrag Geck-Versmann):

c) Die Gerichtsbarkeit in Handelssachen ist nur in solchen Bezirken, in welchen eine größere Zahl von Handelsstreitigkeiten nicht vorkommt oder die Zusammensetzung des Handelsstandes eine Auswahl tüchtiger Handelsrichter nicht bietet, den gewöhnlichen Gerichten zu übertragen, und zwar, wo es thunlich ist, besonderen Abtheilungen derselben.

Die Gutachten empfehlen:

1. v. Holzschuher:

Daß die Handelsgerichte aus Rechtsgelehrten und aus Kaufleuten, so daß letztere in der Minderzahl sind, und zwar in beiden Instanzen in ähnlicher Weise zusammengesetzt werden sollen;

2. Anschütz:

Daß zu denselben überall nur ausnahmsweise, namentlich nur da, wo der Kaufmannsstand die geeigneten Persönlichkeiten bietet, kaufmännische Mitglieder zugezogen werden;

3. Röder:

Daß, dem französischen Rechte entsprechend, in erster Instanz Kaufleute, im zweiten Rechtszuge rechtsgelehrte Richter in den Handelsgerichten urtheilen sollen.

4.

(III. 3, 413, VI.³, 269, 373). G.: Courtin, Geyer. R.: Gneist.

a) Die akademische Gerichtsbarkeit in Civilsachen, ebenso die Ausnahmsgesetze für die Schuldverhältnisse der Studenten sind aufzuheben, statt derselben genügt zu allen Zwecken, wenn die Gesetze über das Schiedsverfahren die akademischen Behörden als obligatorische Vermittelungs-Instanz für die Schuldverhältnisse der Studenten anerkennen.

b) Die akademische Gerichtsbarkeit bezüglich der Uebertretungen der Studirenden, ebenso wie die Ausnahmegesetze für solche, sind aufzuheben. Es bedarf solcher auch für die Duelle und Verbindungen der Studirenden nicht.

c) Gesondert von der ordentlichen Strafgerichtsbarkeit des Staates und damit konkurrirend bedürfen die Universitäten einer eigenen Ordnung der Strafgewalt zur Aufrechthaltung der Ehre, Ordnung und Sitte des Studentenlebens. Diese Ordnungsgewalt ist durch die Gesetze zu begrenzen, durch die Universitätsstatuten zu regeln und durch den Rektor und Senat zu handhaben.

Abgelehnt wurde der Zusatz zu 3

(Ref.):

Zur Vermeidung einer grundlos doppelten Bestrafung wird sich eine gesetzliche Anweisung an die Strafverfolgungsorgane rechtfertigen des Inhalts, daß nach erfolgter Disciplinarbestrafung ein Strafantrag bei den Gerichten nur zu stellen ist, wenn ein öffentliches oder Privatinteresse eine schärfere Ahndung darüber hinaus entschieden fordert,

sowie der Antrag (Drewke):

Zur Vermeidung einer grundlos doppelten Bestrafung wird es sich empfehlen, eine gesetzliche Bestimmung in dem Sinne zu erlassen, daß die Gerichte, insofern eine Disciplinarbestrafung vorausgegangen ist, ermächtigt werden, eine der Art oder dem Maße nach geringere oder auch gar keine Strafe eintreten zu lassen.

Gutachten:

1. Courtin

stellt folgende Sätze auf:

1. In strafrechtlicher Beziehung besteht, abgesehen von Duellen und Injurien und mit Ausnahme weniger Universitäten, schon jetzt keine eigene akademische Gerichtsbarkeit mehr.

2. Die bürgerliche Gerichtsbarkeit der Universitäten ist ein Vortheil, der nicht allein den Studenten, sondern auch den Gläubigern zu Gute kommt. Grundsätzlich steht deren Aufhebung nichts im Wege.

3. Die Trennung der Disciplinarstrafgewalt von der Polizeistrafgewalt ist nicht zu empfehlen, weil sie die Geltendmachung disciplinärer

Rücksichten erschwert oder aufhebt. Die Aufstellung einer gemischten Behörde zum Vollzug jener Gewalten ist zweckmäßig, und das Verfahren derselben ist dem ordentlichen Strafprozesse thunlichst anzupassen.

4. Werden zu diesem Zwecke eigene Beamte oder Universitätsrichter beliebt, so fordert die gute Handhabung der exekutiven Polizei, daß keine besondern Polizeibeamte, mit Ausnahme solcher zur Aufrechterhaltung der akademischen Disciplin im engeren Sinne, aufgestellt werden, und die Universitätsgerichte nur richterliche, aber keine polizeilichen Befugnisse haben.

5. Für manche Vergehen und Verhältnisse der Studirenden sind besondere Gesetze nothwendig.

2. Geyer

verneint vollständig die Beibehaltung der akademischen Gerichtsbarkeit.

5. (Pl.)

(I., 69, 278). A.: Bornemann. R.: Waldeck.

Es wird die Ueberzeugung ausgesprochen, daß zu einer Einheit der Rechtsanwendung nur ein höchster Gerichtshof führen kann, dessen sofortige Einführung bezüglich des bereits bestehenden gemeinschaftlichen deutschen Rechts sowie des noch zu schaffenden wünschenswerth erscheint.

6.

(IX. 3, 336, 368, X. 3, 13, 18, 98, X.², 178, 312). G.: Zachariae, v. Grodbeck, Becker, Bähr, R.: Gneist, v. Stoeßer.

a) Es soll ein höchstes Reichsgericht bestehen.

b) Das Rechtsmittel, welches die Thätigkeit des höchsten Reichsgerichts eröffnet, bezweckt dessen Entscheidung über die richtige Anwendung des Gesetzes. (Anträge v. Stoeßer.)

c) Dem deutschen Reichsgerichte ist die Entscheidung letzter Instanz zu übertragen nicht nur über die Reichsgesetze, sondern auch über die Landesrechte. (Antrag Gneist.)

Gutachten:

1. Zachariae

spricht sich dahin aus, daß ein oberstes Reichsgericht bestehen solle, welchem aber nur die Entscheidung über die richtige Anwendung von Reichsgesetzen, nicht von Landesgesetzen zugewiesen werden soll, aber auch nicht von allen Reichsgesetzen, sondern nur von solchen, welche das Reich selbst, seine Verfassung, seine Organe, Institute, Beamte, oder solche Einrichtungen und Verhältnisse betreffen, die eine gleichförmige, selbstständige und von dem guten Willen der Einzelstaaten unabhängige Handhabung der darauf bezüglichen Gesetze ihrer Natur nach erheischen, nicht blos innere Verhältnisse der Einzelstaaten ordnen.

2. v. Grodbeck

will die Kompetenz des Reichsgerichts auf ausdrückliche Reichsgesetze und erheblichere Streitsachen beschränken.

3. Becker

ist wesentlich mit den Anträgen des Referenten übereinstimmend.

4. Bähr

desgleichen, jedoch soll das gemeine, das Französische wie das Preußische (Land-) Recht zur Kompetenz des Reichsgerichts gehören.

Abgelehnt wurde der Zusatz zu c:

„jedoch mit Ausschluß bloßer Orts- und Provinzialrechte."

Mit den Beschlüssen für erledigt erklärt wurden die Anträge

a) (Ref.):

Ueber die richtige Anwendung von Reichsgesetzen, soweit solche auf den Gebieten des Privat-, Prozeß- und Strafrechts erfolgen, entscheidet in letzter Instanz das höchste Reichsgericht.

Das höchste Reichsgericht entscheidet über die richtige Anwendung solcher das Privatrecht betreffenden Landesgesetze, welche vermöge ihres Geltungsbereichs und wegen der Wichtigkeit ihres Inhalts durch ein Reichsgesetz demselben zugewiesen sind.

b) (Puchelt):

Es soll die Kompetenz des obersten Reichsgerichtshofes ohne Unterschied zwischen Landes- und Reichsgesetzen auf den allgemeinen Voraussetzungen einer Revisionsinstanz gebaut werden.

c) (Hornbostel):

Die Bestimmung der Alinea 2 des § 498 des Entwurfes der deutschen Civilprozeßordnung ist nicht annehmbar, weil dieselbe

1. zu einer Rechtsungleichheit innerhalb des Gebietes des Deutschen Reiches führt,
2. den beabsichtigten Erfolg — Verhütung einer Ueberbürdung des höchsten Gerichtshofes — nicht erreicht.

d) (v. Grodbeck):

Die Zuständigkeit des Reichsgerichts ist auf die Beseitigung der Verletzung von Reichsgesetzen zu beschränken.

7. (Pl., vgl. A 5.)

(IV.[2], 212, 127.) R.: Anschütz.

Zur Wahrung der durch Einführung einer Handels- und

Wechsel-Ordnung gewonnenen Rechtseinheit ist die Errichtung eines gemeinsamen obersten Gerichtshofes für ganz Deutschland im Gebiete des Handels- und Wechsel-Rechtes ein dringendes Bedürfniß.

8. (Pl.)

(II. 229, II.², 577, 641.) A.: Primker. R.: Planck.

Die Unabhängigkeit der Rechtspflege ist nur dann gewahrt, wenn der alte, deutschrechtliche Grundsatz, daß die Gerichte in allen Fällen über ihre Kompetenz selbst und ausschließlich zu entscheiden haben, ungeschmälert Geltung hat.

Der Antrag (Sydow):

> Es ist ein für die Sicherung des Rechtsschutzes nothwendiger Grundsatz alten deutschen Rechts, daß die Gerichte über ihre Kompetenz selbst und ausschließlich entscheiden, und es ist dieser Grundsatz auch fortan, wo zwischen ihnen und den Verwaltungsbehörden über die Grenzen ihrer Kompetenz Streit entsteht, ungeschmälert dahin zur Anwendung zu bringen, daß über diese Grenzen schließlich ein, keiner anderen Autorität als der des Gesetzes unterworfener Gerichtshof in den allgemein geordneten Formen des Verfahrens zu erkennen hat

wurde abgelehnt, womit das Amendement (v. Sternenfels):

> Die Mitglieder des Kompetenzgerichtshofes müssen ständige und unentlaßbare sein,

sich erledigte.

9. (Pl. vgl. 10.)

(III. Vorl. 3, III., 10.) A.: Hiersemenzel. R.: Ihering.

Verordnungen und Erlasse des Staatsoberhauptes oder der Staatsregierung, deren Inhalt nur in Form des Gesetzes mit Zustimmung der Stände hätte festgestellt werden können, haben für den Richter keine verbindliche Kraft.

10. (Pl. vgl. 9.)

(IV. 201, 213, 241, IV.², 11.) G.: v. Stubenrauch, Gneist, Jaques. R.: v. Wächter.

a) Der Richter hat im gegebenen Falle über das verfassungsmäßige Zustandekommen der Gesetze und Verordnungen zu befinden. (Antrag Braun.)

b) Der Richter hat ein Gesetz nur insoweit zur Anwendung

zu bringen, als sein Inhalt die Zustimmung der verfassungsmäßigen Stände erlangt hat.

c) Dringend ist zu wünschen, daß, sofern Zweifel über diese Zustimmung entstehen, endgültig ein unabhängiger Kassationshof auf Antrag eines bei einem Prozeß Betheiligten oder der Staatsbehörde über die Frage zu b zu entscheiden habe.

d) Werden Verfassung oder Wahlgesetz durch einen Act der Staatsregierung einseitig geändert und auf Grund dieser Aenderungen mit Zustimmung der hiernach zusammengesetzten Stände Gesetze erlassen, so soll jeder Betheiligte das Recht haben, gegen solche Gesetze ein unabhängiges Reichsgericht anzugehen, welches über die Anwendbarkeit der betreffenden Gesetze zu entscheiden hat.

Gutachten:

1. v. Stubenrauch

verneint im Wesentlichen die Kompetenz des Richters.

2. Gneist

stellt folgende Sätze auf:

I. Die Gerichte haben im Gebiet ihrer Civil- und Strafjustizsachen zu prüfen, ob die nach Einführung der Landesverfassung publicirten „Gesetze" verfassungsmäßig, namentlich mit der erforderlichen Zustimmung der Kammern promulgirt sind, andernfalls solche nicht zur Anwendung zu bringen. Die Gerichte haben als entscheidende Norm dabei die Verfassungsurkunde selbst und allgemeine Rechtsgrundsätze zu befolgen, insbesondere auch den Grundsatz, daß instrumenta publica eine Vermuthung der Wahrheit und Legalität begründen.

II. Die Gerichte haben im Kreise ihrer Kompetenz insbesondere zu ermessen, ob und wie weit die publicirten „Verordnungen" der Staatsregierung nach der Landesverfassung Gesetzeskraft haben oder nicht.

III. Den deutschen Gerichten steht dagegen keine Prüfung darüber zu, ob die verfassungsmäßigen Organe von ihrer Befugniß, Gesetze zu geben, den rechten Gebrauch gemacht haben.

3. Jaques

kommt zu dem Schlusse:

Die Würde der Rechtspflege und die Handhabung der Gerechtigkeit ist nur da gesichert, wo der Richter auch die Frage über die Verfassungsmäßigkeit der Gesetze (sowie der provisorischen Verordnungen) ohne Einschränkung zu prüfen hat.

Als durch die Beschlüsse erledigt wurden erklärt die Anträge:

a) (Berger):

Die Frage, ob ein Gesetz verfassungsmäßig zu Stande gekommen ist, hat ein unabhängiger Staatsgerichtshof zu entscheiden.

b) (v. Freydorf):

Bei provisorischen Gesetzen hat sich das Prüfungsrecht nicht auf die Frage der Dringlichkeit und Nothwendigkeit zu erstrecken.

11.

(XII³, 221, 325.) R.: Gneist, v. Kißling.

Es bedarf neben den ordentlichen Gerichten einer ergänzenden Verwaltungsjurisdiction für Fälle einer gesetzwidrigen oder parteiischen Ausübung der Staatsgewalt durch Entscheidungen oder Verfügungen der Verwaltungsbehörden. (Antrag Gneist.)

Der Antrag (Körner):

daß der Antrag Gneist dahin ausgedehnt wird, daß die Bildung einer besonderen Verwaltungsjurisdiction mit den nöthigen Instanzen auch erstreckt werde auf solche Fälle, wo Parteien unter sich über Gegenstände des öffentlichen Rechtes streitig sind,

wurde nicht unterstützt.

12. (Pl.)

(IV², 78.) A.: Hierl. R.: Keller.

In allen deutschen Ländern sind Gerichtsferien einzuführen und zwar möglichst gleichzeitige.

13. A. und B.

11 (II, 97, 109, III, Vorl. 18a und b, 28, 50, 57, III², 95, 447, IV, 9, 23, 34, 263, 279, IV², 236, 352, V, 119, V², 210, 70.) A.: Hauschteck, Sabarth. G.: Brauer, Plathner, Francke, König, Schloß, Fierlinger, Ruhwandl, Lienbacher, Bauermeister, Heimsoeth, v. Freydorf. R.: Keller (IV), Planck. (III und V.)

A. Beschlüsse des III. Juristentages:

1. Es ist nicht zweckmäßig, der Staatsanwaltschaft das Recht oder gar die Pflicht zu geben, in Civilprozessen, sei es in allen oder einzelnen, oder bei Incidenzverhandlungen, ihre Ansicht über die verhandelte Sache und die abzugebende Entscheidung zu entwickeln.

2. Ebenso ist eine Nichtigkeitsbeschwerde im Interesse des Gesetzes nicht zu empfehlen.

B. Beschlüsse des V. Juristentages:

1. Die Amtsverrichtungen der Staatsanwaltschaft sind durch ständige, eigens damit betraute Beamte zu versehen.

2. Der Staatsanwaltschaft ist neben dem Amte des öffentlichen Anklägers in Strafsachen der Beruf zu überweisen:

a) in den Fällen, wo nach dem bisherigen Verfahren ohne Antrag einer Privatpartei von Amtswegen durch ein Civilprozeßverfahren (zur Feststellung, Aenderung oder Aufhebung eines den Gegenstand des Verfahrens bildenden Privat-Rechtsverhältnisses) einzuschreiten ist, als Principalpartei das Verfahren bei den Gerichten anhängig zu machen, und unter Beibringung der Thatsachen mit den Prozeßmitteln einer Partei durchzuführen,

b) in den Fällen, in welchen im Civilprozeßverfahren (über die Feststellung, Aenderung oder Aufhebung eines den Gegenstand des Verfahrens bildenden Privat-Rechtsverhältnisses) zwar auf die Anträge einer oder mehrerer Parteien zu entscheiden, dabei jedoch die Thatsachen (welche die Voraussetzung bilden) nicht lediglich nach Lage der Behauptungen, Beweise und Zugeständnisse der Parteien sich bestimmen, sondern von. Amtswegen darauf zu halten ist, daß der wirkliche Thatbestand der Entscheidung zu Grunde gelegt wurde, als Prinzipalpartei an dem Verfahren betheiligt zu sein und selbstständig im geeigneten Falle unter Beibringung des Thatbestandes mit den Prozeßmitteln und Rechtsmitteln einer Partei einzuwirken.

3. Das Personal der Entdeckungs- und Verfolgungspolizei ist der Staatsanwaltschaft unmittelbar zu untergeben.

4. Die Staatsanwaltschaft eignet sich nicht zu einem Organe der staatlichen Oberaufsicht über die Gerichte.

5. Es ist nicht nothwendig, der Staatsanwaltschaft die sämmtlichen Justizverwaltungsgeschäfte zu übertragen. Ob ihr einzelne derselben zu überweisen seien, ist Sache der Landesgesetzgebung.

6. a. Die Staatsanwaltschaften haben die ihnen im Straf-

und Civilprozesse zustehenden Functionen (Nr. 2) selbstständig auszuüben und können ihnen dabei Anweisungen von Seiten des Justizministeriums nicht ertheilt werden.

b) Als oberste Beschwerde- und Aufsichtsinstanz für alle Staatsanwälte treten an die Stelle des Justizministers — vorbehaltlich natürlich der demselben in Betreff der Staatsanwälte in demselben Umfange wie in Betreff der Gerichte verbleibenden allgemeinen Oberaufsicht — die Anklagesenate der höheren Gerichtshöfe oder eine Abtheilung des höchsten Gerichtshofes.

7. Die Staatsanwälte können nur unter denselben Voraussetzungen, wie Richter, entlassen, versetzt oder pensionirt werden.

Thema-Anträge Hauschteck:

1. Die Staatsanwaltschaft wird als eine Justizbehörde organisirt, bestimmt, Namens der Staatsregierung dafür zu sorgen, daß die richterliche Gewalt den Gesetzen gemäß frei geübt werden könne.

2. Der Beruf der Staatsanwaltschaft umfaßt die gesammte Leitung aller für die Rechtspflege nothwendigen, nicht-richterlichen Geschäfte neben den Gerichten, insbesondere:

die Leitung der Justiz-Verwaltung einschließlich der gerichtlichen (Criminal-) Polizei;

die Anrufung der richterlichen Strafgewalt bei Verletzung von Strafgesetzen, — soweit nicht durch besondere Gesetze Privatpersonen Rechte gewährt sind, welche die Staatsbehörde ausschließen;

die Vertretung der Interessen der Staatsregierung vor den Gerichten im bürgerlichen Prozesse.

Thema-Anträge Sabarth:

1. Das Institut der Staatsanwaltschaft, wie sich dasselbe seither in Deutschland ausgebildet hat, ist kein Bedürfniß oder Förderungsmittel einer unparteiischen Rechtspflege.

2. Zum Wesen des Anklageprozesses sind ständige öffentliche Anklagebehörden nicht erforderlich.

Für die einzelnen Fälle sind Mitglieder des Richteramtes mit den Funktionen des öffentlichen Anklägers zu beauftragen und für diese Angelegenheiten der Funktion als Richter zu entbinden.

Gutachten:

1. Brauer:

Eine Ausdehnung des staatsanwaltlichen Wirkungskreises auf das Gebiet des bürgerlichen Prozesses erscheint allerdings nicht schlechthin nothwendig, und wenn sie in bedeutendem Maß und Umfang geschieht, sogar mehrfach bedenklich. In angemessener Beschränkung wird dieselbe aber gleichwohl als zweckmäßig zu empfehlen sein.

2. Plathner:

I. Die Staatsanwaltschaft ist nur als Partei zuzulassen.

II. Die Staatsanwaltschaft hat ein Recht zur Klage:

1. auf Nichtigkeitserklärung von Ehen,
2. auf Interdiction;

sie ist als Mitverklagte zuzuziehen bei Klagen auf Nichtigkeitserklärung und Scheidung von Ehen.

III. Wie weit sie in anderen Fällen in Vertretung eines öffentlichen Interesses als Partei zugelassen ist, ist nach dem bezüglichen Landesrecht zu beurtheilen.

3. Francke:

1. Der Staatsanwaltschaft, als einem Organe der Oberaufsicht, wird zweckmäßig auch für die bürgerliche Justizpflege eine überwachende und vermittelnde Thätigkeit — jedoch ohne die Befugniß zum Eingreifen in den einzelnen Prozeßfall — angewiesen. Damit sie die Ueberwachung ausüben kann, ist ihr das Recht zu gewähren,

allen Gerichtssitzungen, auch wenn die Oeffentlichkeit ausgeschlossen ist, jedoch nicht den Berathungen der Richter beizuwohnen, und jederzeit die Mittheilung der Acten zu verlangen.

Die näheren Bestimmungen aber darüber, in welcher Weise sie als Organ der Oberaufsicht thätig zu werden hat, können nicht allgemein, sondern nur mit Rücksicht auf die Dienstorganisation in den einzelnen Staaten getroffen werden.

2. Es ist nicht zu empfehlen, der Staatsanwaltschaft als Organ des Gesetzes eine Thätigkeit im Prozesse zur Pflicht zu machen, oder auch nur zu gestatten.

3. Sie ist vielmehr im Prozesse nur in der Eigenschaft einer Prozeßpartei zuzulassen. Wann sie aber als solche auftreten kann, richtet sich nach der Civilgesetzgebung der einzelnen Staaten und bleibt von dieser abhängig.

4. Es ist auch nicht zweckmäßig, die Vermittelung der im Prozesse sich ergebenden Geschäftsverbindung der Gerichte unter sich oder mit anderen Behörden ihr zu überweisen.

5. Ob sie bei Zustellungen im Auslande oder durch öffentliche Blätter — ingleichen bei den im Auslande auszuführenden Zwangsvollstreckungen — als Vermittlerin thätig werden soll, wird davon abhängen, ob über-

haupt die prozessualischen Zustellungen, bezw. die Zwangsvollstreckungen der gerichtlichen Anordnung und Leitung entzogen werden.

6. Die Ertheilung des Armenrechts im Prozesse und die Einziehung annotirter Kosten ist zweckmäßig in die Hand der Staatsanwaltschaft zu legen.

7. Daß auf Grund einer von ihr zu führenden speziellen Dienstaufsicht über die Geschäftsführung der Anwälte, Gerichtsschreiber und Vollziehungsbeamten einzelne prozessualische Functionen ihr anvertraut werden, ist im Allgemeinen nicht zu empfehlen. Eine Ausnahme kann hinsichtlich der Geschäftsführung der Vollziehungsbeamten dann räthlich werden, wenn die Gerichte der Leitung der Zwangsvollstreckungen enthoben werden.

4. König:

daß das Minimum der Thätigkeit des Staatsanwalts darin bestehen muß:

1. daß in den öffentlichen Sitzungen der kollegialischen Gerichte stets ein Staatsanwalt zugegen sein, und
2. daß es demselben gestattet sein soll, nach den Vorträgen der Rechtsanwälte und vor dem Urtheile seine Ansicht über die in seiner Gegenwart verhandelte Sache zu äußern.

5. Schloß:

1. Die Staatsanwaltschaft hat bei sonstiger Nichtigkeit, versehen mit allen Parteirechten, sowohl im streitigen als nicht streitigen Verfahren, zu interveniren:

a) Bei Verhandlung über Trennung und Ungültigkeitserklärung der Ehe, sowie über Scheidung von Tisch und Bett.
b) Wo es sich um Ehelichkeit der Geburt handelt.
c) Bei Adoptionen und Legitimationen.
d) Bei Todeserklärungen.
e) Bei Verfahren wider Abwesende.
f) Bei Interdiction wegen Geisteskrankheit oder Verschwendung.

2. Die Staatsanwaltschaft ist berechtigt, allen übrigen Verhandlungen beizuwohnen und hierbei das Wort zu ergreifen.

3. Die Staatsanwaltschaft hat bei wahrgenommener Inkompetenz Anträge zu stellen, und ist bei Kompetenz-Conflicten der Gerichte mit anderen Behörden jeder Zeit zu hören.

4. Soll der Staatsanwaltschaft das Aufsichtsrecht über Anwälte, Notare, Gerichtsschreiber, Gerichtsvollzieher, Bürgermeister und Friedensrichter als Civilstandsbeamte und Beamte der freiwilligen Gerichtsbarkeit zustehen.

5. Alle Beschwerden gegen Gerichte, gegen richterliche Beamte und gegen die vorbenannten Personen sind an die Staatsanwaltschaft zu richten, welcher auch das Recht zukommt, auf Disciplinaruntersuchung Antrag zu stellen.

6. Die Staatsanwaltschaft hat jährlich über den Gang der Justizpflege und über wahrgenommene Gebrechen an den General-Procurator, bezw. an den Justizminister Bericht zu erstatten.

7. Der Staatsanwaltschaft soll die Mitwirkung bei Besetzungsvorschlägen und Prüfungen gewahrt sein; auch hat sie alle übrigen Justizverwaltungsgeschäfte zu besorgen.

6. Fierlinger:

Die Staatsanwaltschaft ist als Prinzipalpartei in bürgerlichen Rechtsstreitigkeiten nicht zuzulassen.

7. Ruhwandl:

Im Wesentlichen für die Anträge Hauschteck, gegen die Anträge Sabarth.

8. Lienbacher:

ebenso.

9. Bauermeister:

daß die Staatsanwaltschaft nur unter Voraussetzung der Entziehung jedes Oberaufsichtsrechtes über die Gerichte als Prozeß-Partei zuzulassen,

und

daß die Bestimmung der einzelnen Fälle, in welchen sie als solche zuzulassen, der Civilgesetzgebung vorzubehalten sei.

10. Heimsoeth:

so, wie die Beschlüsse 2 a und b.

11. v. Freydorf:

1. Die Amtsverrichtungen der Staatsanwaltschaft sind fortan durch ständige, eigens hierzu ernannte Beamte zu versehen.

2. Diese Staatsanwälte sollen nicht unbedingt, und nur unter denselben Voraussetzungen entlaßbar sein, wie die nicht-richterlichen Beamten des Landes.

Die Staatsanwälte bei den Kollegialgerichten sind dem Richterstande zu entnehmen oder mit Richtereigenschaft anzustellen, so zwar, daß sie mit der Entlassung oder dem Rücktritte aus der Staatsanwaltschaft mit denselben Rechten und in demselben Range in den Richterstand eintreten, als hätten sie in der Zwischenzeit diesem Stande angehört.

3. Die Staatsanwälte bleiben den Justizministern dienstlich untergeben.

Sie sind jedoch befugt und verpflichtet, in den gerichtlichen Verhandlungen einer anhängig gemachten Sache ihrer eigenen rechtlichen Ueberzeugung zu folgen.

4. Das Personal der Entdeckungs- und Verfolgungspolizei ist den Staatsanwälten unmittelbar zu untergeben.

5. Es ist kein Bedürfniß vorhanden, der Staatsanwaltschaft die Leitung der bisher von den Gerichten besorgten Justiz-Verwaltungsgeschäfte, insbesondere der mit der Civilrechtspflege verbundenen Nebengeschäfte zu übertragen.

6. Die Statsanwaltschaft eignet sich nicht zu einem Organe der staatlichen Oberaufsicht über die Gerichte.

14. Vgl. 17. A.

(II.², 6, IV., 41, 54, 66, 313 IV.², 284, 114.)

A.: Eberty. G.: Faber, Kopp, Vissering, Euler. R.: v. Sternenfels.

a) Die Frage der Organisation der Advokatur ist keine Frage des Gewerberechts, sondern der Justizverfassung. (Antrag Malß.)

b) Prozeßvertretung (Anwaltschaft) soll von der Rechtsvertheidigung (Advokatur) nicht getrennt werden.

c) Die Ausübung der Advokatur ohne Unterscheidung zwischen den Gerichten und ohne Unterschied der Rechtssachen soll jedem geprüften Rechtsverständigen freigestellt werden.

Die Thema-Anträge Eberty lauten:

1. Die Anwaltschaft ist freizugeben.
2. Die Trennung der Advokatur von der Anwaltschaft ist wünschenswerth.

Gutachten:

1. Faber:

Im Interesse der Rechtspflege empfiehlt sich freie Advokatur, aber geschlossene Advokatanwaltschaft, Letztere mit der Einrichtung, daß die freieste Concurrenz auch unter den Advokatanwälten in Beziehung auf ihre ganze Berufsthätigkeit eröffnet, und daß sowohl die Bestimmung der Zahl der Advokatanwälte als die Besetzung erledigter Anwaltsstellen in die Hand der höheren Gerichte, sei es der Appellationsgerichte oder des obersten Gerichtshofes, gelegt wird.

Es ist wünschenswerth, daß das Notariat von der Advokatur, mit Einschluß der Advokatanwaltschaft, überall getrennt werde, wo der Geschäftsumfang beider Berufsarten ein selbstständiges Bestehen derselben ermöglicht.

2. Kopp:

für den ersten Antrag Eberty, gegen den zweiten.

3. Vissering:

stimmt den Anträgen Eberty zu mit der Bedingung, daß ein Qualificationsnachweis als unerläßlich zu erfordern sei.

4. Euler:

a) Die Trennung der Advokatur und der Anwaltschaft ist unzweckmäßig und dem Rechtsuchenden nachtheilig.
b) Die Zahl der Anwälte in weiterer Bedeutung, ev. die Zahl der Advokaten und Anwälte in engerer Bedeutung ist nach den wahren Bedürfnissen zu beschränken.

Abgelehnt wurde der fernere Antrag des Referenten:

Zur Ausübung der Advokatur vor Collegialgerichten sollen nur diejenigen zugelassen werden, welche durch eine gewisse Zeit als Richter oder als Advokaten practicirt haben,

sowie der Antrag (v. Kißling):

Die Advokatur sei nicht freizugeben, jedoch bei Besetzung offener Anwaltstellen nach dem Alter der Praxis vorzugehen.

15. (Pl.)

(VII.², 202, 246.)

A.: Jaques. R.: Dorn.

1. Zur Ausübung der Advokatur ist jeder geprüfte Rechtsverständige berechtigt.

2. Alle Unterscheidungen verschiedener Erfordernisse, rücksichtlich der Befugniß zur Parteivertretung vor Einzel-, Collegial- oder vor Obergerichten, sowie alle Beschränkungen der Freizügigkeit entbehren der Begründung.

3. Die Ueberwachung der Advokaten wird durch die Advokatenkammer geübt, vorbehaltlich näherer Bestimmungen namentlich auch hinsichtlich der Beschwerdeführung.

Die Thema-Anträge Jaques lauten:

Das Interesse der Gesammtheit an einer möglichst kräftigen und möglichst wohlfeilen Rechtspflege erheischt:

freie Konkurrenz unter allen zur Parteivertretung Befähigten,

Unabhängigkeit der Advokatur von den Verwaltungsbehörden und den Gerichten in dem Sinne, daß jedes Ernennungsrecht der ersteren, sowie jedes Ueberwachungs- und Expensen-Bestimmungsrecht der letzteren (die ihnen zustehende Sitzungspolizei bei Seite gelassen) entfalle,

Ueberwachung der Advokatur ausschließlich durch die Oeffentlichkeit und durch die von der Standesgenossenschaft in den Advokatenkammern autonom zu übende Disciplinargewalt,

Gleichheit der Vorbedingungen für das Richteramt und den Advokatenstand.

Hieraus gehen folgende Grundzüge der legislativen Organisation der Advokatur hervor:

1. Zur Ausübung der Advokatur ist jeder bürgerlich unbescholtene, theoretisch und praktisch geprüfte Rechtsverständige berechtigt. Die Dauer der Vorbereitungspraxis ist nur nach dem unabweislichen Erfordernisse mit Ausschluß jeder anderen Rücksicht zu bemessen.

2. Alle Unterscheidungen verschiedener Erfordernisse rücksichtlich der Befugniß zur Parteivertretung vor Einzeln-, Collegial- oder vor Obergerichten, sowie alle Beschränkungen der Freizügigkeit in den unter gleicher Civil- und Strafgesetzgebung stehenden Ländern entbehren der Begründung.

3. Die Ueberwachung der Advokaten und Advokaturs-Kandidaten wird von den Advokatenkammern geübt. Gegen Erkenntnisse, welche auf Verweigerung der Zulassung zur Praxis, der Eintragung in die Liste der Advokaten oder auf Streichung aus der Liste lauten, steht die Berufung an den obersten Gerichtshof offen. In allen wichtigen, dem Plenum der Kammer vorbehaltenen Disciplinarfällen findet öffentliches accusatorisches Verfahren statt.

16.

(XIV.a, 25, XIV.b, 3, XIV.², 185, 278.)

G.: Wernz, Kühne. R.: Erythropel, Lamm.

Der bei einem bestimmten Gerichte zugelassene Rechtsanwalt soll bei einem andern Collegialgerichte der Regel nach nicht zugelassen werden und in Civilprozeßsachen, in welchen die Vertretung der Parteien durch Rechtsanwälte geboten ist, die Gesammtvertretung einer Partei (Anwaltschaft) nicht übernehmen können.

In Ansehung etwaiger zweckmäßiger Ausnahmen ist die Abtheilung der Ansicht, daß der Juristentag zur Zeit die Bestimmungen der deutschen Anwaltsordnung nicht zu beanstanden, vielmehr die Erfahrung zu erwarten habe, wie das neue Gesetz sich im Leben bewährt.

Gutachten:

1. Wernz stellt folgende Unterfragen auf:

a) Ist es dem an einem bestimmten Gerichte zugelassenen Anwalte zu gestatten, auch bei Gerichten, die an anderen Orten bestehen, Parteien zu vertreten und zwar, zunächst abgesehen vom Falle, wo die Verfolgung des nämlichen Rechtsstreites in der höheren Instanz in Frage steht?

b) Ist etwa für den Fall eine Ausnahme zu machen, wo es sich um die Vertretung der nämlichen Sache in der Berufungsinstanz handelt?

c) Sind im Falle, wo verschiedene Gerichte am nämlichen Orte bestehen, die Anwälte des einen Gerichts auch bei den anderen zuzulassen?

d) Ist in der Revisionsinstanz (vor dem Reichsgerichte) die Wahl des Anwalts freizugeben?

Die Frage c wird bejaht für den Fall, daß mehrere Gerichte erster Instanz am nämlichen Orte bestehen, oder der Sprengel des Berufungsgerichts für volle Beschäftigung der Anwälte zu klein ist, im Uebrigen werden die Fragen verneint.

2. Kühne spricht sich für möglichst strenge Localisirung der Anwälte aus unter Kritisirung des „Entwurfs einer Rechtsanwaltsordnung" und unter Aufstellung folgender Sätze:

Der zu einem bestimmten Collegialgerichte zugelassene Rechtsanwalt kann als Vertreter (Bevollmächtigter) einer Partei oder als Substitut eines bevollmächtigten Rechtsanwalts in Civilprozessen, in welchen die Vertretunge durch Rechtsanwälte geboten ist (Anwaltsprozessen), nur bei jenem bestimmten Gerichte fungiren.

Eine Ausnahme von dieser Regel ist nur statthaft für den Fall, daß der Rechtsanwalt bei einem Landgericht zugelassen ist, welches zum Bezirke eines mehreren Bundesstaaten gemeinschaftlichen Oberlandesgerichts gehört.

In diesem Falle kann er zugleich bei letzterem zugelassen werden, auch wenn dasselbe an einem anderen Orte seinen Sitz hat.

Für die Revisionsinstanz ist der Grundsatz der Localisirung der Rechtsanwaltschaft mit voller Strenge durchzuführen.

17. A. und B.

(Vergl. die Anträge Krieger I, 140.)

17. A. (vergl. 14.)

(II[2], 6, IV, 41, IV[2], 284, 115.) R.: v. Sternenfels.

Der IV. Juristentag beschloß:

Das Notariat soll von der Advokatur getrennt werden.

Die Gutachten Faber, Kopp, Euler sprechen für die Trennung. Bissering will daran festhalten, daß die jurisdictio voluntaria rechtsverständiger Leitung anvertraut werde und Niemand in den Fällen als Notar fungiren dürfte, in denen er als Advokat thätig war.

Abgelehnt wurde der zweite Antrag des Referenten:

Für diejenigen Orte soll eine Ausnahme hiervon gemacht werden, wo jede dieser Functionen für sich ein genügendes Auskommen nicht gewährt.

17. B.

(IX, 3, 109, 356.) R.: Bohlmann.

a) Die sogenannte freiwillige Gerichtsbarkeit ist, als ihrem inneren Wesen und der praktischen Behandlung nach von der streitigen Gerichtsbarkeit grundverschieden, von dieser unbedingt und vollständig zu trennen.

b) Es ist wünschenswerth, daß die deutschen Regierungen die Competenz des Reichstages hinsichtlich des Reichsnotariats-Gesetzes auch in soweit anerkennen, als das letztere bei Abgrenzung des materiellen Geschäftskreises der Notare in die dem Reichstag nicht unterworfenen Gebiete des Civilrechts eingreift.

c) Die Competenz der Notare muß im ganzen Reiche eine gleiche und hinsichtlich der Gegenstände der jurisdictio voluntaria im engeren Sinne eine uneingeschränkte sein.

d) Die räumliche Competenz der Notare soll über den unmittelbaren Gerichtsbezirk resp. Kreis, zwar hinausgehen, jedoch andererseits die Grenzen der Provinz resp. des Appellationsgerichtes oder des Regierungsbezirkes nicht überschreiten, und es ist zweckmäßig, sie nach dem Umfang des betreffenden Disciplinarsprengels zu bemessen.

e) Die Form der Notariatsacte und die Cautelen bei denselben sind möglichst zu vereinfachen.

f) Dem Notariatsstande ist eine organische Gliederung zu

geben und sind zur Ueberwachung der Standesehre desselben Notariats- und Disciplinarkammern einzurichten.

g) Das Notariat soll von der Advokatur getrennt werden.

Schluß-Bemerkungen.

A. Ueber die Frage:

Soll die Civiljury in den deutschen Civilprozeß eingeführt werden?

G.: v. Bar, Brunner, Westerkamp. R.: Marquardsen (IX², 317, 334, X², 52, 276, XII¹, 79),

beschloß die 1. und 2. Abtheilung des X. Juristentags:

„In Rücksicht darauf, daß es zur Zeit an einer genügenden Vorbereitung für die Entscheidung der Frage über die Einführung der Civiljury in den deutschen Civilprozeß fehlt, die Entscheidung auch von derjenigen über die zur Zeit ventilirte Frage, ob in Strafsachen an Stelle der Geschwornengerichte Schöffengerichte zu setzen, abhängig ist, setzt die Abtheilung die Beschlußfassung über die angeführte Frage aus."

Auch der XI. Juristentag beschloß Vertagung (XI², 298, 364), R.: Brunner, desgleichen der XII. Juristentag (XII², 296, 340.)

Gutachten:

1. v. Bar:

Die Einführung der Jury ist zu empfehlen

1. für Liquidationen eines erlittenen Schadens,

2. in Handelssachen als Ergänzung der Handelsgerichte, bezw. als Ersatz der Handelsgerichte zweiter Instanz (wobei dann selbstverständlich, wenn beide Parteien Kaufleute sind, die Jury lediglich aus Personen des Handelsstandes zu bilden wäre und außerdem in verwickelten Rechnungsprozessen ein dem englischen Referee-Verfahren nachgebildetes Verfahren mit Schiedsrichtern stattzufinden hätte.)

2. Brunner:

1. Die Aufnahme der Civiljury in das deutsche Prozeßrecht erscheint als wünschenswerth.

2. Für Schädenprozesse und Handelssachen ist die Anwendung der Jury als Norm hinzustellen.

3. Im Uebrigen ist ein concurrirendes Verhältniß zwischen schwurgerichtlicher und richterlicher Entscheidung der Beweisfragen in der Weise einzuführen, daß die Anwendung der Civiljury im einzelnen Falle von der Initiative der Prozeßparteien abhängig gemacht wird.

3. Westerkamp

gelangt zu folgenden Resultaten:

I. daß unser Rechtszustand, wie derselbe gegenwärtig ist, die Vorbedingungen für Einführung der Civiljury nicht enthält;

II. daß es sich empfiehlt, bei Reform und Codification des Prozeß- und Civilrechts auf Einführung der Jury Bedacht zu nehmen;

III. daß die alsbaldige Einführung der Jury bei einzelnen Arten von Civilfällen nicht gerathen ist.

Mit dem Beschlusse erledigte sich der Antrag (v. Grodbeck):

Nur auf Antrag einer der beiden Parteien sind im Civilprozeß zu dem Richtercollegium bei der mündlichen Verhandlung in denjenigen Instanzen, welche nicht nur Rechtsfragen zu entscheiden haben, mit vollem Stimmrecht zwei Schöffen zuzuziehen, von welchen das Richtercollegium je einen aus einer von beiden Parteien aufzustellenden Vorschlagsliste zu wählen hat.

Die Frage ist vom Juristentag nicht weiter verfolgt.

B.

Ueber den Entwurf eines deutschen Gerichtsverfassungsgesetzes hat einen mündlichen Bericht erstattet:

Gneist (XIII², 43.)

D. Privatrecht.

a) Allgemeiner Theil.

1.

(V[3], 102, V[2], 84, 49.) G.: Becker, Beseler. R.: Gneist.

a) Gesetz und Gewohnheitsrecht bestehen als selbstständige Rechtsquellen ursprünglich in gleicher Kraft und Bedeutung nebeneinander.

b) Die Aufhebung des Gewohnheitsrechts durch die Gesetzgebung ist ohne ein besonderes Bedürfniß nicht gerechtfertigt.

c) Eine umfassende Gesetzgebung (Codification) hat die derogatorische Kraft des Gewohnheitsrechtes nicht anzuerkennen.

d) Das Gewohnheitsrecht als ergänzende Rechtsquelle kann auch neben einer umfassenden Gesetzgebung in Geltung bleiben und ist nur aus besonderen Gründen und soweit diese reichen, auszuschließen oder zu beschränken.

Die Beschlüsse sind dem Gutachten Beseler gemäß gefaßt.

Abgelehnt wurden die Anträge:

1. (Becker, dem Gutachten gemäß):

Die Gesetzgebung darf dem Gewohnheitsrecht die Anerkennung als gültige Rechtsquelle im Allgemeinen nicht versagen, nur bei allgemeinen Gesetzen solcher Natur, daß das Interesse der Allgemeinheit die absolute Unterwerfung der Einzelnen fordert, ist die Bildung abändernden particularen Gewohnheitsrechtes nicht zu gestatten.

2. (Hasse):

Der Juristentag möge sich dafür aussprechen, daß Rechtsgewohnheiten, welche den guten Sitten oder öffentlichen Rechten widerstreiten, nichtig sind, indem man es der Beurtheilung des einzelnen Falles überläßt, ob die Rechtsgewohnheit den guten Sitten entspricht.

2.

(XVI, 117, 241, 310, XVI², 52, 322.) G.: Strohal, Leonhard, Pann. R.: Enneccerus.

a) Die unvordenkliche Verjährung ist im deutschen Civilgesetzbuche als Grund des Erwerbes oder Verlustes von Rechten nicht anzuerkennen.

b) Wo die Begründung oder Aufhebung der Rechte oder der rechtlichen Bestimmung einer Sache durch Zeitablauf den Bedürfnissen des heutigen Rechtslebens — insbesondere nach der im Civilgesetzbuche eintretenden Normirung des Grundbuchrechts — noch entspricht, ist eine Ersitzung oder Verjährung mit bestimmter Zeitdauer anzuerkennen.

Gutachten:

1. Strohal:

I. Die unvordenkliche Verjährung ist im deutschen Civilgesetzbuche weder als Grund des Erwerbes noch als Grund des Verlustes von Rechten anzuerkennen.

II. Insoweit die unvordenkliche Verjährung auf dem Gebiete des gemeinen Rechts — in wenngleich unvollkommener Weise — wirklichen und auch im heutigen Rechtsleben als berechtigt anzuerkennenden Bedürfnissen entspricht, ist sie anderweitig zu ersetzen.

III. Demgemäß empfiehlt sich insbesondere

a) die Zulassung einer den Gemeingebrauch ganz oder theilweise ausschließenden Ersitzung bei solchen res publicae, die nur zu Folge besonderer Widmung, also nicht schon vermöge ihrer natürlichen Beschaffenheit, dem Gemeingebrauche dienen,

b) die umfassende Anerkennung des Princips, daß solche Rechte, bei welchen dem Berechtigten ein dauernd Belasteter oder Verpflichteter gegenüber steht, durch Nichtgebrauch während bestimmter Zeit erlöschen.

2. Leonhard

spricht sich zwar gegen das Institut der unvordenklichen Verjährung im technischen Sinne aus, empfiehlt aber für das Civilgesetzbuch, das Institut speciell nur bei der Privilegienersitzung auszuschließen, es im Uebrigen gar nicht zu erwähnen, um nicht mit den in der unvordenklichen Zeit liegenden Beweis-Momenten resp. den Grundsätzen über die Vertheilung der Beweislast in Conflict zu gerathen.

Für den Fall, daß das Institut Erwähnung im Gesetz finden sollte, werden folgende Gesetzesparagraphen event. empfohlen:

1. Die Entstehung, Aenderung oder Aufhebung von anderen Rechten kann durch einen unvordenklichen Zustand geschehen, welcher ihr Bestehen, ihre veränderte Gestalt oder ihr Nichtbestehen wahrscheinlich macht.

2. Unvordenklich im Sinne von Nr. 1 ist ein Zustand, dessen Beginn in keiner Weise mehr erwiesen werden kann.

3. Wer einen unvordenklichen Zustand behauptet, braucht nur zu erweisen, wie lange derselbe besteht. Es liegt in dem Ermessen des Richters, einen Zeitraum, welcher kürzer als dreißig Jahre ist, zu dem Nachweise einer unvordenklichen Zeit für ungenügend zu erklären.

4. Der unter 3 aufgeführte Beweis wird entkräftet, falls der Beginn des angeblich unvordenklichen Zustandes erwiesen wird. Der bloße Nachweis, daß der gegenwärtige Zustand irgend ein Mal angefangen haben müsse, genügt nicht.

3. Pann

erklärt das Institut der unvordenklichen Verjährung für vollkommen entbehrlich sowohl im öffentlichen wie im Privatrecht.

3. (Pl.) Vergl. D. d. 5 und 6.

(II, 126, II², 142, 699.) G.: Unger. R.: Abeken.

Es ist wünschenswerth:

a) daß über den Zeitpunkt der Großjährigkeit schon jetzt gemeinsame Bestimmungen getroffen werden,

b) daß schon jetzt eine gemeinsame Bestimmung dahin getroffen werde, daß die väterliche Gewalt mit dem Zeitpunkt der Großjährigkeit aufhöre,

c) daß schon jetzt die bei Intercessionen ausnahmsweise bestehenden aus dem römischen Rechte stammenden Beschränkungen der Handlungsfähigkeit der Personen weiblichen Geschlechts (S. C. Vellejanum, Authentica si qua mulier und die daran sich anlehnenden Particulargesetzgebungen), sowie auch die sog. cura sexus durch gemeinsame Bestimmungen aufgehoben werden.

Das Gutachten Unger will die Mittel zur Abhülfe auf dem Boden des internationalen Privatrechts finden, spricht sich gegen eine stückweise Aenderung des geltenden Rechtes aus und empfiehlt folgende Bestimmung:

Die Handlungsfähigkeit eines Ausländers wird in der Regel nach den Gesetzen seines Wohnsitzes beurtheilt. Doch wird ein nach diesen Gesetzen nicht handlungsfähiger Ausländer durch die Abschließung von Rechtsgeschäften im Inlande verpflichtet, wenn er nach den Gesetzen des Inlandes handlungsfähig wäre.

b) Sachenrecht.

1.

(XVI.[1], 217, XVII.[1], 288, XVII.[2], 35, 280.)

G.: Mayer, Thomsen. R.: Eck, Petersen.

Der deutsche Juristentag erachtet es für wünschenswerth, den Fruchterwerb im deutschen bürgerlichen Gesetzbuche dahin zu regeln, daß die Früchte einer Sache dem Eigenthümer der letzteren, beziehungsweise an dessen Stelle demjenigen, welcher ein dingliches Nutzungsrecht an der Sache hat, einschließlich des Pächters, unmittelbar und ohne besondern Besitzergreifungsact zu Eigenthum erworben werden, und zwar nicht erst mit der Lostrennung der Früchte, sondern von dem Zeitpunkte an, mit welchem dieselben in äußerlich sichtbarer Gestalt hervortreten.

Gutachten:

I. Das Gutachten Mayer führt zunächst aus, daß nach germanischem Rechte der Bebauer des Grundstückes aus einem gewissen Zeitpunkte durch seine Arbeit die Früchte als verdientes Gut zu Eigenthum erwirbt, daß nach römischem Rechte dem Eigenthümer der Hauptsache die Früchte kraft des Substantialprinzips zufallen, dem bonae fidei poss. ein pendentes Eigenthum an den Früchten zusteht, die Nutzungsberechtigten theils durch Separation, theils durch Perception die Früchte erwerben.

Ausgehend sodann von der Thatsache, daß die neuere Rechtsbildung als jus commune modernum vom römischen Recht abweicht in der Beseitigung der Bedeutung der Perception, in der Ertheilung definitiven Eigenthums der Früchte an den b. f. p. und in der Anerkennung der sachenrechtlichen Selbstständigkeit der Früchte, kommt das Gutachten zu folgenden legislatorischen Resultaten:

1. Daß der Fruchterwerb durch den Berechtigten nicht mittels eines besonderen Erwerbsactes, sondern unmittelbar kraft eines Nutzungsrechts an der Hauptsache erfolge,

2. daß die Grundlage dieses Fruchterwerbs in einem abstrakten Fruchtziehungsrecht bestehe, welches im Eigenthum enthalten sei, aber auch außer-

halb desselben bestehen könne, und beim Pächter und b. f. p. auf den obligationsfreien Besitz sich stütze,

3. daß das Fruchtziehungsrecht das Eigenthum gewähre schon im Stadium der Pendenz, sobald die Früchte in äußerlich selbstständiger Gestalt hervortreten.

II. Das Gutachten Thomsen führt aus, daß im ältern römischen Recht wie im germanischen Recht das Productionsprinzip und in gewisser Weise das damit zusammenhangende Prinzip der sachenrechtlichen Selbstständigkeit der Früchte geherrscht habe, daß erst durch die classischen Pandecten-Juristen das Substantial- (Partial-) Prinzip im Wege abstrakter Construction eingeführt, aber nicht consequent durchgesetzt sei, daß die vielen Antinomien im corpus juris bezüglich des Fruchterwerbs, sowie die Bestimmungen über Perception, Separation, fructus extantes beim b. f. p. und dergl. aus dem langen Kampfe beider Prinzipien herrühren, sich historisch erklären und auflösen lassen, und die Justinianeische Gesetzgebung theilweise zum alten Productionsprinzip zurückgekehrt sei. Im Anschlusse an jene im neuern Rechte wiederum mehr und mehr zur Geltung gebrachten und weiter ausgebildeten Grundsätze des ältern römischen sowie des germanischen Rechts empfiehlt das Gutachten:

Im deutschen bürgerlichen Gesetzbuche die Lehre vom Fruchterwerb nach dem Productionsprinzip und nach dem Prinzip der sachenrechtlichen Selbstständigkeit der Früchte zu regeln, und zwar nach folgenden speziellen Gesichtspunkten:

1. Das Productions-Prinzip d. h. der Fruchterwerb durch die gutgläubige, auf einem Rechtsverhältniß beruhende Production ist als erste Grundlage beizubehalten.

2. Das Prinzip der sachenrechtlichen Selbstständigkeit der Früchte ist als die zweite Grundlage anzuerkennen.

3. Das römische Partial- (Substantial-) Prinzip muß gänzlich aufgegeben werden.

4. Der Unterschied zwischen Separations- und Apprehensions-Erwerb, sowie zwischen Industrial- und Natural-Früchten fällt weg (vergl. Nr. 6).

5. Der Eigenthümer der Muttersache erwirbt die Früchte, sofern eben ein anderes Recht nicht entgegensteht.

6. Der Productions- (Nutzungs-) Berechtigte (gutgläubige Besitzer) erhält an den Früchten sofortiges Eigenthumsrecht mit ihrer Entstehung.

7. Der Fruchterwerb ist gesetzlich als abstrakte Folge thunlichst an das, die bona fides des Produzenten begründende Rechtsverhältniß anzuknüpfen.

8. Der Productionsberechtigte muß ausgiebig gegen die vom Eigenthümer der Muttersache ausgehenden Pfandrechte geschützt werden, bei Landgütern wenigstens für das laufende Wirthschaftsjahr.

9. Für die Auseinandersetzung zwischen den Interessenten sind die volkswirthschaftlichen Bedürfnisse ganz besonders zu berücksichtigen.

2.

(XV. 13, 131, XV.², 62, 329.)

G.: Franken. R.: Reuling.

Es ist angemessen, im deutschen Civilgesetzbuch die Statthaftigkeit der Vindication beweglicher Sachen nach den Grundsätzen des Handelsgesetzbuches zu gestalten.

Das Gutachten Franken gelangt zu folgenden Vorschlägen:

§ 1. Durch Veräußerungsgeschäfte wird das Eigenthum beweglicher Sachen erst im Augenblick der erfüllten Gegenleistung erworben.

Uebergabe ist nicht erforderlich, vorbehaltlich der ausdrücklichen gesetzlichen Ausnahmen.

§ 2. Ist die Erfüllung der Gegenleistung durch eine bei Geschäften der fraglichen Art übliche Sicherheit garantirt, so geht im Augenblick der Uebergabe der letztern an den Veräußerer auf den Erwerber das Eigenthum der veräußerten Sachen unter der auflösenden Bedingung des Nichteingehens der Gegenleistung über.

§ 3. Schenkung beweglicher Sachen überträgt Eigenthum nur dann, wenn der Schenker Eigenthümer ist und der Beschenkte die Gewahrsam der geschenkten Sachen erlangt und behält.

Ist die Schenkung gesetzlich behufs ihrer Gültigkeit behördlicher Verlautbarung oder Bestätigung unterworfen, so ersetzen diese den Uebergang der Gewahrsam.

§ 4. Pfandrechte an beweglichen Sachen können nur vom Inhaber der Gewahrsam geltend gemacht werden.

§ 5. Vindication beweglicher Sachen findet nicht statt, doch steht demjenigen, welcher durch ein von einem Unbefugten vorgenommenes Veräußerungsgeschäft sein Eigenthum eingebüßt hat, jedem Besitzer gegenüber das Recht der Einlösung gegen Ersatz des Anschaffungspreises zu.

§ 6. Wer eine fremde bewegliche Sache in rechtswidriger Absicht oder unter grober Fahrlässigkeit bei Prüfung der Rechtmäßigkeit seines Erwerbs von einer zur Verfügung über dieselbe nicht befugten Person an sich bringt, erwirbt kein Recht an derselben und ist dem Eigenthümer zur Herausgabe und zum Ersatz seines Schadens verpflichtet.

§ 7. Wer in rechtswidriger Absicht oder unter grober Fahrlässigkeit bei Prüfung seines Verfügungsrechtes eine fremde bewegliche Sache, über die zu verfügen er nicht berechtigt ist, veräußert, ist dem Eigenthümer zur Herausgabe der Sache und der für den creditirten Preis erhaltenen Sicherheiten, sowie zum Ersatz alles Schadens verpflichtet.

Mit dem Beschlusse erledigt bezw. verneint wurden die Fragen:

a) ob die Vindication nach den Grundsätzen des römischen Rechts oder
b) des preußischen Landrechts zu normiren,
c) ob zum Beschlusse der Zusatz beizufügen sei: „jedoch mit der Abweichung, daß eine Ausnahme hinsichtlich der gestohlenen und verlorenen Sachen nicht gemacht wird".

3. (Pl.)

(XIV. 113, XIV.[b], 56, 163, XIV.[a], 26, 243.)

G.: Bornemann, Seitz, Petersen. R.: Albrecht.

Die Uebertragung des Eigenthums an beweglichen Sachen ist in dem deutschen bürgerlichen Gesetzbuch in der Weise zu regeln, daß das Eigenthum nicht schon durch Vertrag, sondern erst durch Tradition erworben wird.

Gutachten:

1. Bornemann

spricht sich für das Erforderniß der Tradition aus, in der Erwägung, daß die Traditionstheorie die theoretisch richtigere ist und die Rechtsregel, daß das Eigenthum an einer beweglichen Sache mit Abschluß des Veräußerungsvertrages erworben werde, praktisch in ihrer vollen Consequenz nicht durchführbar ist, und daß, sobald dieselbe nicht in voller Consequenz durchgeführt wird, sie thatsächlich jeder Bedeutung entkleidet wird und nur zu Zweifeln und Incorrectheiten Veranlassung giebt.

2. Seitz

hält dagegen das Vertrags-Prinzip für entsprechend sowohl den Bedürfnissen des Verkehrs als auch der juristischen Consequenz unseres Civilrechts,

will jedoch die Ausnahmsfälle beibehalten, in welchen schon unter der Herrschaft des bisherigen römischen und gemeinrechtlichen Traditionssystemes der Eigenthumsübergang nicht blos von der traditio ex justa causa abhängig erklärt war.

3. Petersen:

Es empfiehlt sich die Uebertragung des Eigenthums an beweglichen

Gegenständen im bürgerlichen Gesetzbuch in der Weise zu regeln, daß dasselbe schon durch Abschluß des Vertrags erworben werden kann und die Uebergabe der Sache hiezu nicht nothwendig ist.

Abgelehnt wurden die Anträge (Petersen):

Das Eigenthum an beweglichen Sachen soll, wenn die Parteien nicht etwas anderes vereinbaren, nicht erst durch die Tradition, sondern schon durch Abschluß des Vertrages erworben werden, ev. der Eigenthumserwerb soll in der Regel durch Uebergabe der Sache erfolgen.

Es soll aber den Parteien das Recht zustehen, ausdrücklich zu vereinbaren, daß das Eigenthum mit Abschluß des Vertrages übergehen soll.

4.

6. (XV. 3, 72, 91, XV.², 84, 334.)

G.: Exner, Behrend, Leonhard. R.: Wiener.

a) Es erscheint als gebotene Consequenz einer Aufrechthaltung des Erfordernisses der Uebergabe für den Eigenthumsübergang bei Mobiliarveräußerungen, das constitutum possessorium nur unter der Voraussetzung als Uebergabe wirken zu lassen, daß neben der Veräußerung ein besonderes Rechtsverhältniß begründet ist, welches den Veräußerer zur Wiederübernahme der Gewahrsam an der veräußerten Sache berechtigt oder verpflichtet.

b) Der Besitz durch constitutum darf nicht zum Nachtheil früherer dinglich Berechtigter auf diejenigen Vortheile Anspruch machen, welche das einzuführende Vindicationssystem gutgläubigem Besitz zum Nachtheil eines vorher erworbenen dinglichen Rechtes zuerkennen sollte.

c) Gegenüber den Concurs- und Pfändungsgläubigern des Veräußerers ist dem Erwerb durch constitutum das Vindicationsrecht nicht grundsätzlich zu versagen, noch derselbe mit einer rechtlichen Präsumtion des Scheines oder Betruges zu behaften.

d) Zur Begründung eines Pfandrechts an Mobilien ist das constitutum nicht ausreichend.

Gutachten:

1. Exner:

Das const. poss. hat allerdings als besitzbegründende Thatsache zu gelten, Voraussetzung dabei ist, daß aus der Gesammtheit der Parteiverhandlungen, oder aus der sonstigen Sachlage, der rechtliche Zweck (causa) erhelle, zu welchem die Detention der Sache beim Tradenten (mit dessen Zustimmung) zurückgelassen werden soll. Ob der Tradent den Besitz, welchen er durch c. p. übertragen will, bis dahin selbst oder durch Stellvertretung ausgeübt hatte, und ob letzternfalls der Stellvertreter um die erfolgte Veränderung weiß, ist gleichgiltig.

2. Behrend stellt folgende Thesen auf:

I. Bei der Veräußerung beweglicher Sachen ist das constitutum possessorium der Uebergabe gleichzustellen.

Die Rechtsbeständigkeit des constitutum possessorium ist an die Voraussetzung zu knüpfen, daß zugleich mit der Veräußerung ein Rechtsverhältniß begründet wird, welches dem Veräußerer die Befugniß zum Gebrauch der veräußerten Sache gewährt.

II. Zur Begründung eines Pfandrechtes an Mobilien ist das constitutum possessorium nicht für ausreichend zu erachten.

III. In Bezug auf die Stellung des redlichen Erwerbers gegenüber Vindicationsansprüchen ist, wenn der Grundsatz: Hand wahre Hand oder ein Prinzip zu Grunde gelegt wird, nach welchem der redliche Erwerber Eigenthum erlangt, das constitutum possessorium nicht als Uebergabe anzusehen. Wird dagegen nach dem Vorbild des preußischen Landrechts dem redlichen Erwerber nur ein Anspruch auf Erstattung des Erwerbspreises gewährt, so ist dem constitutum possessorium dieselbe Wirkung beizulegen, wie der körperlichen Uebergabe.

IV. Es empfiehlt sich nicht, daß demjenigen, der eine bewegliche Sache vermittelst eines constitutum possessorium erworben hat, die Befugniß entzogen werde, im Concurse über das Vermögen des Veräußerers oder bei einer Beschlagnahme der veräußerten Sache seitens der Gläubiger des letzteren als Vindicant aufzutreten. Dagegen erscheint es rathsam, daß die Gläubiger gegen fraudulöse Geschäfte dieser Art, durch Gewährung einer Anfechtungsbefugniß unter erleichterten Bedingungen geschützt werden. Und zwar dürfte es angemessen sein, das Anfechtungsrecht bei entgeltlichen Veräußerungen nach Analogie von § 24 Nr. 2 der Reichsconcursordnung und § 3 Nr. 2 des Reichsgesetzes vom 21. Juli 1879 für den Fall einzuräumen, daß das Veräußerungsgeschäft innerhalb einer bestimmten Frist vor Eröffnung des Concursverfahrens, bezw. der Rechtshängigkeit des Anfechtungsanspruches geschlossen ist, sofern durch den Abschluß des Vertrages die Gläubiger benachtheiligt werden und der Erwerber nicht beweist, daß ihm zur Zeit des Vertragsabschlusses eine Absicht des Gemeinschuldners, die Gläubiger zu benachtheiligen, nicht bekannt war.

Eine gleiche Anfechtungsbefugniß wird den Gläubigern auch dann einzuräumen sein, wenn die Sache zwar nicht von vornherein in dem Gewahrsam des Veräußerers belassen, aber demselben alsbald nach der Uebergabe wieder zurückgegeben worden ist.

3. Leonhard erklärt sich dahin:

daß das bisherige gemeine deutsche Recht in der Behandlung des constitutum possessorium aufrecht zu erhalten ist, daß somit der erwähnte Vertrag ohne jede besondere Voraussetzung die Wirkungen einer sichtbaren Tradition haben soll.

Abgelehnt wurden die Anträge:

1. (Brunner)

zu a den Zusatz zu machen:

„oder daß der Uebereignungswille durch notariell oder gerichtlich beurkundeten Vertrag zum Ausdruck gekommen ist.“

2. (Leonhard):

Es erscheint als gebotene Consequenz einer Aufrechterhaltung des Erfordernisses der Uebergabe für den Eigenthumsübergang bei Mobiliarveräußerungen, das sogenannte constitutum possessorium nur unter der Voraussetzung als Uebergabe anzusehen, daß neben der Veräußerung der Veräußerer sich verpflichtet, die veräußerte Sache im Namen des Erwerbers in seiner Gewahrsam zu behalten.

3. (Ref.):

Es wird zur Erwägung anheim gegeben: behufs Eintragung von Veräußerungen zu wirthschaftlichem und gewerblichem Gebrauche bestimmter Mobiliencomplexe, die nicht von wirklichem und dauerndem Besitzwechsel begleitet sein sollen, die Anlegung eines öffentlichen Buches mit der Wirkung, daß dann nur die eingetragenen Geschäfte spätern Gläubigern gegenüber Vindicationsrecht geben.

4. (Boyens):

Es unterliegt der Anfechtung die Veräußerung beweglicher Güter, sofern dieselben zur Zeit des Antrags auf Eröffnung des Concurses, oder außerhalb des Concurses zur Zeit der Erhebung der Anfechtungsklage, noch im Gewahrsam des Gemeinschuldners, bezw. des zahlungsunfähigen Schuldners sich befinden und nicht Umstände nachgewiesen werden, welche die Vermuthung ausschließen, daß bei der Veräußerung von den Contrahenten eine Benachtheiligung beabsichtigt ist. Die Anfechtung außerhalb des Concurses steht jedoch nur den Gläubigern zu, deren Forderungen vor der Veräußerung entstanden sind.

5.

(XVI., 41, 65, 170, XVI.², 32, 326.) G.: Eck, Daube, Bonitz. R.: Barbeleben.

Der deutsche Juristentag erachtet es für wünschenswerth, daß im deutschen Civilgesetzbuche die Behandlung gefundener Sachen, abgesehen von der Entscheidung über Streitigkeiten, der Polizeibehörde des Fundortes oder einer anderen geeigneten Verwaltungsstelle übertragen werde, auch dem Finder die Pflicht zur Anzeige und Abgabe des Fundes auferlegt, für ihn ein bestimmtes Fundgeld festgesetzt, wenn aber der Verlierer nicht ermittelt wird, dem Finder das Eigenthum der gefundenen Sache übertragen werde.

Die drei Gutachten stimmen im Wesentlichen mit dem Beschlusse überein.

6.

(I. 125, 126, II. 229, 232, 272, 276, II.², 220, III. 74, 85, Vorl. 4, 6, III², 142, 70.) A.: Meyer, König, Bornemann, Geck, Kretschmann. G.: v. Kerstorf, Lührsen. R.: Meyer.

a) Eine gemeinsame deutsche Gesetzgebung über das Hypothekenwesen bezw. den Immobiliarcredit ist ein Bedürfniß.

b) Die consequente Durchführung der allgemeinen für das Hypothekenwesen anerkannten Prinzipien der Specialität und der Oeffentlichkeit ist zu Grunde zu legen.

c) Die neue Hypothekengesetzgebung ist auf Grundlage des sachenrechtlichen Grundbuchsystems zu errichten.

Die Thema-Anträge lauten:

I. König:

1. Das dem preußischen und anderen germanischen Hypotheken-Rechten zum Grunde liegende Legalitätsprinzip ist verwerflich.

2. Das französische Recht huldigt diesem Prinzip nicht; hierin besteht ein Vorzug desselben, wiewohl es sonst an erheblichen Mängeln leidet.

3. Ausmerzen läßt sich in denjenigen Gesetzgebungen, wo das Legalitätsprinzip gilt, dieses Prinzip ohne Revision des ganzen Civilrechtes nicht; auch muß darüber, welches Hypothekensystem an die Stelle eines aufzuhebenden zu setzen, hauptsächlich die Erfahrung entscheiden.

4. Deshalb ist anzurathen, daß in denjenigen Landestheilen, wo das

Legalitätsprinzip gilt, vorläufig daran festgehalten, und in denjenigen Landestheilen, wo das französische Hypothekensystem Geltung hat, auf der Basis des Anti-Legalitätsprincips die sonstige Reform des Hypothekengesetzes vorgenommen wird, damit demnächst und dereinst, wenn es sich um die Einführung eines einzigen deutschen Civilgesetzbuches handelt, die Zeit mehr berufen und reifer sei, über die Art der Beseitigung des Legalitätsprincips ein Urtheil zu fällen.

II. Meyer:

1. Die Einrichtung eines Grund- und Hypothekenbuches ist wünschenswerth, die des letzteren nothwendig, doch hängt die Berichtigung der Folien vom Betreiben der Interessirten ab.

2. Eigenthum und dingliche Rechte, sowie Servituten werden nur durch Eintragung erworben und durch Löschung verloren.

3. Der Inhalt des Hypothekenbuches entscheidet über Existenz und Umfang des eingetragenen Rechts. Für die Vollständigkeit und Uebereinstimmung der Auszüge haftet das Hypothekenamt und zwar dessen Mitglieder solidarisch und in subsidium der Staat.

4. Die Eintragungen geschehen in der Regel nur auf Antrag der Interessirten.

5. Alle Anträge sind entweder persönlich oder durch beglaubigte Erklärungen zu stellen.

6. Es ist das Prinzip der Publicität festzuhalten.

7. Ebenso der Grundsatz der Specialität. Correalhaftungen sind zu beseitigen event. angemessen zu beschränken.

8. Das Prinzip der Legalität ist nur soweit begründet, als das Hypothekenamt die Prüfung der Form und des Inhalts der Erklärungen der Legitimation, und der aus dem Hypothekenbuche hervorgehenden Beschränkungen vorzunehmen hat.

9. Die Eintragung erfolgt auf Grund der Uebertragung durch den eingetragenen Eigenthümer, auf Grund von Urtheilen oder auf Grund der Ersitzung.

10. Die Präsentation des Antrages entscheidet über das Vorzugsrecht der Eintragungen — gleichzeitig präsentirte Anträge haben gleiches Vorrecht.

11. Das Hypothekenrecht ist ein selbstständiges Recht. Der neue Erwerber wird aber persönlich verhaftet, der frühere unter Umständen liberirt.

12. Hypotheken müssen einen bestimmten Geldwerth betreffen und können nicht au porteur ausgestellt werden.

13. Der einlösende Eigenthümer kann, außer dem Falle des Concurses,

der nothwendigen Subhastation, oder wenn er sonst in der Verfügung beschränkt war, über die Hypothek verfügen.

14. Bei Expropriationen sollen die Hypotheken und dinglichen Rechte in der Regel erlöschen und die Feuersocietätsgelder in Bezug auf die Gläubiger an die Stelle der Gebäude treten.

15. Die Eintragung begründet den Mandatsprozeß.

16. Dem Hypothekenamt steht entweder eine zum Richteramte qualificirte Person vor, oder es wirkt ein Richter bei rechtlichen Fragen mit. Alle Hypothekenämter unterstehen der Controle der Obergerichte und des obersten Gerichtshofes.

III. Bornemann:

1. Das Hypothekenrecht wird nur durch Eintragung in das Hypothekenbuch auf Grund einer persönlichen oder beglaubigten Erklärung des Eigenthümers oder einer Verfügung des Prozeßrichters erworben. Es erlischt erst mit der Löschung im Hypothekenbuch.

2. Die Hypothekenbehörde hat nur Form und Inhalt der Erklärung und die Legitimation des Erklärenden zu prüfen, und nicht auf das Rechtsgeschäft einzugehen.

3. Die Beurkundung der Eintragung erfolgt durch den Eintragungsvermerk unter der Erklärung (Verfügung).

4. Das Hypothekenrecht setzt zwar eine persönliche Forderung voraus, ist aber ein selbstständiges Recht.

5. Der neue Erwerber des Grundstückes haftet persönlich, der frühere persönliche Schuldner so lange, bis der neue Erwerber als persönlicher Schuldner vom Gläubiger ausdrücklich oder stillschweigend anerkannt wird.

6. Die Abtretung oder Verpfändung einer hypothekarischen Forderung ist ohne Eintragung wirksam, der spätere redliche Erwerber oder Pfandnehmer schließt jedoch den früheren, wenn ihm die in 3 bezeichnete Beurkundung ausgefolgt ist, aus.

7. Die Eintragung des neuen Rechts kann nur auf Grund einer auf die zu 3 gedachte Urkunde gesetzten Uebertragungserklärung oder Verfügung geschehen.

8. Der Eigenthümer kann die getilgte Hypothek selbst erwerben, kann sie in der Regel nach Belieben löschen oder fortbestehen lassen, sie kann einem anderen von ihm übereignet, oder vom Prozeßrichter überwiesen werden. Im Falle der nothwendigen Subhastation oder des Concurses kann aber das ungelöschte Hypothekenrecht nicht geltend gemacht werden.

9. Die Correalhypothek ist entweder zu beseitigen oder am angemessensten dahin zu beschränken, daß jedes Grundstück nach seinem ursprünglichen Werthe hafte.

10. Die Feuerversicherungsgelder treten zu Gunsten der eingetragenen Gläubiger an die Stelle der abgebrannten Gebäude.

IV. Kretschmann:

Der deutsche Juristentag wolle als seine Rechtsüberzeugung aussprechen:

daß die Unverjährbarkeit der Hypothekenrechte kein nothwendiges Element der Grundbuchseinrichtung, vielmehr die Einführung einer Hypothekenverjährung mit geräumigen Fristen als Bedürfniß anzuerkennen ist.

Gutachten:

1. v. Kerstorf

erklärt sich dahin:

1. daß es im Interesse gleicher Rechte und Rechtszustände in ganz Deutschland liege, dem auf die Prinzipien der Publicität und Specialität gebauten selbstständigen Hypothekensysteme, wie es sich in der neueren Gesetzgebung und insbesondere in dem Bayerischen Hypothekengesetze vom Jahre 1822 gestaltet hat, in allen deutschen Staaten gesetzliche Geltung verschafft zu sehen, und

2. daß hierbei vom Standpunkte der Wissenschaft sowie des praktischen Bedürfnisses eine vollkommen konsequente und beziehungsweise konsequentere Durchführung dieses Systemes dringend zu empfehlen sei.

2. Lührsen:

1. Der Besitz von Grundeigenthum kann nur vor dem kompetenten Gerichte (der Hypotheken-Behörde der gelegenen Sache) übertragen und erworben werden.

2. Die deutsche Hypothek ist als Reallast des Grundstücks, auf dessen Folium sie eingetragen, aufzufassen und nach den deutschrechtlichen Grundsätzen über diese zu beurtheilen, mit der Ausdehnung einer durch das Gesetz zu bestimmenden persönlichen Haftverbindlichkeit des jedesmaligen Besitzers des belasteten Grundstücks, wenn durch Zwangsverkauf die Hypothek durch den erzielten Kaufpreis nicht gedeckt wird.

3. Eine Hypothek entsteht nur durch Eintragung in die von dem Gerichte der gelegenen Sache geführten Hypotheken-Bücher, kann rechtsgiltig nur vor dem Gerichte, in dessen Protokolle sie eingetragen, übertragen werden, und erlischt nur durch Tilgung in denselben.

4. Nur auf Antrag desjenigen, welcher in den Eigenthums- oder Hypothekenbüchern als Besitzer von Grundeigenthum oder einer Hypothek darauf eingetragen steht, eventualiter dessen gesetzlichen Vertreters oder in Gemäßheit eines, den Konsens supplirenden rechtskräftigen Erkenntnisses,

darf in diese Bücher etwas eingetragen oder darin verändert, umgeschrieben oder getilgt werden.

5. Im Concurse bildet jedes auf einem Folium eingetragene Grundstück mit seiner Belastung eine Specialmasse für sich, aus welcher nur der Ueberschuß des von den eingetragenen hypothekarischen Gläubigern und den Kosten nicht in Anspruch genommenen Verkaufspreises in die Generalmasse fällt.

Auf vielseitige detaillirte Anträge wegen der Durchführung der Prinzipien beschloß der Juristentag nicht einzugehen.

D. c) Obligationenrecht.

1.

(X. 59, 112, X.², 36, 273.)

G.: Harum, v. Feistmantel. R.: v. Kübel.

Die Gültigkeit von Verträgen soll, auch abgesehen von Handelssachen, von der Beobachtung der schriftlichen Form in der Regel unabhängig sein. (Makower.)

Beide Gutachten sprechen sich dahin aus, daß in der Regel die Gültigkeit der Verträge von der Beobachtung der schriftlichen Form unabhängig sein soll, mit Vorbehalt gewisser Ausnahmen.

2.

(XI. 104, XI.², 43, 309.) G.: Heinsen. R.: Hauser.

Es ist wünschenswerth, die Bestimmungen des H. G. B. unter entsprechenden Einschränkungen auf den allgemeinen Mobiliarverkehr auszudehnen.

Es ist insbesondere dringendes Bedürfniß, vorbehältlich einzelner Ausnahmen, das H. G. B. IV. Buch, Tit. 1., Abschnitt 2—4 auf die Rechtsgeschäfte des bürgerlichen Mobiliarverkehrs und das IV. Buch, Tit. 2 auf alle Kaufverträge über bewegliche Sachen auszudehnen.

Das Gutachten Heinsen stimmt im Wesentlichen mit den Beschlüssen überein.

3.

(VIII. 283, 369, VIII.², 94, IX.², 426, 445, 455, IX.³, 64, 343.) G.: Koch, Goeltz, Dugge, Eck, Zimmermann. R.: Ihering, Hauser.

I. Ein ohne Angabe des Schuldgrundes ausschließlich auf

ein Schuldigsein oder die Leistung eines Gegenstandes gerichteter Vertrag ist klagbar. (Antrag Jhering und Hauser.)

II. Die Zulässigkeit von Einreden aus diesem Vertrage selbst richtet sich nach den allgemeinen Rechtsgrundsätzen. Einreden aus dem unterliegenden Verpflichtungsgrund gegen die hievon abgelöste Verbindlichkeit sind nur soweit zulässig, als sie selbstständige Gegenforderungen oder ein Rückforderungsrecht Seitens des Schuldners gegen den Gläubiger begründen. (Antrag Hauser.)

III. Soweit die Intention der Parteien nicht auf das Gegentheil gerichtet war, hat der Gläubiger die Wahl, ob er aus dem Schuldversprechen oder dem ihm zu Grunde liegenden Geschäfte klagen will. (Antrag Jhering.)

Die Thema-Frage lautet:

Soll das künftige gemeinsame deutsche Obligationenrecht die verbindliche Kraft des Anerkennungsvertrages aufnehmen, und wie ist dieses Rechtsgeschäft zu regeln?

Jhering stellte auf dem VIII. Juristentage folgende Thesen auf:

I. Ein auf bloßes „Schuldigsein" oder die Zahlung einer Geldsumme (oder eines sonstigen Gegenstandes) gerichteter (schriftlicher) Vertrag hat bindende Kraft ohne Angabe des Schuldgrundes.

II. Eine Einrede gegen diese Verpflichtung steht dem Schuldner nur nach den Grundsätzen der römischen Condictionentheorie zu.

III. Soweit die Intention der Parteien nicht auf das Gegentheil gerichtet war, hat der Gläubiger die Wahl, ob er aus dem Schuldversprechen oder dem ihm zu Grunde liegenden Geschäft klagen will.

Gutachten:

a. Koch:

Das künftige gemeinsame deutsche Obligationenrecht wird, um den Forderungen der Rechtsentwickelung, der Wissenschaft und des Verkehrs zu genügen, folgende Grundsätze aufzunehmen haben:

1. Die vertragsmäßige Anerkennung eines bestehenden Schuldverhältnisses begründet die Verpflichtung zur Erfüllung der anerkannten Schuld, ohne daß es eines Nachweises des Rechtsgrundes dieser Schuld bedarf;

2. ein Schuldverhältniß ist erloschen (ohne daß ein anderer Auflösungsgrund nachzuweisen ist), wenn der Gläubiger die Auflösung dem Schuldner gegenüber vertragsmäßig anerkennt;

3. Der Anerkennungsvertrag (ad 1 und 2) kann wegen Mangels

der causa (des Verpflichtungs- resp. Auflösungs-Grundes) nur insofern angefochten werden, als die Voraussetzungen einer Klage wegen grundloser Bereicherung (condictio) vorhanden sind;

4. in der Ausstellung und Annahme eines schriftlichen, den Rechtsgrund der Schuld (causa) nicht angebenden Schuldbekenntnisses (Schuldscheins) resp. einer den Tilgungsgrund nicht enthaltenden Befreiungsurkunde (Quittung) liegt die Abschließung eines Anerkennungsvertrages.

b. Götz.:

I. Wer einem Andern kraft Anerkennung eines Forderungsanspruchs desselben (wider ihn) gehalten sein will, wird durch solche erklärte Willenseinigung (Anerkennungsvertrag) verpflichtet, die in ihr enthaltene Zusage zu erfüllen.

II. Ingleichen wird, wenn der Eine vom Anderen über seinen Anspruch eine Schuld-Verschreibung (Schuldbrief, Schuld- oder Gutschein Schuldbekenntniß) erhält, mag der Rechtsgrund jenes Anspruchs darin mit beurkundet sein oder nicht, durch Ausstellung und Empfang der Urkunde ein Anerkennungs-Vertrag geschlossen.

III. Derselbe wird auch geschlossen, wenn Gläubiger und Schuldner mittelst einer Berechnung oder Abrechnung unter sich das dem einen oder andern Theil verbleibende Guthaben feststellen, bezüglich der zur Berechnung oder Abrechnung gekommenen Posten, gleich wie über das festgestellte Guthaben.

IV. Der Schuldner kann den Schuld-Anerkennungsvertrag anfechten, wenn er denselben in der irrigen Voraussetzung eines bestehenden wirksamen Schuldverhältnisses überhaupt, oder des in dem Vertrage bezeichneten insbesondere, geschlossen hat, oder wenn sonst die Voraussetzungen für die Rückforderung einer Leistung wegen ungehöriger Bereicherung vorhanden sind.

V. Durch eine Willenseinigung zwischen Gläubiger und Schuldner, worin ersterer wegen eines Anspruchs an letzteren sich für befriedigt erklärt, wird dieser Anspruch gleich unmittelbar und in Ansehung etwa vorhandener Neben-Berechtigter oder -Verpflichteter in gleichem Umfang, wie durch wirkliche Zahlung getilgt.

VI. Derjenige, welcher eine solche Erklärung ertheilte, kann sie anfechten, wenn die Voraussetzungen für die Rückforderung einer Leistung wegen ungehöriger Bereicherung vorhanden sind,

c. Dugge (über Ihering's Thesen)

spricht sich dahin aus:

Eine etwas veränderte Gestalt sei der ersten These dahin zu geben:

„Ein auf bloßes „Schuldigsein" oder eine Zahlung oder sonstige Leistung gerichteter Vertrag hat bindende Kraft ohne Angabe des Schuldgrundes."

In der zweiten These sei zur Vermeidung eines Mißverständnisses das Wort „römischen" zu streichen, die dritte These aber, da das Wort „Schuldversprechen" in derselben nach Aufstellung der ersten These kaum einer Mißdeutung unterliegen könne, unverändert zur Annahme zu empfehlen.

d. Eck

empfiehlt die Thesen zur Annahme mit der Maßgabe, daß in I. der Schuldvertrag nicht blos auf die Leistung einer Geldsumme, sondern auch auf diejenige einer Quantität vertretbarer Sachen oder Werthpapiere zu erstrecken sei.

e. Zimmermann

stimmt den Thesen I. und II. zu, will aber zu I. die Worte „oder die Zahlung einer Geldsumme" weglassen und hält zu II. die Verweisung auf die römische Condictionentheorie nicht für passend.

Zu III. spricht er aus:

daß er eine Vermuthung für den bloß accessorischen Charakter der abstracten Obligation nicht für begründet halte, sondern viel eher die entgegengesetzte. Da die Frage eine reine quaestio facti sei, werde der Gesetzgeber am richtigsten handeln, wenn er sich der Aufstellung von Präsumtionen ganz enthalte.

Abgelehnt wurde der Antrag (Jhering): Eine Einrede gegen die Verpflichtung steht dem Schuldner nur nach den Grundsätzen der römischen Condictionentheorie zu.

4. (Pl.)

(VI. 227, 277, VI.[3], 82, 325.)

G.: Goldschmidt, Schaffrath, R.: Jaques.

a) Die Wucherstrafgesetze und diejenigen Bestimmungen der Civilgesetzgebung, welche bisher aus dem in Geltung bestehenden Grundsatze der Beschränkung der Zinsfreiheit erfließen, sind aufzuheben.

b) Die Festsetzung des Zinsfußes ist der Vereinbarung der Paciscenten zu überlassen.

Die Thema-Frage lautet:

Sind die Wuchergesetze aufzuheben, und ist die Feststellung des Zinsfußes lediglich der Vereinbarung der Paciscenten zu überlassen?

Gutachten.

1. Goldschmidt

bejaht unbeschränkt die zweite Frage, die erste mit Beschränkung der Zinsfreiheit bei öffentlichen und privilegirten privaten Pfandleihanstalten und beim Anatocismus.

2. Schaffrath

bejaht beide Fragen, will aber formelle Beschränkungen zulassen, wenn nur die materielle Vertragsfreiheit dadurch unberührt bleibt.

5.

(VII.², 105, 235.)

Die Anfechtbarkeit der Verträge wegen Verletzung über die Hälfte (laesio enormis) ist aus den deutschen Civilgesetzgebungen zu beseitigen.

6.

(XVI. 141, 200, XVI.², 101, 356.)

G.: Malß, Elster. R.: Mayer, Leonhard.

a) Es empfiehlt sich, bei der Abfassung des deutschen Civilgesetzbuchs Anordnungen zu treffen, nach welchen bei Lebensversicherungs-Verträgen, denen zufolge die Versicherungssumme entweder nach der ursprünglichen Vertragsbestimmung, oder nach einer später gültigen Verfügung nicht auf den Namen des Prämienzahlers, noch zu Gunsten seines Nachlasses, sondern zu Gunsten anderer Personen fällig wird, die Versicherungssumme nicht den Nachlaßgläubigern haftet, sondern jenen Personen unberührt von den Nachlaßschulden zufällt.

b) Durch die Anordnung zu a sollen die allgemeinen Rechte der Gläubiger auf Anfechtung betrüglicher Veräußerung sowohl dem Vertragsabschlusse als auch der einzelnen Prämienzahlung gegenüber nicht berührt werden. (Anträge Leonhard.)

Abgelehnt wurden die Anträge

1. (Enneccerus):

Die Lebensversicherungssumme ist, wenn die Versicherung zu Gunsten eines Dritten abgeschlossen ist, zum Zweck der Befriedigung der Gläubiger dem Nachlasse beizufügen, soweit die Versicherung zu Gunsten des Dritten Todeshalber geschehen ist (als Ausnahme gefaßt);

(2. Leonhard):

Es empfiehlt sich, es dem richterlichen Ermessen zu überlassen, im einzelnen Falle festzustellen, ob bei einer Versicherung „zu Gunsten der Erben“ diese den Nachlaßgläubigern hintan gesetzt werden sollen, oder ob ihre Erbeseigenschaft als bloß zur Bezeichnung der zu begünstigenden Personen erwähnt gelten soll, event.:

Es empfiehlt sich, im Gesetzbuche auszusprechen, daß bei Versicherungen zu Gunsten der Erben im Zweifel angenommen werden soll, daß die Erbeseigenschaft nur erwähnt ist, um die Begünstigten zu bezeichnen, nicht aber um sie den Nachlaßgläubigern hintanzusetzen.

Gutachten:

1. Malß

hält die Frage noch nicht für reif zur Codification, spricht sich eventuell dahin aus:

es sei das Bedürfniß der heutigen Gesellschaft und die zweifellose Rechtsüberzeugung des deutschen Volkes:

daß die Lebensversicherungssumme nicht dem Nachlasse des Versicherten, d. h. seinen Gläubigern, sondern denjenigen gehöre, zu deren Gunsten die Versicherung genommen ist — sofern nicht die paulianischen Grundsätze die Zahlung der Prämie anfechtbar erscheinen lassen.

2. Elster

erklärt sich dahin:

daß das Recht auf die Lebensversicherungssumme nicht zum Nachlasse des Versicherten zu rechnen sei, daß vielmehr dem Vertrage gemäß der Dritte ein unmittelbares, selbstständiges Recht auf die Versicherungssumme erlange.

7.

(XVII. 46, 125, 337, XVII.², 81, 284.)

G.: Dreyer, Mayer, Leonhard. R.: Jaques, Enneccerus,

In obligatorischen Verhältnissen haftet der Arbeitgeber für jedes von seinen Arbeitern in Ausführung der ihnen übertragenen Verrichtungen begangene Verschulden.

Gutachten:

1. Das Gutachten Dreyer, wesentlich vom Französischen und Englisch-Amerikanischen Rechte unter Berücksichtigung der Römischen Doctrin ausgehend, kommt zu folgenden Sätzen:

I. Der Anspruch auf Erfüllung einer Verbindlichkeit oder auf Schadenersatz wegen Nichterfüllung wird nicht dadurch beseitigt oder aufgehoben, daß die Nichterfüllung oder nicht gehörige Erfüllung auf das Verschulden eines zur Erfüllung verwendeten Arbeiters zurückzuführen ist.

II. Außerhalb eines obligatorischen Verhältnisses oder abgesehen von demselben hat der Arbeitgeber für das Verschulden seines Arbeiters insofern und insoweit zu haften, als das Verschulden in Ausführung der dem Arbeiter übertragenen Verrichtungen begangen worden ist.

III. Ueberdies haftet der Arbeitgeber aus seinem eigenen Verschulden; als solches kann auch die schuldhafte Auswahl des Arbeiters und unter besonderen Umständen der Mangel an Beaufsichtigung desselben angerechnet werden.

Zur Begründung dieser Sätze giebt das Gutachten unter Berücksichtigung der Gesetze und der Rechtsprechung nähere Ausführungen über die Haftung aus eigenem Verschulden, Uebernahme der Haftung, Haftung auf Grund eines obligatorischen Verhältnisses und aus der Pflicht zur Vertretung.

2. das Gutachten Mayer gelangt, besonders vom Standpunkte des Französischen Rechts, zu dem Satze:

„der Arbeitgeber haftet für seine Leute, wenn sie in Ausführung seiner Aufträge rechtswidrigen Schaden zufügen",

jedoch mit dem Hinzufügen, daß für außerordentliche Verhältnisse, speziell für gefährliche Betriebe noch besondere Bestimmungen nothwendig seien.

3. das Gutachten Leonhard geht vom Standpunkte des Römischen Rechtes aus, behandelt in doctrinärer resp. casuistischer Weise die Haftung auf Ausführung des Vertrages, die ausnahmsweise Haftung wegen Zufalls, und die Haftung aus dem Arbeiter-Verhältniß als solchem und stellt dann folgende Sätze auf:

1. Ein Arbeitgeber haftet für das Verschulden seiner Arbeiter nur insoweit er diese Haftung durch Vertrag übernommen hat oder ausnahmsweise aus besonderen Gründen auch für unverschuldeten Schaden einstehen muß.

   Ueber die bisherigen Ausnahmevorschriften des gemeinen Rechtes hinaus ist dieser Grundsatz nicht einzuschränken.

2. Inwieweit der Arbeitgeber durch Uebernahme einer bestellten Arbeit eine Schadensersatzpflicht für das Verhalten seiner Arbeiter auf sich nimmt, ist im einzelnen Falle durch Vertragsauslegung zu bestimmen.

   Uebernimmt Jemand eine Arbeit, an welcher Gehilfen unter seiner Aufsicht thätig sein sollen, so gilt es im Zweifel als selbstverständlich (d. h. als stillschweigend verabredet), daß er für allen Schaden haftet, welchen die Gehilfen dem Besteller durch eine

Nichtbeachtung der ihnen zu ertheilenden Verhaltungsmaßregeln zufügen sollten.

Abgelehnt wurden die Anträge:

1. (von Weinrich)

Zusatz:

„sofern er nicht beweist, daß er den Schaden nicht zu verhindern im Stande war."

2. (Dreyer):

Außerhalb eines obligatorischen Verhältnisses hat der Arbeitgeber fürs Verschulden seiner Arbeiter nur in soweit zu haften, als das Verschulden in Ausführung der ihnen übertragenen Verrichtungen begangen wurde.

Die Frage wegen Haftung des Arbeitgebers für außercontractliches Verschulden seiner Arbeiter wurde dem nächsten Juristentage überwiesen.

8. A. und B.

8 A.

(VI. 45, VI.[3] 54, 324.)

G.: Bluntschli, Zachariä. R.: v. Stoesser.

Der Staat bzw. die Gemeinde haftet für Schäden und Nachtheile, welche die von ihnen angestellten Beamten durch vorsätzliche oder culpose Verletzungen ihrer Dienstpflicht einem Dritten zufügen.

Gutachten:

1. Bluntschli

ist der Ansicht:

der deutsche Juristentag solle sich, wenn er überhaupt in dieser schwierigen Frage einen Ausspruch wagen will, gegen eine allgemeine Ersatzpflicht des Staates, beziehungsweise der Gemeinde, aussprechen für Schaden, der durch vorsätzliche oder culpose Verletzung der Dienstpflicht von Seiten seiner Beamten einem Dritten zugefügt wurde, und nur ausnahmsweise aus besonderen Gründen eine derartige Ersatzpflicht anerkennen, wobei es der von der Art des besonderen Rechtsgrundes, z. B. geschäftsmäßige Uebernahme der Verantwortlichkeit im Gegensatz zur Delictschuld, abhängt, ob dieselbe in erster Reihe oder nur subsidiär eintritt.

2. Zachariä

spricht sich (Zeitschrift für die gesammte Staatswissenschaft XIX) für die Haftungspflicht aus.

Der Referent stellte folgende Sätze auf:

1. Der Staat haftet für Schäden und Nachtheile, welche seine Beamten einem Dritten durch widerrechtliche Handlungen zugefügt haben.

2. Die Haftpflicht tritt nur ein, wenn und soweit der Beamte selbst nach Grundsätzen des bürgerlichen Rechts mit einer Entschädigungsklage belangt werden kann.

3. Der Schaden muß die unmittelbare und unvermeidliche Folge der Handlungsweise des Beamten sein, darf also

4. insbesondere weder durch positive Handlungen Dritter, ohne mitwirkendes Verschulden des Beamten, noch durch hinzutretende Schuld des Beschädigten verursacht worden sein.

5. Nur wirkliche Beamte des Staats, sie mögen übrigens höhere oder niedere Organe des Staates sein, verpflichten denselben, nicht auch andere öffentliche Funktionäre.

6. Insbesondere haftet der Staat auch für die widerrechtliche Pflichtverletzung der Richter, sofern es sich hier nicht blos um unrichtige Gesetzesanwendung bei Urtheilsfällung handelt.

7. Der Beamte muß innerhalb der ihm gesetzlich zugewiesenen Sphäre und zum Zwecke, eine dem Staate obliegende Pflicht zu erfüllen, oder eine amtliche Befugniß auszuüben, gehandelt haben.

8. Die Widerrechtlichkeit muß in Vorsatz oder grober Fahrlässigkeit bestehen.

9. Es ist gleichgiltig, ob die Pflichtverletzung in einer positiven Handlung oder in einer Unterlassung lag, sofern letzteren Falls der Beschädigte dem Beamten gegenüber in einem konkreten Rechtsverhältnisse stand und hiernach befugt war, eine nach Gegenstand, Art und Maß bestimmte Thätigkeit von dem Beamten zu fordern.

10. Die Haftpflicht des Staates ist eine primäre:

a) sowohl in den Fällen, worin es sich um ihrer Natur nach privatrechtliche Geschäfte handelt, welche für den Staat von dem dazu bevollmächtigten Beamten mit anderen Personen eingegangen wurden, als

b) in den Fällen, wo es sich um die Geltendmachung öffentlicher Machtbefugnisse handelt, zu welchen letztern

c) auch diejenigen zu rechnen sind, wo Bestätigungen, Beurkundungen u. dgl. von Rechtsakten mit der dazu erforderlichen publica fides erfolgen.

11. Die Haftpflicht des Staates ist namentlich in den zu 10 a bezeichneten Fällen die gleiche bürgerlich rechtliche, wie die einer Privatperson, wenn diese das fragliche Geschäft abgeschlossen hätte.

12. Aehnliche Grundsätze treten bei der Haftpflicht der Gemeinden ein, sofern diese ihre Beamten selbstständig bestellen.

8 B.

(VIII. 388, IX.[3], 26, 340.)

G.: v. Kißling. R.: Primker.

Der Staat hat bei seiner Gesetzgebung in Betreff der Schadenzufügung seiner Beamten das Prinzip der direkten Haftsverbindlichkeit des Staats zur Grundlage zu nehmen. (Antrag Zachariä.)

Das Gutachten v. Kißling spricht sich, nachdem die Haftung des Staates bereits angenommen wurde, dahin aus, daß dabei vorausgesetzt werden müsse:

1. dem Beschädigten war entweder nicht möglich, den ihm durch den Beamten zugefügten Schaden auf andere gesetzmäßige Weise abzuwenden; oder
2. dem Beschädigten konnte weder die Ungesetzlichkeit der Verfügung, noch der erlittene Schaden, insolange er noch ein Rechtsmittel zu dessen Abwendung hatte, bekannt sein, und
3. die beschwerende Handlung muß innerhalb der dem Beamten zustehenden Machtsphäre geschehen sein.

Es soll der Staat primär haftend sein.

Mit dem Beschlusse wurden für erledigt erklärt die Anträge:

a. (v. Kißling, ähnlich Körner):

daß der Staat in allen Fällen, in welchen Jemand durch Beamte in Ausübung der Regierungsgewalt beschädigt wird, hafte, wenn dem Verletzten weder durch die Gesetze, noch auf irgend eine andere Weise der Schaden ersetzt werden kann.

b. (Ref.):

I. Für den Schaden, welcher durch Amtshandlungen eines Staatsbeamten rechtswidrig einem Dritten ohne dessen Verschulden zugefügt wird, haftet die Staatskasse:

a) stets, wenn eine Bereicherung stattgefunden hat,
b) sonst nur, wenn die Pflicht, welche der Beamte verletzt hat, im Privatrecht begründet ist, namentlich, wenn diese Pflicht die dem Staat obliegende Verwaltung von Geldern und Sachen betrifft.

II. Bezüglich von den Staatsbeamten rechtswidrig zugefügten Schadens, für welchen die Staatskasse nicht haftet, müssen die zur Zeit noch bestehenden

Beschränkungen des Rechtsweges beseitigt werden, namentlich bei gesetzwidrig veranlaßten Freiheitsberaubungen und Beschlagnahmen von Druckschriften.

D. d) Familienrecht.

1. (Pl.)

(V. 111, 253, 271, VIII.². 29, 329.)

A.: Hilse. G.: Wasserschleben, Friedberg. R.: Gneist.

a) Die Civilehe ist als die dem Verhältniß von Staat und Kirche in Deutschland entsprechende nothwendige Form der Eheschließung anzuerkennen.

b) Mit allgemeiner Einführung der Civilehe ist auch das Ehehinderniß wegen Religionsverschiedenheit aufzuheben.

Der Thema-Antrag Hilse lautet:

„daß a) Die Civilehe die einzig berechtigte Eheschließungsform und b) das Konnubium zwischen Christen und Nichtchristen unbedenklich freizugeben sei."

Gutachten:

1. Wasserschleben

empfiehlt beide Sätze zur Annahme, wobei er als selbstverständlich betrachtet, daß bei Zulassung solcher Mischehen nicht die Bedingung der Erziehung aller Kinder in der christlichen Religion gestellt werden dürfe, da der Staat die bisherige Bevorzugung der christlichen Kirchen aufzugeben und das Prinzip der rechtlichen Parität anzuerkennen und konsequent durchzuführen verbunden sei.

2. Friedberg:

Zur Zeit (d. h. beim Mangel der vollen Herrschaft des Staats über die Kirche) ist in Deutschland die Civilehe als juristisch einzig berechtigte Eheschließungsform hinzustellen. Das Konnubium zwischen Christen und Nichtchristen ist staatlich unbedenklich frei zu geben. Die Form für die Schließung solcher Ehen ist die Civilehe.

2. (Pl.)

(III. Vorl. 7, III.², 220, 128, IV.², 132.)

A.: Unger. R.: Kohlschütter, Drechsler.

Die Plenarversammlung des IV. Juristentages beschloß:

Die Paternitätsklage ist in denjenigen Gegenden Deutschlands, wo sie zur Zeit noch im Prinzip besteht, in die engsten

Grenzen einzuschränken, in einem gemeinsamen deutschen Gesetzbuche ist sie jedoch nur in Ausnahmefällen zuzulassen. (Antrag Drechsler.)

Die 1. und 2. Abtheilung des III. Juristentages hatte beschlossen (Antrag Stubenrauch):

daß die Klage auf Anerkennung der unehelichen Vaterschaft im Prinzipe für zulässig zu halten, daß sie jedoch in angemessener Weise zu beschränken sei und insbesondere durch die exceptio plurium concumbentium entkräftet werden könne,

dagegen abgelehnt den Antrag

(v. Kerstorff und Gen.):

Die Klage auf Anerkennung der unehelichen Vaterschaft ist unzulässig, wenn sie auf das stuprum allein gegründet wird, zulässig, wenn außer dem stuprum ein Eheversprechen oder die (außergerichtliche) Anerkennung der Vaterschaft seitens des Beklagten vorliegt.

Die Plenarversammlung des III. Juristentages wies darauf die Frage dem nächsten Juristentage zu.

Die Anträge Unger lauten:

daß die Klage auf Anerkennung der unehelichen Vaterschaft im Prinzip für zulässig zu halten, daß sie jedoch

1. auf eine ganz kurze Anstellungsfrist zu beschränken sei,

2. daß sie auszuschließen sei, wenn der als Vater in Anspruch Genommene zur Unzucht verführt oder zur Zeit der Beiwohnung verehlicht war, sowie wenn die Mutter notorisch eine liederliche Weibsperson ist,

3. daß sie durch die exceptio plurium concumbentium entkräftet werden könne.

3. (Vgl. 4.)

(III. Vorl. 6, III.[2], 203, 70, XI. 46, XI.[2], 61, 308, XII.[1], 29, 41, XII.[2] 276, 285, XII.[3] 34, 302.)

A.: Geck. G.: v. Beaulieu-Marconnay. (Binding Arch. f. civ. Pr. 56, 57.) Schroeder, Euler, v. Roth, Agricola. R.: Becker, Schroeder, Albrecht.

Das eheliche Güterrecht ist für das ganze Reichsgebiet auf einheitlicher Grundlage zu codificiren, und zwar nach dem System der Verwaltungsgemeinschaft.

Es ist jedoch zugleich festzusetzen, daß das Vermögen der

Frau, insoweit dasselbe nicht auf deren Namen angelegt ist und beständig angelegt bleibt, für die Schulden des Mannes haftet. (Antrag Albrecht.)

Gutachten:

1. v. Beaulieu-Marconnay

ist der Ansicht, daß die Codifikation des Rechtes im Reich sich auch auf das ganze Familienrecht, speziell auf das eheliche Güterrecht, erstrecken muß, es auch nicht nur für wünschenswerth und ausführbar, sondern für allein möglich und nothwendig zu halten, daß dem ehelichen Güterrecht ganz ausschließlich das System der Gütereinheit zu Grunde gelegt werde, so jedoch, daß durch Formulirung eines Systems der Gütergemeinschaft, beziehungsweise verschiedener Systeme allgemeiner und partikulärer Gütergemeinschaft, dem Privatwillen Gelegenheit geboten werde, abweichend vom gesetzlichen Recht, Gütergemeinschaft innerhalb gewisser vom Gesetz zu ziehender Grenzen vertragsweise festzusetzen.

2. Binding

empfiehlt das System der partikulären, der Errungenschafts-Gemeinschaft.

3. Schroeder

stellt folgende Sätze auf:

1. Die Regelung des ehelichen Güterrechts für ganz Deutschland durch ein einheitliches Gesetz ist nicht ausführbar, weil die Vertragsfreiheit doch bleiben müßte, die Einheit also nur eine relative sein würde.

2. Sie ist auch nicht wünschenswerth, weil keins der drei Systeme so erhebliche Vorzüge vor den andern besitzt, daß man zwei Dritteln unserer Bevölkerung das Recht nur eines Drittels aufnöthigen dürfte.

3. Dagegen ist nothwendig, daß zur Ergänzung der in den Eheverträgen hervortretenden Hauptrichtungen eine gesetzliche Regelung der drei in Deutschland herrschenden Systeme, der partikulären und der allgemeinen Gütergemeinschaft und (namentlich für den Fall der Ausschließung der Gütergemeinschaft) der Verwaltungsgemeinschaft erfolge.

4. Es ist wünschenswerth und ausführbar, daß jedes dieser drei Systeme, für sich durch ein einheitliches Gesetz codificirt, innerhalb bestimmter Gebiete, deren geographische Abgrenzung dem Bundesrathe oder den einzelnen Landesgesetzgebungen zu überlassen wäre, gesetzliche Geltung erhalte.

4. Euler

erklärt sich für das System der Verwaltungsgemeinschaft als gesetzliches System, will aber auch die beiden Systeme der partikulären und der allgemeinen Gütergemeinschaft daneben codificirt sehen, für den Fall, daß die Eheleute eines der letzteren Systeme wählen.

5. v. Roth

empfiehlt die drei Systeme nach territorialer Abgrenzung zu codificiren, alle partikularrechtlichen Gestaltungen und alle Enclaven zu beseitigen, und in jedem Rechtsgebiete die Güterordnungen der beiden andern Rechtsgebiete als subsidiär für die Eheverträge zu erklären.

6. Agricola

kommt zu folgenden Sätzen:

1. Die Codification des deutschen ehelichen Güterrechts ist durch ein „einheitliches Gesetz" und also durch die Reichsgesetzgebung ins Werk zu setzen, nicht aber der Landesgesetzgebung zu überlassen und vorzubehalten.

2. Die Codification hat nicht auf einheitlicher, sondern auf vierfacher Grundlage zu erfolgen, nämlich

a) auf der der Verwaltungsgemeinschaft,

b) auf der der beschränkten Gütergemeinschaft,

c) auf der der allgemeinen Gütergemeinschaft mit gesammter Hand,

d) auf der der allgemeinen Gütergemeinschaft mit unbeschränkter Disposition des Ehemannes und communio prorogata.

3. Die Auswahl unter diesen vier Systemen ist den für Landes- resp. Provinzialrecht competenten Gesetzgebungs-Gewalten zu überlassen.

Durch den Beschluß wurden für erledigt erklärt die Anträge:

a) (Donle):

Einführung dreier gleichberechtigter Systeme des ehelichen Güterstandes:

1. der allgemeinen Güter- und Schuldengemeinschaft,
2. der Errungenschaftsgemeinschaft (mit Mobiliargemeinschaft),
3. der Gütereinheit,

mit vollständig freier Wahl des einen oder anderen Güterstandes durch die Nupturienten, jedoch so, daß im Falle der Nichterklärung die allgemeine Gütergemeinschaft als der gewählte Güterstand zu präsumiren wäre.

Die erklärte Wahl wäre in ein öffentliches, vom Einzelrichter (Amtsgericht) zu führendes Register einzutragen.

b) (Bocke):

Zu empfehlen die Codification auf Grund der Gütergemeinschaft, communio pro indiviso, wobei die Theilung nach Auflösung der Ehe auf Grundlage der Herausnahme des Vermögens des Ueberlebenden erfolgen möge.

c) (Schroeder):

Das bürgerliche Gesetzbuch darf sich nicht auf die Regelung eines Systems des ehelichen Güterrechts beschränken, vielmehr ist die Codification auf drei Systeme auszudehnen: auf das der Verwaltungsgemeinschaft, der allgemeinen Gütergemeinschaft, der Errungenschafts- und beschränkten Mobiliargemeinschaft.

Nur einem dieser Systeme ist gesetzliche Geltung in der Weise, daß es in Ermangelung eines Ehevertrages überall eintritt, beizulegen, dagegen muß es den Ehegatten gestattet sein, sich durch einfache Erklärung vor dem Notar oder vor dem Standesbeamten einem der beiden anderen Systeme zu unterwerfen.

Das gesetzliche System hat eine beschränkte Mithaftung der Frau für die Schulden des Mannes ins Auge zu fassen.

Die 1. und 2. Abtheilung des III. Juristentages hatte früher die Anträge (Geek):

a) daß ein gemeinsames Ehegüterrecht für Deutschland anzustreben,
b) daß die Gütergemeinschaft als das der deutschen Ehe vorzugsweise entsprechende System zu empfehlen,

abgelehnt (III.², 202, 70).

Die Frage, ob neben Einem gesetzlichen noch zwei andere Systeme: allgemeine Gütergemeinschaft und Errungenschaftsgemeinschaft, für den Fall der Eheverträge subsidiär zu codificiren seien, blieb bei dem Beschlusse des XII. Juristentages offen (vgl. 4).

4. (Vgl. 3.)

XIII. 1, XIII.², 65, 407.) G.: Petersen. R.: Albrecht, Mecke.

a) Es ist nothwendig, in einem gemeinsamen bürgerlichen Gesetzbuche Deutschlands neben dem System des gesetzlichen Güterrechts die übrigen Haupt-Systeme des deutschen ehemaligen Güterrechts zur Ergänzung genereller Eheverträge dispositiv zu normiren.

b) Vertragsmäßige Bestimmungen, durch welche die Vermögenshaftung des gesetzlichen Güterrechts Dritten gegenüber beschränkt wird, sind von der Eintragung in öffentliche Register abhängig zu machen. (Anträge Brunner-Schröder.)

Das Gutachten Petersen geht dahin:

daß es allerdings wünschenswerth, ja nothwendig ist, in einem gemeinsamen bürgerlichen Gesetzbuch für ganz Deutschland neben dem einheitlichen System des ehelichen Güterrechts subsidiäre Systeme für die

Privatautonomie aufzustellen und daß dies insbesondere, wenn das gesetzliche Güterrecht auf der Grundlage der Verwaltungsgemeinschaft geregelt wird, bezüglich des Systems der Gütergemeinschaft geboten ist.

Mit den Beschlüssen wurden für erledigt erklärt die Anträge:

I. (Mecke):

Abänderungen des ehelichen Güterrechts durch Eheverträge sind von der Gesetzgebung nicht zuzulassen, insofern durch dieselben die Interessen Dritter gefährdet werden.

Auch im Uebrigen ist von der Aufstellung subsidiärer Güterrechtssysteme für die Privatautonomie abzusehen, jedoch eine Vorschrift dahin zu empfehlen, daß die Eheleute bei Strafe der Ungültigkeit des Ehevertrages in diesem über die vom Gesetze zu bezeichnenden wesentlichsten Punkte der Güterordnung, insbesondere

1. Art der Güterordnung,
2. Feststellung des gemeinschaftlichen und nicht gemeinschaftlichen Vermögens,
3. Dispositionsbefugnisse der Ehegatten während der Ehe,
4. Regelung der Verhaftung für die Schulden,
5. Ordnung der Verhältnisse nach aufgelöster Ehe,

Verfügung treffen.

II. (Albrecht):

Abänderungen des ehelichen Güterrechts durch Ehevertrag sind von der Gesetzgebung nicht zuzulassen, insofern durch dieselben die Interessen Dritter gefährdet werden, und ist daher jedenfalls auch insoweit von der Aufstellung subsidiärer Güterrechtssysteme für die Privatautonomie abzusehen (ähnlich v. Wilmowski).

Im Uebrigen kommt es für die Beantwortung der Frage, ob und in welchem Umfange die Aufstellung solcher subsidiärer Systeme wünschenswerth ist, wesentlich darauf an, welches System als das gesetzliche zu Grunde gelegt wird.

5. (Vergl. D a 3).

(XII. 158, XII.³, 268, XII.³, 82, 306.)

G.: Pfaff, Struckmann. R.: v. Kißling, Leonhard.

Die väterliche Gewalt, insbesondere als Grund der Beschränkung der Handlungsfähigkeit, soll kraft des Gesetzes mit der Großjährigkeit des Hauskindes erlöschen.

Gutachten:

1. Pfaff

bejaht die Frage, allerdings vorbehaltlich der dem Vater zu gewährenden

Möglichkeit, die Fortdauer der väterlichen Gewalt ex justa causa vor Eintritt der physischen Großjährigkeit zu erwirken, und zwar so, daß der vorgeschlagene Rechtssatz gleichmäßig für Hauskinder beiderlei Geschlechts gelten solle, und daß der Großjährigkeitserklärung in Ansehung der Handlungsfähigkeit die nämliche Rechtswirkung zukommen solle, wie der erreichten physischen Großjährigkeit.

2. Struckmann

kommt zu einfacher Bejahung der Frage.

6. (Vergl. D a 3.).

(XIV. 42, 156, XIV.², 119, XV.², 37, 326.)

G.: Lang, Pfaff. R.: v. Köstlin.

Es erscheint angemessen, mit der Verheirathung die Rechtswirkung der Großjährigkeit zu verbinden. (Antrag v. Wilmowski.)

Gutachten:

1. Lang entscheidet sich für die Rechtswirkung der Großjährigkeit, will jedoch nicht widersprechen, wenn man für die extremen, aber wohl nicht häufigen Fälle, wenn die Ehe einer kaum ehemündig gewordenen Frau sehr bald durch Tod oder Scheidung gelöst wird, und sie keine Eltern als natürliche Beschützer und Berather mehr hat, anordnen wollte, daß dieselbe wieder unter Vormundschaft zu stellen sei oder nach dem Ermessen des Gerichts gestellt werden könne.

2. Pfaff ist ebenfalls für die Rechtswirkung, und zwar als fortdauernd nach Auflösung der Ehe während der Minderjährigkeit, will aber nichts dagegen einwenden, wenn eine Gesetzgebung der schutzlosen minderjährigen Wittwe gestatten würde, sich einen Vormund zu erbitten.

Mit dem Beschlusse wurden für erledigt erklärt die Anträge des Referenten:

1. Nur der großjährige oder für großjährig erklärte Mann darf heirathen.

2. Die Frau erlangt mit der Verheirathung die Rechte der Großjährigkeit.

Wird die Ehe getrennt, ehe sie das Alter der Großjährigkeit erlangt hat, so kann der schutzlosen Wittwe auf deren Ansuchen ein Vormund bestellt werden.

7 A u. B.

7 A. 2 (III. 143, IV.² 189, V. 14, 43, V.² 53, 100.)

A.: Heller, Schenk. G.: Aull, Heyßler. R.: Bernays, Euler.

Es ist ein Familienrath, d. h. ein Organ aus Familienmitgliedern ev. Freunden für jede Vormundschaft zu schaffen, welches unter Vorsitz des Ortsrichters theils berathend, theils beschließend in die Vormundschaftsverwaltung einzuführen ist, und dessen Beschlüsse in wichtigen vom Gesetze zu bestimmenden Fällen von dem Collegialgerichte zu bestätigen sind. (Antrag König.)

Die Thema-Anträge lauten:

1. Heller:

Die gedeihliche Entwickelung des deutschen Vormundschaftsrechtes erfordert die Bildung eigener, aus dem Schooße der Gemeinden hervorgehenden Vormundschaftsbehörden mit dem Familienrathe als vorwiegend berathendem Organe zur Seite.

2. Schenk:

A. Das deutsche Familienrecht beruht auf dem altdeutschen Gedanken des Mundiums.

Daraus folgt:

aa. Die Vormundschaft ist Sache der Familie,

bb. in deren Ermangelung der Gemeinde.

Es ist daher

B. die Vormundschaft auf das Familienprinzip zurückzuführen.

Zu diesem Ende ist erforderlich:

aa. Die Schaffung einer Familienversammlung,

bb. die Stellung derselben in einer Weise, daß der Schwerpunkt der Vormundschaft in ihr liegt.

C. Uebrigens ist mit dem staatlichen Aufsichtsrechte immer nur ein Gericht zu betrauen.

Gutachten:

1. Aull:

A. wie Schenk, A. aa. bb.

Es ist daher

B. die Vormundschaft auf das Familienprinzip zurückzuführen.

Zu diesem Ende ist erforderlich:

aa. die Schaffung einer besonderen Familienversammlung für jede Pflegschaft, welche aus den vom Gesetze zu bezeichnenden Familienangehörigen des Pflegebefohlenen und in deren Ermangelung aus den vom Gesetze zu bezeichnenden Angehörigen der Gemeinde, in welcher der Mündel wohnt, zu bestehen, den Vormund zu wählen und alle weiteren vom Gesetze der Obervormundschaft zugewiesenen Rechte und Pflichten auszuüben hat.

bb. Diesem Familienrathe ist ein Richter beizugeben, welcher den Vormund zu verpflichten, die Familienversammlung zu berufen, deren Berathung zu leiten und an dieser Theil zu nehmen, aber keine entscheidende Stimme hat.

C. In den vom Gesetze zu bezeichnenden Fällen ist dem Vormunde sowohl als den bei den Entscheidungen des Familienrathes in der Minderheit gebliebenen Mitgliedern desselben ein Rekursrecht gegen jene Entscheidungen an ein Collegialgericht zu gewähren.

D. Jedenfalls ist mit dem staatlichen Aufsichtsrechte immer nur ein Gericht zu betrauen.

Im Falle der d. J. T. sich für Ueberweisung der Vormundschaften an eigene aus den Gemeinden zu bildende Behörden erklären sollte, wolle derselbe seine Ueberzeugung dahin aussprechen:

E. daß in diesem Falle es nicht rathsam sei, diesen Behörden einen Familienrath an die Seite zu geben.

2. Heyßler:

Die Vormundschaft ist ein Recht und eine Obliegenheit der Familie Sie wird ausgeübt durch den Vormund und durch den Familienrath, welcher dem Vormunde theils mit berathender, theils mit beschließender Stimme zur Seite steht.

Die Obervormundschaft ist ein Recht und eine Obliegenheit der Gemeinde; sie wird ausgeübt durch Entscheidung in gewissen vorbehaltenen Fällen, sei es wegen der Wichtigkeit des Gegenstandes, sei es wegen Meinungsverschiedenheit der vormundschaftlichen Organe, und durch die Oberaufsicht über die vormundschaftliche Gestion.

Jede Administrativ-Thätigkeit der Gerichte in Vormundschaftssachen hat aufzuhören; die Gerichte haben in diesen Angelegenheiten ausschließend in den Grenzen und nach den Formen ihrer allgemeinen (Civil- und Straf-) Gerichtsbarkeit einzuschreiten.

7 B.

(XII.[1], [3], XII.[2], 171, XII.[2], 87, 367).

G.: Anton, Leonhard. R.: Hauser.

I. Die Obervormundschaft ist durch Einzelrichter auszuüben.

II. Hierbei empfiehlt sich zur Beaufsichtignng der vormundschaftlichen Geschäftsführung eine Mitwirkung der Familie in der Art, daß auf Anordnung der Eltern, oder auf Verlangen der Verwandten, oder auf Antrag des Vormundes ein Familienrath gebildet wird, welcher unter dem Vorsitze des Vormundschaftsrichters in wichtigen, vom Gesetze zu bestimmenden Angelegenheiten entscheidet.

Ferner ist in allen Vormundschaften eine Unterstützung des Vormundschaftsrichters durch die Gemeindebehörde wünschenswerth und zu diesem Zwecke für jede Gemeinde oder für Theile derselben ein Gemeindewaisenrath zu bestellen, welcher über das persönliche Wohl und die Erziehung der Mündel Aufsicht zu führen, die hierbei wahrgenommenen Mängel oder Pflichtwidrigkeiten anzuzeigen, sowie auf Verlangen über die Person eines Mündels Auskunft zu ertheilen hat.

III. Die Aufstellung eines Gegenvormundes von Gesetzes wegen ist nicht zu empfehlen.

IV. Die Depositalverwaltung von Mündelvermögen ist nicht beizubehalten; dagegen eine bloße Verwahrung besonderer Werthgegenstände bei einer hierfür bestimmten Casse nicht auszuschließen.

V. Ein Zwang zur Sicherheitsleistung der Vormünder ist nicht zu rechtfertigen.

Gutachten:

1. Anton stellt folgende Sätze auf:

I. Die Obervormundschaft ist durch Einzelrichter auszuüben.

II. Die Obervormundschaft soll allein dem Staate vorbehalten werden; aber bei Führung der Vormundschaft ist der Familie sowie der Gemeinde eine Mitwirkung begutachtender Natur einzuräumen:

a) beim Vorschlage zum Vormunde, der nicht durch das Gesetz bedingt ist,

b) durch Abgabe ihrer Meinung bei der Erziehung und Vermögensverwaltung, so oft der Vormund oder der Obervormund (Vormundschaftsrichter) ihren Rath einholt oder nach gesetzlicher Vorschrift in besonders zu bezeichnenden Fällen einholen muß,

c) dadurch, daß der Vormund die eingeholte Meinung der Familie resp. Gemeinde dem Obervormunde vorzulegen verpflichtet ist, dieser also sie zu prüfen hat, und nur, nach ihrer Berücksichtigung, seine entscheidende Genehmigung ausspricht.

III. Das Institut eines beaufsichtigenden Gegen- (Ehren-) Vormundes überhaupt ist einzuführen, aber nicht für alle, sondern nur für einzelne, mit wirklicher Vermögensverwaltung verbundene, vom Obervormund als solche, aus freien Stücken oder auf Antrag von irgend einer Seite, anerkannte Fälle.

IV. Die Depositalverwaltung empfiehlt sich nicht, wohl aber eine bedingte außergerichtliche Depositalverwahrung; Cautionsbestellung kann als Regel von den Vormündern nicht gefordert werden, sondern nur ausnahmsweise in den vom Obervormund als geeignet befundenen Fällen.

2. Leonhard:

I. Die Obervormundschaft ist durch Einzelrichter auszuüben.

II. Die Ausübung der Obervormundschaft soll dem Staate allein vorbehalten werden, nur eine Mitwirkung begutachtender Natur ist der Familie, und subsidiär der Gemeinde, einzuräumen.

III. Das Institut des beaufsichtigenden Gegen- (Ehren-) Vormundes soll nicht eingeführt werden.

IV. a. Die Beibehaltung der Depositalverwaltung empfiehlt sich nicht, wohl aber die Einführung der gerichtlichen Verwahrung des Mündelvermögens, zu welcher jeder nicht befreite Vormund verpflichtet sein soll, sofern er nicht ausreichende Caution bestellt hat.

b. Im Uebrigen soll es dem Ermessen der Vormundschaftsbehörde überlassen werden, ob und in welchem Umfange, auch in welcher Art vom Vormunde Caution zu bestellen ist.

Abgelehnt wurden die Anträge

a. (Hierl):

daß eine Mitwirkung der Familie eingeräumt werde durch obligatorische Einführung eines beschließenden Familienraths unter Vorsitz des Einzelrichters;

b. (Meyer):

Das Institut eines Ehrenvormundes ist bei allen Vormundschaften, mit welchen eine Vermögensverwaltung verbunden ist, einzuführen, es sei denn, daß mehrere Vormünder zur gemeinschaftlichen Verwaltung berufen sind;

c. (Metz):

Es wird ein Nebenvormund (Gegen- Ehrenvormund) bei Eröffnung der Vormundschaft ernannt, welcher den Mündel nur in Fällen vertritt, in welchen die Interessen des Mündels mit denen des Vormunds collidiren, sofern nicht mehrere Vormünder ernannt sind;

d. (Ref.:)

Zusatz zu V,

„sondern dieselbe dem Vormund als Mittel freizustellen, sich von andern Sicherheitsmaßregeln zu befreien.“

Im Anschlusse an Nr. IV. wurde dem XIII. Juristentage die Frage vorgelegt:

Durch welche Einrichtungen läßt sich das gerichtliche Hinterlegungswesen zweckmäßig ersetzen?

(XIII. 86, XIII.², 348, 435). G.: Hecht. R.: Anton.

Das Gutachten kommt zu dem Schlusse, daß bei dem — ausführlich geschilderten — derzeit bestehenden Rechte in den deutschen Staaten von eingehenden organisatorischen Vorschlägen abzusehen sei.

Die 4. Abtheilung beschloß:

„in Erwägung, daß die Abtheilung zur Zeit nicht in der Lage ist, Einrichtungen vorzuschlagen, durch welche das gerichtliche Depositenwesen zweckmäßig sich ersetzen läßt, wird die ständige Deputation ersucht, die Frage auf einem späteren Juristentage zu wiederholen."

worauf die Sache nicht weiter verfolgt ist.

D. c) Erbrecht.

1.

(XIV. 50, 72, XIV.², 59, 267).

G.: Meyersburg, Bruns. R.: Petersen.

a. Unbeschränkte Testirfreiheit ist in Deutschland nicht einzuführen, sondern die Beibehaltung von Pflichttheilsrechten geboten.

b. Ein Pflichttheilsrecht ist den Descendenten, den Ascendenten und dem Ehegatten des Erblassers einzuräumen.

c. Der Anspruch auf den Pflichttheil soll kein unbedingter sein, es sind bestimmte Enterbungsgründe aufzustellen, welche die Entziehung des Pflichttheils rechtfertigen.

d. Das Pflichttheilsrecht soll nur Anspruch auf Zuwendung einer bestimmten Geldsumme, bez. eines bestimmten Geldwerthes, nicht aber ein Recht auf die zur Erbmasse gehörigen Gegenstände geben.

Gutachten:

1. Meyersburg

macht folgende Vorschläge:

1. Statt des bisherigen Pflichttheilsrechts ist nach Analogie der §§ 765, 766, 795 des österreichischen Gesetzbuches ein Recht auf Alimente aus dem Nachlasse für bedürftige Abkömmlinge, Ascendenten und Ehegatten einzuführen, im Uebrigen die volle Verfügungsfreiheit unter den sub 2 und 3 enthaltenen Modificationen zu gewähren.

2. Nach Analogie des römischen Rechts und des code civil ist vorzuschreiben, daß ein zweiter Ehegatte vor den Kindern erster Ehe letztwillig oder durch Schenkungen nicht bevorzugt werden darf, insoweit nicht gegen diese Vorkinder einer der nach Analogie der bisherigen Enterbungsgründe zu construirenden Vorwürfe vorliegt.

3. Die bisherigen etwa wie im sächsischen Gesetzbuche §§. 2575 und 2576 und 2582 zu fixirenden Enterbungsgründe sind als Indignitätsgründe, also mit der Wirkung des vollständigen Ausschlusses von der Erbschaft zum Vortheil der übrigen Erben, beizubehalten, jedoch mit der Modification, daß der Erblasser berechtigt ist, jene Verstöße, soweit sie gegen ihn gerichtet waren, durch letztwillige Verfügung zu verzeihen.

Eventuell, wenn man einen näheren Anschluß an das römische Pflichttheilsrecht behalten will, müssen die wesentlichsten Mängel desselben durch folgende Veränderungen gemildert werden. Es empfiehlt sich alsdann, die Bestimmungen sub 1 wegen der Alimentationsrechte als eines Anspruchs beizubehalten, der auch wegen etwaiger Pflichttheilsverletzung von concurrirenden Notherben nicht angefochten werden kann, ebenso den Vorschlag sub 2 festzuhalten und zwar die Enterbungsgründe als solche wie ad 3 zu regeln, daneben auf eine Erweiterung der Indignitätsfälle Bedacht zu nehmen, ferner

4. die Pflichttheilsquote in Concurrenz mit Abkömmlingen für Abkömmlinge auf 1/4 der Intestatportion zu beschränken, Ascendenten und Ehegatten aber nur ein unentziehbares Recht auf den Nießbrauch des auf 1/4 zu bemessenden Pflichttheils zu gewähren, dagegen wo Abkömmlinge mit entfernten Verwandten oder mit Fremden concurriren, den Pflichttheil auf 3/4 der Intestatportion festzustellen,

5. zu gestatten, daß, wo concurrirende Abkömmlinge in Frage kommen, die Auszahlung des Pflichttheils bis etwa 10 Jahre nach dem Ableben des Erblassers gegen einstweilige landesübliche Verzinsung letztwillig angeordnet werden darf,

6. bei Abkömmlingen für den Fall des Versterbens ohne leibliche Nachkommen die fideikommissarische Belastung auch des Pflichttheils zu gestatten,

7. die Collationspflicht bei dem Pflichttheile dahin zu erweitern, daß Abkömmlinge in Concurrenz mit anderen Abkömmlingen Alles sich anrechnen lassen müssen, was von dem Erblasser für dieselben nachweislich verwendet ist.

2. Brunner

kommt zu dem Resultate:

daß vom Standpunkte der realen Verhältnisse aus eine Ausdehnung der Testirfreiheit mit Aufhebung oder Beschränkung der Pflichttheilsrechte der Kinder, wenn auch nicht unbedenklich, doch überwiegend als zweckmäßig erscheint,

jedoch nur zu Gunsten einzelner Kinder oder des Ehegatten, zu Gunsten Fremder nur bezüglich eines Kindestheils.

Geschwister und Ascendenten sollen kein Pflichttheilsrecht haben.

Der Pflichttheilsanspruch ist eine Geld-Schuld der Erbschaft.

Es sind bestimmte Enterbungsgründe aufzustellen.

Abgelehnt wurden die Anträge:

a) (Heinsen):

Vorbehaltlich gesetzlicher Beschränkungen, welche aber nicht ein Pflichttheilsrecht einführen, wird die Testirfreiheit anerkannt und statt des bisherigen Pflichttheilsrechts ist ein Recht auf Alimente aus dem Nachlaß für bedürftige Ascendenten und Abkömmlinge einzuführen.

b) (Reuling):

Die Beibehaltung eines Pflichttheilsrechtes zu Gunsten der Descendenten sowie des Ehegatten ist geboten. Daneben erscheint es gerechtfertigt und angemessen, dem Ehegatten sowie auch den Ascendenten für den Fall des Bedürfnisses einen Anspruch auf Gewährung von Unterhalt aus dem Nachlaß einzuräumen.

2.

(XIII. 13, 22, 198, XIII.², 138, 415.)

G.: Mommsen, Jung, Randa. R.: Petersen, Makower.

1. In dem gemeinsamen bürgerlichen Gesetzbuche ist zu bestimmen, daß der Erbschaftserwerb ipso jure stattfindet.

Gutachten:

1. Mommsen:

daß der Erbschaftserwerb von einer Willenserklärung des zur Erbfolge Berufenen abhängig zu machen ist und also nicht ipso jure stattzufinden hat.

2. Jung:

daß im gemeinsamen bürgerlichen Gesetzbuche für Deutschland der Erbschaftserwerb nicht ipso jure stattfinden, sondern daß für alle Erben zum Erwerb der Erbschaft eine Willenserklärung erfordert werden soll, jedoch unter gleichzeitiger Aufnahme des Grundsatzes, daß der Anfall der Erbschaft ein allgemeines Transmissionsrecht für die Erben des Delaten mit sich bringt.

3. Randa:

Unter Festhaltung des bisherigen (römischen) Prinzipes der Erbeserklärung ist dieser Punkt in nachstehender Weise zu regeln:

Die Erbschaft kann gerichtlich oder außergerichtlich, ausdrücklich oder stillschweigend angetreten werden. Der Vorbehalt der Rechtswohlthat des Inventars kann nur in der gerichtlichen Erbeserklärung geschehen. Die gerichtliche Aufforderung zur Erbeserklärung und Ausweisung des Erbrechtes binnen bestimmter Frist soll bei deren Versäumung die Annahme vorbehaltlosen Antritts zur Folge haben, unter Umständen jedoch auf Antrag der Erbinteressenten das Präjudiz des Verlustes des Erbrechtes enthalten.

Ein Thema-Antrag (v. Piper):

Es sei gerecht, daß der Erbe den Gläubigern des Erblassers niemals über den Betrag der Nachlaßmasse hinaus verhaftet werde,

(III. Vorl. 5, III.², 203, IV.²,125.)

ist nicht zur Verhandlung gelangt.

D. f) Handels- und Wechsel-Recht.

1.

(XIV.b, 215, XV.², 132, 346.) G.: Heinsen. R.: Makower.

Es rechtfertigt sich eine Vorschrift dahin:

Wer ein Handelsgeschäft übernimmt oder in ein solches als offener Theilnehmer eintritt, übernimmt, falls die Firma unverändert bleibt, ohne Weiteres die Forderungen des Geschäfts an diejenigen Schuldner, denen das Gegentheil nicht bekannt gemacht ist, und haftet für alle vor seinem Eintritt oder der Uebernahme des Geschäfts bezüglich desselben begründeten Verbindlichkeiten.

Ein entgegenstehender Vertrag ist gegen Dritte ohne rechtliche Wirkung.

Das Gutachten Heinsen äußert sich so, wie der Beschluß lautet, nur principaliter ohne die Clausel: „falls die Firma unverändert bleibt.“

2.

(VII. 92, VII.², 68, 234.) G.: Puscher. R.: Albrecht.

Ueberwiegende Gründe sprechen für die Aufhebung des Instituts der Handelsmäkler.

Das Gutachten Puscher empfiehlt das Institut der Handelsmäkler beizubehalten und deren Befugnisse durch Abänderung des Artikels 69

Handelsgesetzbuchs in Absatz 6 mittels folgender Bestimmungen (Preuß. Gesetzentw.) zu erweitern:

„Die Vorschrift, durch welche den Handelsmäklern untersagt ist, zu den unter ihrer Vermittelung zu Stande kommenden Geschäften die Einwilligung der Parteien, oder deren Bevollmächtigten anders anzunehmen, als durch persönliche Erklärung, und von Abwesenden Aufträge zu übernehmen (A. D. H. Art. 69 Ziff. 6), wird aufgehoben.

Ist eine durch schriftliche Erklärung abgegebene, Einwilligung angenommen worden, so hat der Handelsmäkler das betreffende Schriftstück aufzubewahren und im Falle der Vorlegung seines Tagebuchs mit diesem vorzulegen."

Mit dem Beschlusse wurden für erledigt erklärt die Anträge (Borchardt):

1. Wenn die amtliche Feststellung des Werthes resp. Kurses der Staatspapiere, Produkten u. s. w. unter Zuziehung der Mäkler und nach Maßgabe des von ihnen geschlossenen Geschäfts erfolgt, dürfen nur die zwischen Anwesenden von den Mäklern vermittelten Geschäfte zu Grunde gelegt werden.

Die von den Mäklern für eigene Rechnung oder für Auswärtige geschlossenen Geschäfte dagegen bleiben hierbei unberücksichtigt.

2. Ebenso finden die Bestimmungen der Art. 77 seq. in Bezug auf die Beweiskraft der Eintragungen und Notirungen der Mäkler keine Anwendung auf die von denselben für eigene Rechnung oder für Auswärtige geschlossenen Geschäfte.

3.

(VIII.², 43, 320.) A.: Jaques. R.: Goldschmidt.

I. Zur Errichtung von Actiengesellschaften und Kommanditgesellschaften auf Actien soll es staatlicher Genehmigung nicht bedürfen.

II. Die Gesetzgebung über Erwerbs- und Wirthschaftsgenossenschaften soll auf nachfolgenden Grundlagen beruhen:

1. auf dem Grundsatze, daß es zur Errichtung einer Genossenschaft staatlicher Genehmigung nicht bedürfe;
2. auf dem Grundsatze obligatorischer Solidarbürgschaft der Genossenschaftsglieder.

Es ist wünschenswerth, daß für die Verpflichtung der Genossenschaft der einzelne Genossenschafter solidarisch und mit seinem ganzen Vermögen einstehe. Die darauf bezügliche Bestimmung des norddeutschen Bundesgesetzes erscheint als angemessen. (Antrag Gneist.)

Es steht jedoch prinzipiell der Bildung von Genossenschaften mit nur beschränkter Haftpflicht und mit freiem Austrittsrecht der Genossenschafter nichts entgegen, sofern dafür Sorge getragen wird, daß den Genossenschaftsgläubigern ein jeder Zeit bestimmtes und bekanntes Minimalkapital haftet.

4. (Vergl. E. Schluß-Bem. A.)

(XI.[2], 71, 310.) R.: Wolffson, Albrecht.

Zur thunlichsten Verhinderung unsolider Begründungen oder mißbräuchlicher Verwaltung von Actiengesellschaften empfiehlt es sich, die betreffenden gesetzlichen Bestimmungen namentlich in folgenden Punkten zu ändern:

a) Die Gründer einer Actiengesellschaft zu verpflichten, die für die Begründung wichtigsten Angaben, namentlich diejenigen über nicht in Geld bestehende Einlagen, mittelst unterschriftlich vollzogener Prospecte kund zu geben,

b) die Gründer für jede veranlaßte Täuschung in Bezug auf die Angaben der unter a erwähnten Prospecte, das Vorhandensein und den Werth der Actienzeichnungen, sowie in Bezug auf die geleisteten Einzahlungen solidarisch verhaftet zu erklären,

c) die Bestimmung aufzuheben, nach welcher es gestattet ist, nach erfolgter Einzahlung von 40 pCt. die Zeichner von Inhaber-Actien von der Haftung für fernere Einzahlungen zu befreien (Anträge Wolffson)

d) die Gerichte zu ermächtigen, jeder Zeit auf Antrag einzelner Actionäre, wenn wichtige Gründe vorliegen, die Mittheilung einer Bilanz oder sonstiger Aufklärungen nebst Vorlegung der Bücher und Papiere anzuordnen, auch eine Untersuchung der Geschäftsführung zu veranlassen (Antrag Albrecht-Makower)

e) auch dem einzelnen Actionär, soweit es sein Interesse erheischt, ein Klagerecht auf Innehaltung der gesetzlichen und statutarischen Vorschriften über Geschäftsführung, Bilanz und Gewinnvertheilung zu gewähren. (Antrag Wolffson.)

Abgelehnt wurden die Anträge

1. (Albrecht) statt a:

Die Gründer einer Actiengesellschaft für verpflichtet zu erklären, insofern sie wissentlich in öffentlichen Bekanntmachungen oder sonst dem Publikum gegenüber unwahre Angaben machen oder wesentliche Umstände verschweigen, der Gesellschaft, auch auf Antrag eines einzelnen Actionärs, den Betrag zu ersetzen, um welchen die Gesammtheit der Actionäre reicher sein würde, wenn die unwahren Angaben wahr oder die verschwiegenen Umstände nicht vorhanden wären, beziehentlich den Betrag der Differenz zwischen dem wirklichen und dem angegebenen Werth der nicht in Geld bestehenden Einlagen.

2. (Wolffson)

ebenso, jedoch als Fortsetzung zu a.

3. (Wolffson):

für jede Actiengesellschaft das Vorhandensein eines bei der Geschäftsführung unbetheiligten Organs für die Revision der Bilanzen vorzuschreiben.

4. (Wachtel):

daß die Gesetzgebung Vorsichtsmaßregeln zur Verhindernng unsolider Begründung oder mißbräuchlicher Verwaltung von Actiengesellschaften treffen kann und zwar dadurch, daß sie

I. das Erforderniß unbedingter, ausnahmsloser Publicität in Bezug auf alle die Gründung und Verwaltung von Actiengesellschaften betreffenden wichtigen Vorgänge und Verhältnisse aufstellt, insbesondere sind zur Erreichung dieses Zweckes die Klauseln in den Art. 209a und 209b des A. D. H. G. B. (Gesetz vom 11. Juni 1870) — „sofern nicht der Gesellschaftsvertrag zwischen den sämmtlichen Actionären abgeschlossen ist" ꝛc. ꝛc. — wieder zu beseitigen,

II. daß sie (die Gesetzgebung) die Ausgabe neuer Actien von der erfolgten Vollzahlung der Actien früherer Emissionen abhängig macht,

III. für diesen Fall der Erhöhung des Grundkapitals die Stipulation von Vorrechten einzelner Actionäre (Gründer oder erster Actienzeichner) verbietet,

IV. durch Errichtung eines Reichsamtes für Actienwesen ein unabhängiges Organ schafft, welchem die Kontrole über alle die Actiengesellschaften betreffenden Verhältnisse und bei Streitigkeiten der Actionäre unter sich oder mit der Verwaltung der Actiengesellschaften die Entscheidung in erster Instanz zuzuweisen ist.

5. (Block):

a. Die Actiengesellschaften können erst in Wirksamkeit treten, wenn das Actienkapital voll eingezahlt ist.

b. Der Status der Gesellschaft ist in kürzeren Zwischenräumen, der Geschäftsabschluß alljährlich zu veröffentlichen.

5.

(XV.², 153, 338.) R.: Jaques.

Der Juristentag erkennt an, daß das Maß der dem einzelnen Actionär gegen die Gesellschaft und die Gesellschaftsorgane zustehenden Rechte gegenüber den Vorschriften des D. H. G. B. erweitert werden muß (Antrag Sachs) und daß dabei wesentlich folgende Grundsätze zu berücksichtigen sind.

a) Jedem Actionär soll das Recht zustehen, die Einberufung der statutengemäßen Generalversammlung gegen weigernde oder zögernde Gesellschaftsorgane durch collegialgerichtlichen Beschluß zu erwirken.

Rechtzeitig vor Abhaltung der ordentlichen Generalversammlung ist jedem Actionär Einsicht in die Jahresrechnung und Bilanz sowie in den Bericht des Vorstandes, des Aufsichtsraths und der Revisoren zu gewähren.

b) Jedem Actionär soll das Recht zustehen, Beschlüsse der Generalversammlung wegen Verletzung wesentlicher Förmlichkeiten oder Ueberschreitung der, der Generalversammlung durch Gesetz oder Gesellschaftsvertrag ertheilten Befugnisse im Wege der Klage gegen die Gesellschaft anzufechten.

Ebenso soll es jedem Actionär zustehen, gegen den Vorstand auf Ausführung eines Generalversammlungsbeschlusses zu klagen (Antrag Makower-Jaques).

c) Ein Actionär oder mehrere, deren Actien zusammen mindestens den 10. Theil des Grundkapitals darstellen, sollen berechtigt sein, sofern sie die Behauptung glaubhaft machen können, daß bei der Errichtung oder Geschäftsführung der Gesellschaft Unredlichkeiten oder gröbliche Verletzungen des Interesses der Actionäre untergelaufen sind, beim zuständigen Collegialgericht unter Hinterlegung ihrer Actien nebst Zins- und Dividendenscheinen, auch nach Befinden des Gerichts unter Leistung genügender Sicherheit, die Vornahme einer Untersuchung der von ihnen behaupteten Thatsachen während eines bestimmten Zeitraumes zu beantragen.

Im Falle doloser oder muthwilliger Aufstellung ihrer Behauptungen haften die Antragsteller der Gesellschaft für den denselben durch die Stellung des Antrages und die Verhandlung über denselben entstandenen Schaden.

d) Jedem Actionär soll das Recht zustehen, die bei dem Beschlusse über die Decharge vorbehaltenen Entschädigungsansprüche gegen Gesellschaftsorgane, wenn sie nicht innerhalb bestimmter Zeit geltend gemacht sind, sowie, trotz erfolgter Decharge durch die Generalversammlung, auf Vorsatz oder grobem Versehen beruhende Beschädigungen geltend zu machen.

Abgelehnt wurden die Anträge

1. (Makower)

zu a:

An die Stelle des 1. Absatzes Folgendes zu setzen:

Jedem Actionär soll das Recht zustehen, diejenigen Maßregeln, welche zur Einberufung und Abhaltung einer statutenmäßigen Generalversammlung erforderlich sind, durch collegialgerichtlichen Beschluß zu erwirken;

2. (Schanz)

zu a Abs. 2:

Hinzuzufügen: Gegen mißbräuchliche Anwendungen dieses Rechtes sind Schutzmaßregeln zu verfügen,

3. (Heinsen)

statt c Abs. 1 zu setzen:

Der einzelne Actionär ist berechtigt, unter näheren gesetzlichen Bestimmungen von dem competenten Gericht zu verlangen, daß die Geschäftsführung der Gesellschaft durch Sachverständige geprüft und das Ergebniß der Prüfung ihm mitgetheilt werde,

4. (Heinsen)

statt d:

Die Mitglieder des Vorstands und des Aufsichtsraths haben bei der ihnen obliegenden Geschäftsführung die Sorgfalt eines ordentlichen Geschäftsmannes aufzuwenden.

6.

(XVI.², 165, 331.) R.: Heinsen, Gareis.

Es empfiehlt sich nicht, Differenzgeschäfte gesetzlich zu verbieten oder zu beschränken.

Abgelehnt wurde der Antrag (Westerkamp):

Reine Differenzgeschäfte begründen weder Klage noch Einrede. Im Uebrigen sind Differenzgeschäfte weder zu verbieten noch zu beschränken

7.

XVII.[1], 250. XVII.[2], 172, 291.) G.: Struck. R.: Heinsen.

I. Ein wirksamer Schutz gegen die beim Speculationsverkehr in Zeitgeschäften vorkommenden Mißbräuche ist von einer im Wege der Gesetzgebung zu normirenden auf Handhabung einer straffen Disciplinargewalt abseiten der Börsenorgane gerichteten Börsenordnung nicht zu erwarten.

II. Die Abtheilung empfiehlt dagegen die Frage, ob nicht gesetzlich mit Strafe und eventuell dem Verlust der bürgerlichen Ehrenrechte zu bedrohen sei:

1. wer öffentlich in Bekanntmachungen wissentlich falsche Thatsachen vorspiegelt oder wahre Thatsachen entstellt, um zur Betheiligung an einem Anlehen zu bestimmen;
2. wer in betrügerischer Absicht auf Täuschung berechnete Mittel anwendet, um auf den Kurs von Effecten oder den Marktpreis von Waaren einzuwirken;
3. wer für Personen oder mit Personen, welche öffentlich oder von Privaten angestellt sind, in Kenntniß dieser ihrer Eigenschaft ohne Vorwissen ihrer Vorgesetzten oder Prinzipale Zeitkaufgeschäfte abschließt;
4. wer unter wissentlicher Benutzung des Leichtsinns oder der Unerfahrenheit eines Andern für denselben oder mit demselben Zeitkaufgeschäfte abschließt,

der Prüfung des Juristentages und der Gesetzgebung.

Das Gutachten zählt zunächst die mit dem Speculationsgeschäft verknüpften Mißbräuche auf, erwartet Abhülfe derselben nicht von gesetzlichen Verboten oder Strafen, wohl aber von einer angemessenen Börsenorganisation mit strengen Disciplinarvorschriften, Beschränkung des Börsenbesuches, Cautionshinterlegung u. s. w.

Vor dem Erlaß dahin zielender Gesetze soll aber eine amtliche Untersuchung der Verhältnisse der deutschen Börsen stattfinden.

8.

(XVII.[1], 1, 32, XVII.[2], 138, 282.)

G.: Koch, Behrend. R.: Dreyer.

Es empfiehlt sich eine gesetzgeberische Regelung des Checkverkehrs. (Antrag von Wilmowski.)

Gutachten:

I. Das Gutachten Koch, nachdem es die Natur des Checks, die Geschichte und die Bedürfnisse des Checkverkehrs und die bestehenden (ausländischen) Check-Gesetze dargestellt hat, kommt zu folgender Resolution:

1. Der Juristentag hält im Interesse des bestehenden Checkverkehrs und der weiteren Entwickelung desselben den baldigen Erlaß eines deutschen Checkgesetzes für wünschenswerth.

2. Als Hauptpunkte, welche das Checkgesetz zu ordnen haben würde, bezeichnet derselbe folgende:

a) Die Bestimmung des Checks als eines in Anweisungs- oder Quittungsform ausgestellten Auftrages zur Zahlung einer bestimmten, zur sofortigen Verfügung des Ausstellers bei dem Bezogenen stehenden Geldsumme an eine bestimmte Person oder deren Ordre oder an den Ueberbringer bei Sicht;

b) die Festsetzung von Geldstrafen wegen unberechtigter Ausstellung von Checks;

c) die Bestimmung einer kurzen Präsentationsfrist;

d) die Anwendung der für den Check passenden Regeln des Wechselrechts, namentlich der vom Regresse mangels Zahlung;

e) die Bestimmung, in welcher Weise und mit welchen Folgen das sog. Kreuzen der Checks gestattet sein soll;

f) die Anerkennung der Stempelfreiheit der Checks.

II. Das Gutachten Behrend hält mit Rücksicht auf die bestehenden Rechtsbestimmungen über Zahlungsanweisungen und auf die derzeitige Entwickelung des Checkverkehrs eine besondere gesetzliche Regeluug des Checkverkehrs gegenwärtig für inopportun, will aber einer späteren Regelung, etwa bei der Gesammtrevision des H. G. B. nicht entgegentreten.

9.

(VII. 123, 168, VII.², 48, 273.)

G.: v. Kerstorf, Löhr. R.: Makower.

Es soll nicht zulässig sein, Inhaberpapiere außer Kurs zu setzen.

Gutachten:

1. v. Kerstorf:

Der deutsche Juristentag wolle — unter dem Ausdrucke des Bedauerns über den Fortbestand der sog. Außerkurssetzung von Inhaberpapieren mittelst Privatvermerkes, als den Postulaten der Rechtswissenschaft, den Ansprüchen Einzelner auf Rechtssicherheit und den Bedürfnissen des Verkehrs widerstrebend — über die aufgeworfene Gesetzgebungsfrage zur motivirten Tagesordnung schreiten.

2. Löhr

erklärt vom gesetzgeberischen Standpunkte aus es für nicht zulässig, Inhaberpapiere außer Kurs zu setzen.

Mit dem Beschlusse wurde für erledigt erklärt der Antrag (Heidsieck): daß die Außerkurssetzung durch die betreffende Behörde vorgenommen werden soll.

10.

(XVII. 137, XVII.², 158, 288.) G.: Voigt. R.: Derselbe.

Es empfiehlt sich, gesetzlich zu bestimmen, daß der Befrachter zur See nicht befugt sei, die in Gemäßheit des Art. 607 des H. G. B. auf ihm ruhende Verantwortlichkeit für einen durch Verlust oder Beschädigung der Frachtgüter seit deren Empfangnahme bis zu deren Ablieferung entstandenen Schaden, insofern derselbe absichtlich oder durch Fahrlässigkeit von einer Person der Schiffsbesatzung verursacht sein sollte, auszuschließen oder zu beschränken, oder an der durch jenen Artikel ihm auferlegten Beweislast eine Aenderung herbeizuführen;

und daß eine diesen Vorschriften entgegenstehende Vertragsbestimmung keine rechtliche Wirkung habe.

Das Gutachten gelangt zu dem vorstehenden Satze, indem es ausführt, daß die in das moderne Seefrachtrecht wesentlich übergegangenen Prinzipien des römischen Rechts über das Receptum in neuerer Zeit durch Vertragsklauseln abgeändert und die Befrachter durch vertragsmäßige Beschränkung der Haftbarkeit der Rheder fast rechtlos gemacht seien, ein spezielles Einschreiten der deutschen Gesetzgebung daher als nothwendig erscheine.

11. (Pl.)

(XV.², 306, 361.) R.: Thomsen.

Es empfiehlt sich nicht, die gesetzliche allgemeine Wechselfähigkeit zu beschränken.

12.

(XIV.[b] 187, XIV.², 86, 269.) G.: Jaques. R.: Wiener.

a) Bei verweigerter Annahme eines Wechsels soll der Regreß gegen den Aussteller und die Indossanten statt auf Sicherstellung lediglich auf sofortige Zahlung der verschriebenen Summen abzüglich des Discontos, im Uebrigen den Bestimmungen beim Regreß mangels Zahlung entsprechend gerichtet werden.

b) Dem Vorschlage des Bremer Congresses der Gesellschaft für Reform und Codifikation des Völkerrechts (1876):

Die Protestfrist soll wegen höherer Gewalt für die Dauer der Störung, aber niemals über eine kurze, ein für alle Mal durch das Wechselgesetz zu bestimmende Frist (etwa 14 Tage) hinaus erstreckt werden,

ist nicht beizustimmen.

Das Gutachten Jaques entscheidet sich bei a für den Zahlungs-Regreß, verneint bei b die Zustimmung und schlägt folgende Bestimmungen vor:

Sollte in einem der Staaten, für welche das Wechselgesetz gilt, wegen öffentlicher Calamitäten eine Hinausschiebung der Protest- oder Verfallfristen verfügt werden, so ist dieselbe für alle diejenigen Wechselverpflichteten verbindlich, welche einem der diesem Gesetze unterworfenen Staaten angehören.

Abgelehnt wurde ein fernerer Antrag des Referenten:

„Der höheren Gewalt kann nur in der Richtung eine Berücksichtigung zu Theil werden, daß die Unausführbarkeit der Präsentation oder Protestirung des Wechsels aus bestimmt spezialisirten, den Präsentationsort betreffenden Nothstandsgründen als: Seuchen, Krieg, Unruhen, elementarische Ereignisse, sofern sie durch bestimmt bezeichnete Behörden bescheinigt wird, sowie ein von der gesetzgebenden Gewalt erlassenes Präsentations- oder Protestverbot der erfolgten Präsentation oder Protesterhebung gleich erachtet werden. Ist der Ort der Präsentation im Auslande, so würde es behufs der Wirkung dieser Gleichstellung für das Inland noch der diesseitigen Bestätigung der Bescheinigungen der ausländischen Behörden durch das auswärtige Amt, bezw. die diesseitigen Vertreter im Auslande, und falls ein Präsentations- bezw. Protestverbot des auswärtigen Staates vorliegt und der Präsentationspflichtige ein Ausländer ist, der Anerkennung des Verbots als begründet durch den diesseitigen Staat bedürfen.

13.

(XVI. 131, XVI.², 227, 338.) G.: Kuntze. R.: Brunner.

a) Mit Rücksicht auf die allgemeine Wechselfähigkeit erscheint es als unzweckmäßig, den Aussteller eines vor der Begebung gestohlenen oder verlorenen Wechsels dem gutgläubigen Erwerber haften zu lassen.

b) Wenn Geldpapiere auf den Inhaber in Masse emittirt werden sollen, ist eine Haftpflicht des Ausstellers für das vor der Begebung abhanden gekommene Papier gerechtfertigt, falls die Emission öffentlich angekündigt worden oder der Beginn der Emission thatsächlich erfolgt ist.

Die Thema-Frage:

Soll der Aussteller eines vor der Begebung gestohlenen oder verlorenen Wechsels oder sonstigen Ordrepapiers oder Inhaberpapiers dem gutgläubigen Erwerber haften?

wird im Gutachten Kuntze bejaht, weil die Creations- (bezw. Redlichkeits-) Theorie dem Wesen des Wechsels und den Anschauungen des Handelsstandes entspreche, auch der deutschen Wechselordnung zum Grunde liege.

Schluß-Bemerkungen.

Der Antrag:

1. „Wer Papiergeld ausstellt und ausgiebt, ist zu dessen Einlösung verbunden; es macht dabei keinen Unterschied, ob Staaten, Korporationen, Gesellschaften oder einzelne Personen dasselbe ausgestellt und ausgegeben haben.

2. Die Annahme desselben in Zahlung ist eine Art der Einlösung, der Aussteller ist aber zur Einlösung in Metallgeld verpflichtet, sobald er aufhört, es in Zahlung anzunehmen."

(X.², 406, 341.) A.: Ladenburg. G.: Auerbach.

kam nicht zur Verhandlung.

Das Gutachten Auerbach unterscheidet:

1. Papiergeld von Staaten = papiernes Geld,

2. Papiergeld von Gesellschaften, Korporationen u. dergl., = Papiergeld im uneigentlichen Sinne, Inhaberpapiere mit Anspruch auf Geld.

Ersteres Papiergeld hat Zwangskurs, letzteres nicht, die obligatorische Annahme des ersteren als Zahlung ist keine Einlösung. Weigerung der Zahlungs-Annahme verpflichtet zur sogenannten Einlösung in Metallgeld.

E. Strafrecht.

1. (Pl.)

(II. 237, II.[2], 436, 694.) A.: Glaser. R.: Abegg.

Neben der Verjährung der strafgerichtlichen Verfolgung ist die Verjährung rechtskräftig erkannter Strafen zuzulassen.

2. (Pl.)

(III. Vorl. Nr. 11, III.[2], 383, 87, IV. 157, 181, IV.[2], 213, 85.)

A.: v. Kraewel. G.: v. Tippelskirch, Wahlberg. R.: Wahlberg, Merkel.

Absolute Strafandrohungen (d. h. nicht Strafen) sind grundsätzlich zu verwerfen. (Antrag v. Holtzendorff.)

Die Thema-Anträge v. Kraewel lauten:

a) Wenn das allgemeine deutsche Strafgesetzbuch absolute Strafen, wie die Todes- und lebenswierige Zuchthausstrafe androht, so ist dem Richter zugleich die Möglichkeit zu geben, wegen des Hinzutretens von Milderungsgründen auch auf geringere als die absolute Strafe zu erkennen.

b) Ueberhaupt ist das Strafmaß so zu erweitern, daß der Richter bei der Strafabmessung auch auf außergewöhnliche Schärfungs- und Milderungsgründe Rücksicht nehmen kann. Ein geringstes Strafmaß ist nur ausnahmsweise festzusetzen.

c) Verordnet das allgemeine deutsche Strafgesetzbuch wegen hinzutretender erschwerender Umstände eine Verschärfung der Strafe, so ist in der Regel der Richter zu dieser Strafverschärfung wohl zu ermächtigen, nicht aber zu zwingen, daß er alle Mal diese Strafschärfung eintreten lassen muß.

Zu a wurde obiger Beschluß auf dem III. Juristentag gefaßt, b und c wurden zum nächsten Juristentag verwiesen.

Gutachten (über die v. Kräwel'schen Anträge b und c.)

1. v. Tippelskirch

empfiehlt die Annahme der Anträge b und c, jedoch mit der Maßgabe:

daß, wie das Ermessen des Richters, bei Ausübung des Rechtes aus besonderen Gründen unter das niedrigste Maß der gesetzlichen (ordentlichen) Strafe hinabzugehen, durch Aufstellung bestimmter Milderungsgründe zu beschränken ist, so es nicht minder nach dem Muster der meisten deutschen Strafgesetzbücher durch Bezeichnung eines gewissen Maßes der alsdann eintretenden außerordentlichen Strafe zu beschränken sein wird.

2. Wahlberg

will den Antrag b ablehnen, dem Antrage c in seiner Allgemeinheit zustimmen.

Auf dem IV. Juristentage stellte der Ref. Merkel folgende Anträge:

1. Der Juristentag verwirft die v. Kraewel'schen Anträge Nr. b und c,

2. erklärt, daß die Unterscheidung zwischen Strafausmessungsgründen und Strafänderungsgründen, wie sie gegenwärtig in unsern Gesetzen fixirt ist, als eine prinziplose aufzugeben sei,

3. daß dagegen der ordentliche Strafmaßstab mit seinen Gliederungen, begründet in den konstitutiven Elementen der besonderen Verbrechensthatbestände und der Steigerungen und Verbindungen, deren diese Elemente fähig sind, zu unterscheiden sei von allgemeinen und speziellen Strafänderungsgründen,

4. Allgemeine Milderungsgründe sind solche, die Zurechenbarkeit betreffende Momente, welche in ihrer höchsten Steigerung die Strafbarkeit vollständig ausschließen. Dahin gehören: geminderte Zurechnungsfähigkeit, Jugend, Nothstand, Befehl, Pflichtenconflict.

5. Diesen allgemeinen Milderungsgründen gegenüber ist ein Minimalsatz nicht festzustellen.

6. Spezielle Strafänderungsgründe sind außerhalb des besonderen Thatbestandes liegende Momente, welche die durch jenen begründete Strafpflicht in irgend einem nach den verschiedenen Verbrechensarten verschiedenen Maße mindern oder erhöhen.

Der Antragsteller v. Kraewel formulirte den Thema-Antrag b dahin:

Es sei nothwendig, daß ein deutsches allgemeines Strafgesetzbuch dem Richter die Befugniß einräume, unter das ordentliche Strafmaß herabzugehen, und dann ein noch geringeres, außerordentliches Strafmaß anzuwenden, wenn nach seinem Ermessen selbst die geringste der That angedrohte Strafe mit deren Strafbarkeit nicht in richtigem Verhältnisse steht.

Sowohl dieser als der Antrag Rubo:

> daß der Richter ermächtigt sein solle, für den Fall mildernder Umstände unter das geringste gesetzliche Strafmaß herabzugehen, ohne durch eine im Gesetze hierfür festgesetzte Strafgrenze beschränkt zu sein,

wurde abgelehnt, worauf die übrigen Anträge zurückgezogen wurden.

3. (Pl.)

(III.[2], 406, 88.) III. Vorl. 12.)

A.: v. Stößer. R.: v. Hye-Gluneck.

a) Alle schon nach ihrer Beschaffenheit das Ehrgefühl erstickenden Strafarten, wie z. B. die öffentliche Ausstellung, die körperliche Züchtigung haben zu entfallen.

b) Nur an die Verurtheilung wegen solcher Handlungen, welche aus verächtlicher Gesinnung hervorgehen, und deshalb nach der gemeinen Meinung als entehrend gelten, soll das Gesetz den Verlust oder die Schmälerung

1. von Ehrenrechten,
2. von politischen Rechten,
3. von Dienst- oder Amtsrechten,
4. von gemeinen bürgerlichen Rechten

knüpfen.

c) Die unter b erwähnten Folgen der Verurtheilung endigen in der Regel mit der Strafzeit, doch kann das Gesetz den Richter ermächtigen, auf die Fortdauer derselben über die Strafzeit hinaus, jedoch höchstens auf zehn Jahre nach deren Beendigung, zu erkennen, wenn der Verurtheilte große Bosheit an den Tag gelegt hat oder ein Gewohnheitsverbrecher ist.

d) Bei allen nicht unter die Bestimmung des Absatzes b fallenden Handlungen ruht bis zur Beendigung der Freiheitsstrafe die Ausübung der erwähnten Rechte.

e) Das Gesetz soll besondere Arten von Freiheitsstrafen für solche Handlungen zulassen, die nicht aus unehrenhafter Gesinnung hervorgehen. (Antrag v. Wächter.)

f) Es ist selbstverständlich, daß diese Straffolgen auch durch gänzliche oder theilweise Begnadigung erlöschen können.

g) Es ist dafür zu sorgen, daß die durch vorstehende

Grundsätze herbeigeführten Milderungen der bisherigen Strafgesetze rückwirkend auch auf Diejenigen angewendet werden, welche nach diesen früheren Gesetzen verurtheilt wurden.

Der Thema-Antrag v. Stößer lautet:

daß entehrende Strafen dem Gerechtigkeits- und Besserungszwecke der Strafe widersprechen, und daß solche deshalb bei Bearbeitung eines gemeinsamen deutschen Strafgesetzbuches keine Aufnahme finden mögen.

Für erledigt wurde erklärt der Antrag (v. Wächter):

daß von dem Gerichte der Eintritt der in dem Strafgesetzbuche bestimmten Schmälerung der politischen und Ehrenrechte nach der Natur des Verbrechens auszusprechen sei, und zwar entweder auf eine bestimmte Zeit oder auf eine unbestimmte; daß aber im letzteren Falle das Gericht die Befugniß habe, nach dem Verhalten des Betreffenden jene Folgen für die Zukunft wieder aufzuheben.

4.

(XII.², 193, 223, XII.³, 212, 322.)

G.: Thomsen, John. R.: v. Köstlin.

Es empfiehlt sich bei einer Revision des deutschen Strafgesetzbuches, die dolosen Körperverletzungen, die Diebstähle, Unterschlagungen, Betrügereien solcher Personen, welche sich bei dem Verletzten in Kost oder Lohn befinden, und die Sachbeschädigungen aus der Reihe der Antragsdelicte zu beseitigen und die Zurücknahme des Antrages nur bis zur Eröffnung des Beschlusses auf Vornahme des Hauptverfahrens zu gestatten, mit Ausnahme der Antragsdelicte unter Angehörigen, bei welchen der Antrag bis zur Verkündigung eines auf Strafe lautenden Erkenntnisses zurückgenommen werden kann.

Gutachten:

1. Thomsen

gelangt zu folgendem Resultate:

daß eine Beschränkung der Antrags-Fälle des D. St. G. B. dringend zu empfehlen ist,

und zwar speziell in folgenden Richtungen:

A. Als falsche Antrags-Fälle, d. h. als solche Delicte, bei denen das Antragsrecht theoretisch ungerechtfertigt und praktisch unhaltbar, daher zu beseitigen ist, sind anzusehen:

1. Die Körperverletzungen und zwar sämmtliche, vorsätzliche wie fahrlässige (§ 232),
2. Diebstähle, Betrügereien, Unterschlagungen, verübt von solchen Personen, welche sich in Lohn oder Kost der Verletzten befinden (§§ 247, 263),
3. die Sachbeschädigungen (§ 303),
4. der strafbare Eigennutz in den Fällen der §§ 88, 89,
5. Wild-Diebstahl (§ 292), Fisch-Diebstahl (370^4, 296), Naschdiebstahl (370^5), Futter-Diebstahl (370^6),

bei welchen Delicten jedoch dann ein Antrags-Recht zu statuiren ist, wenn sie gegen Angehörige (Erzieher, Vormünder) verübt sind.

B. Die Zurücknahme des Antrags ist nur bis zur Eröffnung des Hauptverfahrens zulässig,

ausnahmsweise bei Antragsdelicten unter Angehörigen bis zur Verkündigung eines auf Strafe lautenden Erkenntnisses.

2. John

stellt folgende Thesen auf:

I. Die Gesetzgebung hat diejenigen Delicte zu bezeichnen, bei denen ausschließlich das Verfahren mittelst der Privatklage stattfindet. Zu diesen Delicten würden zu zählen sein: Die Antrags-Uebertretungen (St. G. B. § 370 Nr. 4—6), der Ehebruch, die Beleidigungen — mit Ausschluß der §§ 196, 103, 104 —, der Nachdruck (Gesetz vom 11. Juni 1870 §§ 18 ff. 27, 28), sowie die Vorschriften des Preßgesetzes vom 7. Mai 1874 §§ 10, 11, 19.

Die Vollstreckung des auf dem Wege der Privatklage erstrittenen rechtskräftigen Erkenntnisses findet nur auf Antrag statt.

II. Bei Vergehen, deren gesetzlicher Thatbestand auch solche Fälle mit umfaßt, durch deren Begehung lediglich das Interesse des Verletzten, nicht aber das der öffentlichen Rechtsordnung verletzt wird (leichte Körperverletzungen, Diebstähle, Betrug, Vermögensbeschädigung), ist die Staatsanwaltschaft anzuweisen, die Verfolgung ihrerseits nur dann eintreten zu lassen, wenn sie das öffentliche Interesse für verletzt erachtet, andernfalls aber den die Bestrafung beantragenden Verletzten auf die Privatklage zu verweisen.

Die Vollstreckung des mittelst der Privatklage erstrittenen rechtskräftigen Erkenntnisses findet auch in diesem Falle nur auf Antrag statt.

III. Die Zahl der Delicte öffentlich-rechtlichen Charakters, welche nur auf Antrag verfolgt werden dürfen, ist möglichst einzuschränken; namentlich sind aus dem Kreise derselben auszuschließen: die Körperverletzungen, (St.

G. B. § 223), sowie der Diebstahl, die Unterschlagung und der Betrug gegen solche Personen, in deren Lohn oder Kost sich der Thäter befindet (St. G. B. §§ 247, 263).

Bei den Antragsdelicten dieser Art darf der Antrag, nachdem die Einleitung der Voruntersuchung beschlossen, oder falls eine solche nicht stattgefunden hat, die Anklage erhoben ist, nicht mehr zurückgezogen werden.

Auch bedarf es in solchen Fällen des Antrages nicht, wenn in Folge richterlichen Beschlusses das Verfahren wegen eines Nicht-Antragsdelicts eröffnet wurde, und erst im Laufe des Verfahrens es sich herausstellen sollte, daß nur ein solches Delict vorliegt, welches zu den Antragsdelicten öffentlich-rechtlichen Charakters gehört.

Abgelehnt wurde der Antrag (Schütze):

das Wort „dolosen“ vor „Körperverletzungen“ zu streichen.

5.

(XIII. 109, 145, 178, XIII.², 229, 428.)

G.: Berner, Lamm, Leutholb. R.: Stenglein, Hiller.

a) Der Unterschied zwischen beendigtem und nicht beendigtem Versuch ist nicht geeignet, Aufnahme in die Gesetzgebung zu finden.

b) Die freiwillige Verhinderung der Vollendung ist als Strafaufhebungsgrund anzuerkennen.

Die Thema-Frage lautet:

Ist der beendigte Versuch im Strafgesetzbuche beizubehalten, und ist event. dabei die freiwillige Verhinderung der Vollendung als Strafaufhebungsgrund anzuerkennen?

Gutachten:

1. Berner

verneint (wesentlich vom bestehenden Strafgesetzbuch ausgehend) von den im Thema steckenden zwei Fragen:

1. Soll das Strafgesetzbuch einen Begriff des beendigten Versuches aufstellen, um für den beendigten Versuch eine besondere Strafstufe festzusetzen?

2. Ist bei dem beendigten Versuche die freiwillige Verhinderung als Strafaufhebungsgrund anzuerkennen?

die erstere, bejaht die zweite mit dem Vorschlage, im § 46 Nr. 2 D. St. G. B. die Anfangsworte „zu einer Zeit, zu welcher die Handlung noch nicht entdeckt war“ zu löschen.

2. Lamm

(ebenfalls wesentlich vom bestehenden Strafrechte ausgehend) verneint die erste Frage, bejaht die zweite.

3. Leuthold

verneint auch die erste Frage, will aber den freiwilligen Rücktritt vom beendigten Versuche nicht als Strafaufhebungs-, sondern nur als Strafmilderungsgrund anerkennen.

Abgelehnt wurde der Antrag (v. Kunowsky):

Die freiwillige Verhinderung der Vollendung ist als Strafaufhebungsgrund bzw. Strafmilderungsgrund anzuerkennen.

6. (Pl.)

(III. Vorl. 22. IV.², 87, 231). A.: Fries. R.: v. Hye-Gluneck.

Die Plenarversammlung beschloß:

Die Todesstrafe soll in einem künftigen deutschen Strafgesetzbuche nicht mehr aufgenommen werden, außer bei Fällen des Krieges nach Kriegsrecht und der Meuterei nach Seerecht. (Antrag von Mühlfeld).

Die Abtheilung III. hatte folgende Sätze angenommen.

1. Die allmälige völlige Abschaffung der Todesstrafe ist eine gebieterische Forderung der fortschreitenden Civilisation, und es seien daher die bestehenden Strafensysteme namentlich auch in dieser Zielrichtung entsprechend umzugestalten.

2. Die Todesstrafe sei aber auch jetzt schon, nämlich in dem alsbald zu erlassenden gemeinsamen deutschen Strafgesetze — außer den Fällen des Krieges- und Stand- und bei Meutereien des Seerechtes — auf zwei Verbrechen zu beschränken, nämlich:

   a) auf den mit überlegtem Vorsatze ausgeführten Mord eines Menschen, und

   b) auf hochverrätherische Angriffe gegen die körperliche Sicherheit der Person des Staatsoberhauptes.

3. Die Todesstrafe sei selbst in diesen Fällen im Gesetz nicht absolut anzudrohen, sondern dem erkennenden Gerichtshofe sei freizulassen, statt derselben auf lebenswierige oder selbst zeitliche Freiheitsstrafe zu erkennen. (Anträge v. Hye-Gluneck).

Abgelehnt wurde in der Abth. der Antrag (Fries-Schaffrath): auszusprechen, daß die Todesstrafe abzuschaffen sei.

7. (Vergl. D. c. 4.)

Die Wuchergesetze sind aufzuheben.

8.

(XVII. 162. 184. 195. XVII.² 237. 295.)

G.: Stöckel, Daube, Hagemann. R.: Thomsen.

Zur Zeit liegt ein legislatorisches Bedürfniß nicht vor, den §. 153 des deutschen Strafgesetzbuches dahin abzuändern, daß die Strafandrohung sich auf alle von einer zuständigen Behörde erhobenen Eide erstrecke.

Die drei Gutachten erklären zunächst mit Rücksicht auf die Entstehungsgeschichte des §. 153, die Preußische Judicatur, die früheren Particulargesetze, das Verhältniß des §. 153 zu anderen §§. des St. G. B. und auf das rechtliche und religiöse Volksbewußtsein die reichsgerichtliche Entscheidung, welche den sogenannten Compromißeid vom §. 153 ausschließt, für unrichtig und wollen alle von einer zuständigen Behörde erhobenen Eide unter §. 153 subsumiren. Das Bedürfniß einer legislatorischen Aenderung wird sodann bejaht vom Gutachten Stöckel wegen großer Gefährdung der Rechtspflege, zur Zeit verneint von den beiden andern Gutachten, weil die Gefahr mit Rücksicht auf eine zu hoffende Umkehr des Reichsgerichts nicht allzugroß sei, die Umgestaltung einzelner Vorschriften rechtspolitische Bedenken in sich trage, in anderer Weise auf Verminderung der Compromißeide hinzuwirken sei, endlich eine betreffende Aenderung mehr in die Civilprozeßordnung gehöre.*)

9.

(XIII. 36, 59, XIII.², 213, 414.)

G.: Dalcke, Thomsen. R.: Jaques, v. Stoesser.

Der Gemeinschuldner, welcher, seine Zahlungsunfähigkeit kennend, einen Gläubiger gegenüber den andern befriedigt oder begünstigt,

ferner der Gläubiger, welcher in Kenntniß von der erfolg-

---

*) Der Referent — wie hier zur Erläuterung des Beschlusses bemerkt werden muß — stellte sich bei seinem zum Beschluß erhobenen Antrage auf den Standpunkt des Reichsgerichts, entgegen den 3 Gutachten, ohne daß seine Ausführungen Widerspruch fanden, und nahm die Klausel „zur Zeit" nur für den Fall mit auf, daß nach dem Reichsgerichtsurtheile alle nicht gerichtlich-prozessualen Eide ausgeschlossen sein resp. künftig ausgeschlossen werden sollten.

ten Zahlungseinstellung oder der Concurseröffnung des Schuldners, von demselben Befriedigung oder Begünstigung gegenüber den andern Gläubigern annimmt, ist strafbar.

Gutachten:

1. Dalcke

spricht sich dahin aus:

a) daß jede nach erfolgter Zahlungseinstellung zum Nachtheile der Gläubigerschaft bewirkte Begünstigung oder Befriedigung einzelner Gläubiger für widerrechtlich und strafbar zu erachten, und zwar in der Art, daß, wenn dieselbe in der Absicht vorgenommen ist, dadurch die übrigen Gläubiger zu benachtheiligen, die Strafe des betrüglichen Bankerutts, daß dagegen, wenn zwar nicht eine solche Absicht, wohl aber das Bewußtsein des Schuldners anzunehmen ist, daß durch die Befriedigung die übrigen Gläubiger in ihrem Vermögen beschädigt werden, die Strafe des einfachen Bankerutts eintritt,

b) daß ein Gläubiger, welcher nach erlangter Kenntniß von der Zahlungseinstellung noch eine Befriedigung oder Begünstigung annimmt, und zwar mit dem Bewußtsein, daß durch dieselbe die übrigen Gläubiger benachtheiligt werden, sich strafbar macht.

2. Thomsen

kommt zu folgenden Resultaten:

die Frage, ob im Falle der Begünstigung von Gläubigern zwischen der Zahlungseinstellung und der Concurseröffnung eine Strafbarkeit des Cridars, beziehungsweise des begünstigten Gläubigers eintreten solle, wird bejaht,

und zwar unter folgenden, zum Theil über das Gebiet dieser Frage noch hinausgehenden näheren Bestimmungen;

1. Die criminelle Strafbarkeit der (dolosen) Begünstigung eines Gläubigers durch den Schuldner ist legislatorisch gerechtfertigt,

und zwar sowohl hinsichtlich des Gläubigers als des Schuldners (resp. ihrer Vertreter).

2. Die dolosen Begünstigungshandlungen sind zu strafen:

a) an dem Schuldner, rücksichtlich der Zeit seiner Zahlungsunfähigkeit,

b) an dem Gläubiger, rücksichtlich der Zeit nach der Zahlungseinstellung oder nach dem Antrage auf Concurseröffnung.

2. Diese Strafbarkeit muß auf (dolose) Begünstigungshandlungen allgemein sich erstrecken, nicht auf bestimmte Categorien sich beschränken,

zur Zeit für den Gläubiger unbeschadet der Annahme von Wechselzahlungen im betreffenden Regreßfalle.

Abgelehnt wurde der Antrag (Rubo):
die Worte „der erfolgten Zahlungseinstellung oder“ zu streichen.

Schluß-Bemerkungen.

A. (Vergl. D. f. 4).

Ueber die Frage:
ob das Verschweigen eines Gründergewinns bei Gründung einer Actiengesellschaft (als Betrug) den ersten Actienzeichnern oder Anderen gegenüber strafbar sei.

G.: Stenglein, Mittelstädt. R.: Thomsen.

(XIV.b, 89, 99, XIV.[2], 152, 277.)

wurde Uebergang zur Tagesordnung beschlossen (Antrag v. Lauhn.)

Gutachten:

1. Stenglein

kommt zu dem Resultate:

Gründer von Actiengesellschaften, welche zugleich als Vertreter der gegründeten Actiengesellschaften fungiren, machen sich durch Verschweigen des dem Gesellschaftsvermögen zur Last fallenden Gründergewinns den Actiennehmern gegenüber wegen Betruges strafbar.

2. Mittelstädt

stellt folgende Sätze auf:

1. Durch Verschweigen des Gründergewinns bei Gründung einer Actiengesellschaft kann für sich allein das zum Thatbestande strafbaren Betrugs nothwendige Requisit der „Entstellung oder Unterdrückung wahrer Thatsachen“ nicht erfüllt werden.

2. Nur in objectiver Verbindung mit der Vorspiegelung falscher, der Entstellung oder Unterdrückung wahrer Thatsachen und als begleitendes actives Moment positiver Täuschungen, nicht aber auf der subjectiven Grundlage einer unterstellten allgemeinen oder besonderen Pflicht, die Wahrheit zu sagen, kann das Verschweigen des Gründergewinns ein Merkmal betrügerischer Irrthumserregung werden.

3. Es bedingt keinen rechtlichen Unterschied, ob die Gründer den ersten Actienzeichnern gegenüber, oder als Primitivzeichner anderen mit ihnen contrahirenden Actienkäufern gegenüber hinsichtlich des Daseins oder der Größe des Gründergewinns einen Irrthum erregt oder unterhalten haben.

4. Nur insoweit die Gründer mit den ersten Actienzeichnern oder als Primitivzeichner mit Actienkäufern hinsichtlich der Actienzeichnung oder der Actienübertragung in ein Vertragsverhältniß getreten sind, kann das Verschweigen des Gründergewinns strafrechtlich in Betracht kommen.

5. Actionäre, welche als Actienkäufer mit den Gründern hinsichtlich des Actienerwerbes in kein Vertragsverhältniß getreten sind, können als durch die Gründer beschädigt selbst dann nicht gelten, wenn sie durch Vorspiegelung falscher, Unterdrückung oder Entstellung wahrer Thatsachen in von den Gründern verbreiteten Prospecten oder anderen Publicationen über Dasein oder Größe des Gründergewinns in Irrthum versetzt worden sind.

Durch den Beschluß wurden folgende in der Debatte gestellte Anträge erledigt:

a) (des Referenten):

1. Das Verschweigen des Gründergewinns bei Gründung einer Actiengesellschaft kann ein Begriffs-Requisit des Betrugs (Erregung oder Unterhaltung eines Irrthums durch Entstellung oder Unterdrückung wahrer Thatsachen) niemals für sich allein als ein passives Verhalten bilden, sondern nur in der Qualification als actives Täuschungsmoment (qualificirtes Schweigen), wodurch ein concreter Irrthum erregt oder unterhalten wird.

2. Insbesondere wird durch Nichtangabe des Gründergewinns als Verletzung einer allgemeinen oder besondern, etwa den Gründern als solchen oder als Gesellschaftsorganen obliegenden Wahrheitspflicht das oben erwähnte Betrugs-Requisit nicht erschöpft.

3. Die getäuschten, mit den Gründern selbst oder ihren Complicen contrahirenden Actienkäufer oder Actienzeichner sind stets auch beschädigt, so daß der Betrug der Gründer damit consumirt ist und eine weitere Beschädigung nachfolgender Actionäre strafrechtlich nicht mehr in Betracht kommt.

4. Es ist wünschenswerth, daß die Actiengesetzgebung für das rein passive Verschweigen des Gründergewinns bei Erlaß von Prospecten und dergl. neben einer Ersatzpflicht gegenüber der Gesellschaft entsprechende Ordnungsstrafen einführt.

b) (Silberschlag):

1. Das Verschweigen eines Gründerlohns bei Gründun geiner Actiengesellschaft ist für sich allein als Betrug oder überhaupt als strafbar nicht zu erachten.

2. Jeder Gründerlohn aber, der durch Täuschung oder durch falsche Vorspiegelungen erlangt ist, ist als durch Betrug erlangt anzusehen.

3. Bei Gründung einer Actiengesellschaft muß ein Prospect aus-

gegeben werden, für dessen ganzen Inhalt sämmtliche Gründer civilrechtlich und criminalrechtlich verantwortlich sein müssen.

4. Die Actien einer zu bildenden Actiengesellschaft dürfen nicht unter pari ausgegeben, sie müssen immer voll eingezahlt werden.

c) (Lamm):

Es ist wünschenswerth, daß die Gesetzgebung für das rein passive Verschweigen des Gründergewinns bei Erlaß von Prospecten und dergl. Strafen einführt.

B.

Schriftliche Gutachten über den Entwurf eines Strafgesetzbuches für den Norddeutschen Bund haben für den Juristentag

(IX. 3, 16, 61, 74.)

Stenglein, Merkel, v. Geßler, Seeger

geliefert.

F. Civilprozeß.

(Vergl. C. 2, 3, 6, 13.)

1. (Pl.) Vgl. 4. u. 5.

(II.[1], 99, 116, 447, 608). G.: Brauer, Plathner.

Es soll der Schwerpunkt des nach den Grundsätzen der Oeffentlichkeit und Mündlichkeit zu regelnden Verfahrens in bürgerlichen Streitsachen, unter Voraussetzung einer collegialischen Gerichtsverfassung, in der mündlichen Verhandlung liegen.

Abgelehnt wurde der Antrag (Plathner):

daß nur die durch die Schrift erkennbar gemachten Erklärungen der Parteien die Grundlage der Entscheidung bilden.

Gutachten:

1. Brauer

spricht sich für das Hannover'sche System aus, wonach der Schwerpunkt in die mündliche Hauptverhandlung verlegt wird mit Schriftsätzen als Vorbereitung.

2. Plathner

stellt folgende Sätze auf:

I. Es ist ein Recht, nicht eine Verpflichtung der Partei, ihre Sache dem entscheidenden Gericht mündlich vorzutragen.

II. Nur die durch die Schrift erkennbar gemachten Erklärungen der Parteien dürfen die Grundlage der Entscheidung bilden.

III. Es ist in der Regel zweckmäßig, die mündliche Verhandlung erst nach beendetem Schriftwechsel eintreten zu lassen.

IV. Das Vortragen des Streitstandes durch ein Mitglied des Gerichts vor dem Beginn der mündlichen Verhandlung Seitens der Parteien verstößt nicht gegen das Prinzip der Mündlichkeit, ob es statthaben soll oder nicht, ist eine Frage praktischer Zweckmäßigkeit.

2. (Vgl. 3.)

(XII.², 266, 332). R.: Kühne.

Die richterliche Entscheidung über die Zulässigkeit der Klageänderung ist durch ein Rechtsmittel nicht anfechtbar. (Antrag Haarmann.)

Abgelehnt wurden die Anträge:

a) (Haarmann):

Die Aenderung der Klage ist im ersten Rechtszuge unbedingt bis zum Schluß der Verhandlung, auf welche das Urtheil erfolgt, zulässig, vorbehaltlich des Rechts der beklagten Partei, die Vertagung der Verhandlung für ihre Vertheidigung zu verlangen, und mit der Bestimmung des Eintritts der Rechtshängigkeit; eine weitere Klageänderung in der zweiten Instanz ist unzulässig.

b) (Ref.):

daß die Bestimmungen im Eingange des § 232 des Entwurfs der deutschen Civilprozeßordnung und in Nr. 1. dieses Paragraphen wegen der Zweifel über die Bedeutung derselben und der danach für die Prozeßverhandlung zu befürchtenden unnützen Weiterungen nicht zweckmäßig seien und daß es sich empfiehlt, an Stelle dieser Bestimmungen die folgende zu setzen:

> Als eine Aenderung der Klage ist es nicht anzusehen, wenn unter Festhaltung des geltend gemachten Anspruchs (Identität des Objects) die neuen thatsächlichen oder rechtlichen Anführungen des Klägers den Beklagten nicht zu einer neuen Rechtsvertheidigung nöthigen.

c) (Meißner):

Die Zulassung der Aenderung der Klage in der ersten Instanz ist nicht von der Einwilligung des Verklagten abhängig zu machen, sondern dem Ermessen des Richters zu überlassen.

d) (v. Wilmowski):

Die Aenderung des Klagegrundes ist nach der Einlassung auf die Klage ohne die ausdrückliche oder stillschweigende Einwilligung des Gegners nicht mehr zulässig.

Im Plenum wurde die Frage im Uebrigen auf den nächsten Juristentag verwiesen.

3. (Vgl. 2.)

(XII.², 166, 322, XIII. 216, XIII.³, 301, 430).

G.: Kühne. R.: v. Stoesser.

I. Nach der Erhebung der Klage darf der Gegenstand des geltend gemachten Anspruchs nur insoweit geändert werden als
1. der Klageantrag in der Hauptsache oder in Beziehung auf Nebenforderungen erweitert oder beschränkt wird,
2. statt des ursprünglichen geforderten Gegenstandes wegen einer später eingetretenen Veränderung ein anderer Gegenstand oder das Interesse gefordert wird.

II. Im Uebrigen ist eine Aenderung der Klage zulässig, auch in der Berufungsinstanz.

III. Die Einwilligung des Beklagten ist ohne Einfluß.

IV. Der Beschluß des vorigen Juristentages über die Nichtanfechtbarkeit der ersten richterlichen Entscheidung wird aufrecht erhalten. (I—III Anträge Kühne.)

Das Gutachten Kühne giebt auf die Frage:

Was soll über die Zulässigkeit oder Unzulässigkeit der Klageänderung in der deutschen Civilprozeß-Ordnung bestimmt werden?

die Antwort: Nichts! und schlägt vor:

nur diejenigen Bestimmungen in dem Entwurfe stehen zu lassen, welche bezwecken, daß die Identität des beanspruchten Objects festgehalten werde, die Vorschriften insbesondere, welche den Begriff des Klagegrundes zum Ausgangspunkte nehmen, zu streichen und den Grundsatz des § 241 des Entwurfs auch auf die Klage-Thatsachen auszudehnen.

Abgelehnt resp. mit den Beschlüssen für erledigt erklärt wurden die Anträge des Referenten:

I. Die Erhebung der Klage hat die Wirkung, daß der Kläger nicht berechtigt ist, ohne Einwilligung des Beklagten die Klage zu ändern.

II. Als Aenderung der Klage ist es nicht anzusehen, wenn die thatsächlichen oder rechtlichen Anführungen ergänzt oder berichtigt werden.

III. Die Einwilligung des Klägers in die Aenderung der Klage ist anzunehmen, wenn derselbe, ohne der Aenderung zu widersprechen, sich in einer mündlichen Verhandlung auf die abgeänderte Klage eingelassen hat.

IV. Eine Aenderung der Klage ist in der Berufungsinstanz selbst mit Einwilligung des Gegners unstatthaft.

4. (Pl.) (Vergl. 1 u. 5.)

(I, 9, II. 3, 36, 66, II.², 509, 614.)

A.: Waldeck. G.: v. Sternenfels, André, Planck.

R.: Kühne, Waldeck.

Es ist empfehlenswerth, daß:

a) die Ausführung eines vom Richter angeordneten Beweises durch Rechtsmittel nicht aufgehalten werden kann,

b) die Vertretung durch einen Rechtsanwalt in allen bürgerlichen ordentlichen Rechtsstreitigkeiten vor collegialisch formirten Gerichten obligatorisch ist,

c) eine Zurückweisung der Klage per decretum unzulässig,

d) das Rechtsmittel dritter Instanz nur als Cassation zu verstehen ist.

Die Thema-Anträge Waldeck lauten:

1. Die Angabe der Beweismittel für die Behauptungen der Parteien erster Instanz in Klage, Klagebeantwortung, Replik u. s. w. braucht erst nach ergangenem Beweisinterlokute zu geschehen, mit Ausnahme der Urkunden.
2. Beweisinterlokute sind nicht appellabel.
3. Streitführende Parteien müssen sich beim Gerichte durch Rechtsanwälte vertreten lassen.
4. Eine Zurückweisung der Klage per decretum wegen offenbarer Nichtbegründung ist unzulässig.
5. Das Rechtsmittel letzter Instanz bringt nicht die Sache in ihrer Totalität, sondern neben Competenzüberschreitungen und gewissen Prozedurfehlern nur die behauptete fehlerhafte Anwendung und Auslegung des Gesetzes mit Ausschluß der thatsächlichen Würdigungen des zweiten Richters zur Entscheidung des für ein größeres Gebiet bestimmten höchsten Gerichtshofes.

Gutachten:

1. v. Sternenfels

stimmt mit den Waldeck'schen Grundsätzen 1, 2, 3, 5 im Wesentlichen überein, will jedoch zu 1 dem Gerichte das Recht beilegen, die Production der Urkunde zu verlangen, wünscht ferner zu 2 die Angabe von Gründen.

Die Frage, ob eine Klage ohne Gehör des Beklagten abgewiesen werden könne, wird bejaht.

2. André

stimmt in gleicher Weise mit den Grundsätzen 1 und 3 überein, ferner mit 4, sowie mit 5 unter der Beschränkung, daß die Cassation wegfällt, wenn die beiden ersten Instanzen übereinstimmen, will zu 2 Gebundenheit des Richters erster Instanz, vorbehaltene Berufung, bei Uebereinstimmung der Parteien Gestattung sofortiger Berufung.

3. Planck

ist der Ansicht, daß sich über die einzelnen Fragen keine Entscheidung treffen läßt, ehe man sich nicht über die allgemeinen Grundzüge der Gerichtsverfassung und des Verfahrens überhaupt geeinigt hat. Es wird ausgeführt, daß je nach der verschiedenen Art und Weise der Gerichtsorganisation, insbesondere, ob die Gerichte collegialisch seien, wie weit das Prinzip der Mündlichkeit gehe, ob die höheren Instanzen nur über Rechtsfragen in abstracto resp. in concreto oder auch über Thatfragen zu entscheiden haben unter Ausschließung oder Zulassung sog. nova, sich auch eine verschiedene Beantwortung der Waldeck'schen Fragen ergebe.

Auf dem I. Juristentag war von der 4. Abtheilung angenommen worden:

zu a: Beweisinterlokute sollen nicht appellabel sein,

zu b: die Vertretung durch einen Rechtsanwalt ist obligatorisch zu machen,

zu c: ebenso wie auf dem II. Juristentag,

zu d: wie Anträge Waldeck unter 5.

Die Plenarversammlung des I. Juristentags verwies sämmtliche 5 Anträge Waldeck zum nächsten Juristentag.

Zu b wurde abgelehnt im Plenum des II. Juristentages der von der 4. Abtheilung angenommene Zusatz (v. Sternenfels):

„mit Ausnahme der Bagatellsachen,“

ferner der Antrag (Gad-Keller):

daß bezüglich der rechtsverständigen Parteien eine Ausnahme gemacht werde.

5.

(I. 18, 347, II. 3, 36, 66, VI. 24, 105, VI.[3], 283, 374.)

G.: v. Sternenfels, André, Planck. R.: v. Sternenfels.

Der VI. Juristentag beschloß:

Es ist für das mündliche Verfahren im C. P. angemessen, daß der Beweisantritt in der ersten mündlichen Verhandlung erfolgt und daß der vorbereitende Schriftenwechsel sich auch auf die Benennung der Beweismittel über die unter den Parteien bestritten gebliebenen Thatsachen erstreckt.

Gutachten:

1. v. Sternenfels. 2. André. 3. Planck.

(s. Beschluß Nr. 4.)

4. v. Düring

kommt zu folgendem Resultate:

Die Verbindung der Beweisantretung der thatsächlichen Behauptungen zugleich mit deren Aufstellung empfiehlt sich nicht für ein Verfahren, in welchem die Beweisführung zuvor durch eine Interlokut oder Resolut regulirt wird;

sie ist dagegen sehr zu empfehlen für ein Verfahren, in dem den Parteien allein es überlassen wird, zu beurtheilen, was von den aufgestellten Behauptungen zu beweisen ihnen obliegt; sie wird indeß auch in diesem Verfahren nur dann auf eine raschere Erledigung des Rechtsstreits kräftig hinwirken, wenn nicht blos den Parteien versagt wird, nach dem Schlusse des mündlichen Verfahrens über die Behauptungen und deren Beweisantretung in der betreffenden Instanz mit neuen Behauptungen und Beweisen hervorzutreten, sondern wenn daneben auch zu ermöglichen ist, daß regelmäßig schon im ersten Verhandlungstermin die Sache völlig, sofern es sich um Beweismittel handelt, die schon zur Stelle geschafft sind, sonst aber doch bis zur Beweisaufnahme erledigt werde.

Letzteres ist als Regel zu ermöglichen, wenn vorgeschrieben wird, daß schon in den vorbereitenden Schriftsätzen die Beweise gleichzeitig mit den betreffenden Behauptungen angetreten werden müssen und zwar unter dem Präjudize, daß derjenige, welcher durch neues Vorbringen im Termine die Aussetzung des Verfahrens veranlaßt, die desfallsige Kostenvermehrung zu tragen hat, und wenn Aussetzungen der mündlichen Verhandlungen zum Zwecke von Erklärungen oder neuen Behauptungen, womit die Partei schon im ersten Termine hätte hervortreten können, wider den Willen der Gegenpartei überall nicht koncedirt werden.

Bei einem Verfahren, bei dem am Schlusse der Verhandlung über die Beweisantretung oder gar am Schlusse der Beweisaufnahme dem Gerichte annoch die Pflicht obliegt, Vervollständigung des Beweises da, wo dies zur erschöpfenden Ermittelung der relevanten Thatumstände erforderlich, nachträglich anzuordnen, geht der Vortheil der gleichzeitigen Behauptung der Thatsache und der Beweisantretung zum größten Theil wieder verloren.

5. Ruhwandl

spricht sich, weil er dem System des negativen Beweisdecretes den Vorzug gibt, so aus wie der Beschluß.

Von der 4. Abth. des I. Juristentages war der Grundsatz:

Die Angabe der Beweismittel für die Behauptungen der Parteien erster Instanz in Klage, Klagebeantwortung, Replik u. s. w. braucht erst nach ergangenem Beweisinterlokute zu geschehen mit Ausnahme der Urkunden, welche zur Begründung der Behauptungen dienen und deren Beibringung oder Nachweisung mit den Behauptungen verbunden werden muß,

ausgesprochen,

vom II. Juristentage (4. Abth. und Pl.) der Grundsatz:

Die Angabe der Beweismittel für die Behauptungen der Parteien braucht in der Regel erst nach ergangenem Beweisinterlokute zu geschehen.

6. (Vgl. 14 F.)

(VI. 35, 143, VI.³, 302, 376, VII.², 185, 243.)

G.: Barth, André. R.: Ruhwandl.

Für das Vorbringen sowohl von Einreden als von Beweismitteln soll in der Regel eine Präklusivfrist bestehen.

Die 4. Abth. des VI. Juristentages hatte beschlossen (Antrag Makower):

Für das Vorbringen von Thatsachen und Beweismitteln soll in erster Instanz eine Präklusivfrist nicht bestehen.

Zugleich wurde aber beschlossen, dem Plenum es anheim zu geben, ob die Sache noch einmal zur Berathung zu ziehen oder auf den nächsten Juristentag zu verschieben.

Im Plenum sodann wurde die Frage zum nächsten VII. Juristentag verwiesen, welcher nun obigen Beschluß faßte.

Gutachten.

Beide Gutachten sprechen unter der Voraussetzung, daß der Richter an sein Beweisinterlokut gebunden ist, sich übereinstimmend dahin aus, daß nach dem Beweisinterlokut neue Einreden nicht mehr zugelassen werden können, dagegen beantworten sie unter derselben Voraussetzung die Frage in Betreff der Beweismittel nicht in gleicher Weise. Während André verlangt, daß nach dem Erlaß des bindenden Beweisinterlokuts in einem ferneren Termine unter Zugrundelegung vorbereitender Schriftsätze die Beweisantretung erfolge dergestalt, daß nach diesem Termine ohne besondere Gründe (Erfordernisse der Restitutionsklage, Wegfallen von Beweismitteln) keine ferneren Beweismittel mehr angegeben werden dürfen, glaubt

Barth, daß selbst da, wo das Prozeßsystem ein bindendes Interlokut kenne, bis zum Schluß des Prozesses noch solche Beweismittel zuzulassen seien, deren Berücksichtigung möglich sei, ohne daß ihretwegen ein besonderes Beweisverfahren nöthig werde.

Noch mehr weichen die beiden Gutachter für den Fall von einander ab, wenn die Voraussetzung gemacht werde, daß der Richter nicht an die Beweisverfügung gebunden sei. Dann werde man, so meint André, weiter zum französischen Verfahren überzugehen, Beweis und Behauptungen zu verbinden und vor dem Endurtheile (von prozeßhindernden Einreden abgesehen) keine Einreden und Beweise zu präkludiren haben, es sei denn, daß der Richter sie als vexatorisch verwerfe. Dagegen stellt Barth die Ansicht auf, daß auch da, wo das System des bindenden Beweisinterlokuts nicht adoptirt sei, nach dem Schlusse der ersten mündlichen Verhandlung neue Einreden zwar zuzulassen seien, aber nur unter der Bedingung, daß ihre Berücksichtigung im Endurtheile möglich sei, ohne daß ihretwegen ein besonderes Beweisverfahren nothwendig werde. An dieselbe Bedingung knüpft er auch die Zulassung neuer Beweismittel.

Die Anträge des Referenten

König

für den VI. Juristentag lauten:

1. Auch unter der Voraussetzung, daß die Beweisverfügung für das Enderkenntniß nicht bindend ist, muß für das Vorbringen sowohl von Einreden als von Beweismitteln eine Präklusivfrist bestehen, jedoch mit der Maßgabe, daß später neue Einreden und Beweismittel unter der Bedingung zugelassen werden dürfen, wenn deren Berücksichtigung die Endentscheidung nicht hinausschiebt.

2. Die erwähnte Präklusivfrist läuft für die Einreden mit dem Schlusse der ersten mündlichen Verhandlung ab, für die Beweismittel mit dem ersten Beweisantretungs-Termine, also falls Beweis mit Behauptungen verbunden wird, ebenfalls mit dem Schlusse der ersten mündlichen Verhandlung.

Auf dem VII. Juristentage wurde jedes weitere Eingehen auf Details abgelehnt.

7. (Vgl. 8.)

(III. 98, 113, III.², 558, 124.)

G.: Beschorner, Heffter. R.: Volkmar.

Das Gericht hat in einem mit Gründen versehenen Decrete die Beweislast zu regeln und den Beweis zu verordnen.

Das Gericht ist bei der Endentscheidung an dieses Beweisdecret nicht gebunden.

Gutachten:

1. **Beschorner,**

vom mündlichen Verfahren und von der Inappellabilität des Beweisinterlokuts ausgehend, will den Richter an sein Beweisinterlokut binden, ihm aber das Recht geben, vor der Entscheidung ein anderweites Beweisdecret zu erlassen.

2. **Hefftер**

verneint das Gebundensein des Richters nach dem Prinzipe der vollen Freiheit und Selbständigkeit in der Instanz.

Durch die Beschlüsse wurde beseitigt der Antrag (**Zenthöfer**):

auszusprechen: in einem Civilprozesse, in welchem es zur Beweiserhebung kommt, sind zwei verschiedenartige Beweisresolute, nämlich ein Beweisaufgaberesolut oder Interlokut und ein Beweiszulassungs-Resolut oder Resolut im engeren Sinne anzunehmen. Bei der Hauptentscheidung eines solchen Prozesses ist das Beweisinterlokut unabänderlich, dagegen das Beweisresolut, insofern es auf Eidesabnahme lautet, ebenfalls unabänderlich, im Uebrigen abänderlich.

8. (Vgl. 7.)

(II., 16, III.[2], 591, VI.[1], 209, VI.[3], 296, 374.)

G.: **Struckmann.** R.: **Ruhwandl.**

Im Civilprozeß soll unter der Voraussetzung, daß die Beweisverfügung für das Enderkenntniß nicht bindend ist, der Ausspruch darüber, welcher Partei die Beweislast obliegt, auf die Endentscheidung ausgesetzt bleiben, soweit es zur Begründung derselben noch nöthig ist.

Das Gutachten stimmt mit dem Beschlusse überein.

9.

(II. 104, 122, II.[2], 527, 621, III. 121, 128, III.[2], 515, 100, IV. 111, 116, IV.[2], 277, 112.)

G.: **Brauer, Plathner, Bornemann, Bernays, Makower, v. Sacken.** R.: **Kühne, Pfeiffer, v. Stoesser.**

Der IV. Juristentag spricht sich — ohne damit bestimmten Vorschriften über die Zulässigkeit einzelner Beweismittel und über die Art ihrer Erhebung vorzugreifen, sowie mit Vorbehalt der nöthigen Bestimmungen über den Beweis durch Urkunden und den Eid — für den Grundsatz aus, daß der Richter die Wahrheit der Thatsachen, soweit sie unter den Parteien streitig ist, nach freier Ueberzeugung zu prüfen habe. (Antrag v. Stoesser.)

Die 4. Abtheilung des III. Juristentages hatte den Antrag Endemann angenommen:

Der Juristentag spreche sich, ohne damit die Folgen des Grundsatzes im Einzelnen festzustellen, im Ganzen für das Prinzip aus, daß der Richter die Wahrheit der Thatsachen, soweit sie unter den Parteien streitig sind, nach freier Ueberzeugung zu prüfen habe.

Im Plenum des III. Juristentages wurde die Frage zum nächsten Juristentag verwiesen.

Gutachten:

1. Brauer

spricht sich für eine freie Beweiswürdigung aus,

mit Vorbehalt von Ausnahmen bei einzelnen Beweismitteln.

2. Plathner:

I. Es ist nothwendig, für bestimmte Fälle bestimmte, den Richter verpflichtende Beweisregeln aufzustellen.

II. Soweit das Gesetz solche bestimmte Regeln nicht enthält, hat der Richter über die Kraft des geführten Beweises zu entscheiden.

III. Erachtet er einen Beweis für unvollständig geführt, so darf der Beweis nur durch einen nothwendigen Eid ergänzt werden.

3. Bornemann:

für freie Beweiswürdigung unter Aufstellung bestimmter Ausnahmen.

4. Bernays:

ebenfalls für freie Beweiswürdigung.

5. Makower:

desgleichen.

6. v. Sacken

spricht sich im Allgemeinen dahin aus:

daß allerdings eine bedeutende Verminderung und Vereinfachung der Beweisregeln, eine ausgedehnte Wirksamkeit der freien richterlichen Ueberzeugung — welche ja niemals ganz ausgeschlossen war — eintreten könne und solle, daß jedoch das unbedingte Aufgeben aller gesetzlichen Regeln für die Würdigung der Beweiskraft nicht zu befürworten wäre.

Auf zahlreiche Anträge wegen Details wurde vom Juristentag nicht eingegangen.

10.

(VI.[3], 7, 250, 367.) A.: Linke. G.: Lehmann. R: Schaffrath.

Sowohl bei Ermittelung der Existenz des Schadens als bei

Bestimmung der Höhe des Schadenersatzes hat der erkennende Richter bei Prüfung der von den Parteien gegebenen Unterlagen seinem freien Ermessen zu folgen. (Antrag Makower.)

Die Thema-Anträge Linke lauten:

I. Das Verfahren im Schadenprozesse, wie es in den meisten Theilen Deutschlands besteht, bedarf einer gründlichen Umgestaltung.

II. Insbesondere gilt dies nach folgenden Richtungen:

a) Sowohl bei Ermittelung der Existenz des Schadens, als bei Bestimmung der Höhe des Schadenersatzes hat der erkennende Richter bei Prüfung der von den Parteien gegebenen Unterlagen in der Hauptsache und an erster Stelle seinem freiem Ermessen zu folgen;

b) Sachverständige sind nur als Gehilfen des Richters, nicht als Beweismittel in der Hand der Parteien herbeizuziehen;

c) der Würderungseid hat nur eine subsidiäre Geltung — er ist nicht aufzulegen, nur nachzulassen;

d) das Verfahren soll ein von dem strengen Beweiszwange befreites, summarisches sein;

e) gegen die Entscheidung des ersten Richters ist nur eine einmalige Einwendung eines Rechtsmittels zulässig.

Das Gutachten Lehmann spricht sich gegen den Satz II c aus, stimmt mit den übrigen Sätzen überein.

Abgelehnt wurde der event. Antrag des Ref.:

> In einem jeden Falle, in welchem die Verpflichtung zum Schadenersatze in rechtlicher Gewißheit beruht, ist auch der Betrag des Schadens von dem Richter nach seiner freien Ueberzeugung, nach Befinden unter Zuratheziehung von Sachverständigen, oder unter Zuerkennung des Noth- oder Legaleides festzusetzen, sowohl auf einseitigen Antrag, als auch von Amtswegen, selbst wenn über die Höhe des Schadens eine ganz oder theilweise ohne Erfolg gebliebene Beweisaufnahme stattgefunden hat.

11.

(V. 62, 166, V.² 19, 232, 78.)

G.: Haaß, Hinschius, Creizenach. R.: Hiersemenzel.

Es erscheint weder nothwendig, noch auch nur zweckmäßig, daß, wenn die civilrechtlichen Folgen einer Handlung Gegenstand eines Prozeßverfahrens sind, die Zulässigkeit des Zeugenbeweises auf Rechtsgeschäfte von verhältnißmäßig nur geringem Betrage beschränkt, und der Zeugenbeweis von dem Inhalte einer Urkunde, sowie zur Ergänzung des Inhalts und zur Herstellung von Reden, welche vor, bei oder nach Abfassung einer Urkunde vorgefallen sein sollen, ausgeschlossen werde.

Dagegen erscheint es geboten, daß die Zeugenverhöre, soweit es sich um ein streitiges Rechtsgeschäft handelt, im Civilprozeß, mit Beschränkung der Ausnahmen auf die ganz unvermeidlichen, vor dem erkennenden Richter stattfinden.

Gutachten:

1. Haaß

kommt zu folgenden Resultaten:

a) daß die Frage der Beschränkung des Zeugenbeweises für besondere Fälle vorwiegend civilrechtlicher Natur ist,

b) daß die Aufnahme solcher Bestimmungen in den deutschen bürgerlichen Prozeß durch die übrige Einrichtung des letzteren nicht als geboten erscheine,

c) daß aber eine solche Aufnahme wenigstens zweckmäßig sei.

2. Hinschius

spricht sich gegen die Beschränkung der Zeugenbeweise aus.

3. Creizenach

stellt folgende Sätze auf:

1. Ohne die Bedenken gegen die unbedingte Zulässigkeit des Zeugenbeweises zu verkennen, ist doch ebensowenig außer Acht zu lassen, daß die Ergebnisse der Zeugenverhöre in den meisten Fällen eine zur Entscheidung des Thatsächlichen überaus wichtige Ueberzeugungsquelle sind, die dem Richter, auch wo es sich um Verträge und Zahlungen handelt, so wenig verschlossen werden darf, wie die inductive Logik und der darauf beruhende künstliche Beweis überhaupt.

2. Der Zeugenbeweis ist als Species des künstlichen Beweises oder als Mittel dazu überall gestattet.

3. Eben deshalb ist aber auch die richtige Stellung der Gerichte gegenüber den Zeugenverhören lediglich die einer Civiljury, indem es auf der einen Seite dem Gerichte in allen Prozessen freistehen soll, Zeugenverhöre anzuordnen, andererseits aber auch ganz dem vernünftigen richterlichen Ermessen anheimgegeben sein soll, welcher Werth auf die Aussagen der Zeugen zur Ermittelung des Thatsächlichen zu legen ist.

4. Dabei ihm die nöthige Vorsicht und Strenge zu empfehlen, wenn Zeugen und Urkunden einander widersprechen, ist nicht Sache der Gesetz-

gebung, sondern diese Vorsicht ergiebt sich als Pflicht schon aus der Natur und dem Wesen des Richteramtes.

5. Der Stellung des Richters als Civiljury den Zeugendepositionen gegenüber muß das Verfahren entsprechen, insbesondere müssen

a) die Zeugenverhöre vor dem versammelten Gericht stattfinden,

b) ist das Recht der Zeugenverwerfung zu beschränken.

12. (Vergl. G. 9. 75.)

(VII. 3, 45, VII.², 165, 243.)

G.: Planck, v. Liszt. R. Seuffert.

Die Erlassung einer gesetzlichen Bestimmung über die Beweiswirkung der Strafurtheile in bürgerlichen Rechtsstreitigkeiten ist nicht für entsprechend zu erachten.

Gutachten:

1. Planck

ist der Ansicht:

daß einem prozeßordnungsgemäß erlassenen strafrichterlichen Urtheil, wodurch eine Frage entschieden ist, welche der Entscheidung einer Civilsache präjudicirt, für diese letztere unter Umständen die Kraft eines genügenden Beweises zuzugestehen ist, daß indeß die Beurtheilung dieser Beweiskraft in jedem einzelnen Falle der freien Würdigung des Civilrichters überlassen bleiben muß, daß es endlich zur Herbeiführung dieses Resultates eines Einschreitens der Gesetzgebung nicht bedarf.

2. v. Liszt

kommt zu folgendem Ergebnisse:

1. Ein strafrichterliches Urtheil, welches am Schlusse des ordnungsmäßigen Prozeßverfahrens nach Vernehmung des Angeklagten geschöpft wurde, macht über alle darin als erwiesen angenommenen Thatsachen, welche der Entscheidung einer Civilsache präjudiciren, für diese letztere die Kraft eines vollen Beweises.

2. Contumacial-Urtheile, welche ohne Vernehmung des Angeklagten gefällt werden, sind bezüglich der darin als erwiesen angesehenen Thatsachen ohne Einfluß auf die (spätere) Entscheidung des Civilrichters.

3. Civilgerichtliche Urtheile, in welchen Fragen entschieden wurden, welche später durch ein strafrichterliches Erkenntniß in einem anderen oder im entgegengesetzten Sinne gelöst wurden, werden durch das letztere nicht berührt.

Abgelehnt wurden die Anträge:

a) (Steinfeld):

daß die Urtheile des Strafverfahrens als Urkunden betrachtet und so benutzt werden können, wie eine andere Urkunde, daß die Beweiskraft dieser Urkunde zu prüfen ist und das Weitere dem Ermessen des Civilrichters überlassen bleiben muß.

b) (Götting):

daß das Urtheil des Strafrichters den Civilrichter nicht bindet.

13.

(VIII. 12, 39, 47, 69. VIII.², 254, 326.)

G.: v. Mittelstädt, bezw. v. Bar, Schmitt. R.: Wolffson, bezw. Becker.

a) Die eventuelle Eideszuschiebung ist in demselben Umfange zu gestalten wie die prinzipiale. (Antrag Wolffson.)

b) Die Frage, ob die eidliche Vernehmung der Parteien als Zeugen in eigner Sache einzuführen sei, wird verneint.

c) Unter Voraussetzung freier richterlicher Beweiswürdigung soll die künftige D. C. P. O. den Ignoranz- und Glaubens-Eid nicht aufnehmen. (Antrag Becker.)

Gutachten:

1. v. Mittelstädt (über a):

Die eventuelle Eidesdelation in einer künftigen deutschen Prozeßgesetzgebung ist unbedingt zulässig und jeder Eidesdelation, welche nicht durch Einverständniß der Parteien zur Erledigung der Beweisfrage führt, gleichstehend zu behandeln.

2. v. Bar (über b und c)

zu b: bejaht die Frage, bezeichnet aber weiterer Erörterung bedürftig, ob nicht im Exekutiv- und Wechselprozesse die bisherigen Parteieneide beizubehalten seien,

zu c: die künftige deutsche Civilprozeßordnung habe den Ignoranz- und Credulitätseid nicht aufzunehmen, insoweit zum Ersatze für diese Beweismittel das eidliche Verhör der Parteien als Zeugen in eigener Sache eingeführt werden kann.

3. Schmitt (über b und c)

spricht sich dahin aus:

zu b: die eidliche Vernehmung der Parteien als Zeugen sei nicht zuzulassen, jedoch seien die nicht ganz entbehrlichen Parteien-Eide möglichst zu beschränken.

zu c: der Eid sei zu beschränken auf die persönlich-eigenen Handlungen und Wahrnehmungen der schwurpflichtigen Partei,

jedoch sei eine Ausnahme zu gestatten, wenn bei angeblich eigenen Handlungen oder Wahrnehmungen des Schwurpflichtigen Verhältnisse vorkommen, welche bewirken, daß derselbe hiervon kein genaues Wissen hat.

Abgelehnt wurden die Anträge

1. (v. Mittelstädt):

daß die Verwandlung des deferirten Eides in eine Zeugenvernehmung des Delaten zulässig ist.

2. (Noltemeier):

daß der Richter den Eid zu normiren habe, ohne an die Regel gebunden zu sein, nach welcher man eigene Handlungen und eigene Wahrnehmungen durch einen Wahrheitseid zu bekräftigen hat.

14.

(IX.[3], 247, 361.) R.: Gneist.

A. Die im mündlichen Verfahren der Verhandlung vorangehenden Schriftsätze haben die Hauptbestimmung einer gegenseitigen Information der Parteien.

B. Nur die gestellten Anträge sind aus den Schriftsätzen zu verlesen.

C. Es bedarf keiner schriftlichen Fixirung des Thatbestandes durch einen motivirten Beweisabschluß.

D. Der Thatbestand des Endurtheiles ist aus dem Gesammtinbegriffe der mündlichen Verhandlung durch den Richter festzustellen, mit Vorbehalt eines summarischen Berichtigungsverfahrens.

E. Die in dem revidirten Entwurfe der deutschen Prozeßordnung gewählte Construction ist demgemäß als Grundlage einer gemeinsamen Prozeßordnung annehmbar.

F. Neue Thatsachen und Beweismittel sind bis zum Schlusse der Verhandlung, auf welche das Endurtheil ergeht, mit solchen Maßgaben zuzulassen, wie sie der revidirte Entwurf der deutschen Prozeßordnung erhält.

G. Das Recht der unbedingten Berufung ist als Regel im neuen Prozeßgesetze schlechterdings aufrecht zu erhalten und es kann die bloße revisio in jure dafür nicht genügen. (Antrag Sabarth.)

Abgelehnt wurden die Anträge:

1. (v. Sternenfels):

Die vorbereitenden Schriftsätze haben an sich für die Feststellung des Thatbestandes keine Bedeutung, die in der mündlichen Verhandlung gestellten Anträge sind allein maßgebend und bestehen entweder in der Wiederholung oder in der Fixirung der Anträge zu Protokoll, oder in schriftlichen Nachträgen der Parteien.

2. (Weber):

Neue Thatsachen und Beweismittel sind bis zum Schlusse der Verhandlung, auf welche das Endurtheil ergeht, zuzulassen.

3. Zusatz zu F. (v. Bar):

vorbehältlich

a) der Befugniß des Gerichtes, bestimmte Vertheidigungsmittel zum besonderen Verfahren zu verweisen und zwar so, daß das Urtheil ohne Rücksicht auf diese vollstreckbar ist, und

b) der Befugniß des Gerichtes, äußersten Falles nova, welche offenbar nur zum Verschleif der Sache gemacht sind, zu verwerfen.

15.

(VIII.², 247, 326.) A.: v. Kraewel. R.: v. Bar.

Das unbedingte deutsche Mandatsverfahren, wonach eine Verurtheilung ohne vorheriges Gehör des Gegners zulässig ist, soll in die Prozeßordnung für Deutschland nicht aufgenommen werden.

16.

(XV. 52, 111, XV.³, 240, 348.)

G.: Schulze-Delitzsch, Mosse. R.: Becker, Dorn.

Im Interesse des Verkehrs ist erforderlich, daß zur Begründung der Wechselklage im Urkundenprozesse gegen den Acceptanten eines gezogenen bzw. den Aussteller eines eigenen Wechsels das Erforderniß einer unter urkundlichen Beweis zu stellenden Behauptung der Präsentation des Wechsels nicht aufzustellen sei.

Beide Gutachten sprechen sich gegen das Erforderniß der Behauptung der Präsentation aus, wobei Mosse folgende spezielle Thesen aufstellt:

1. Die Präsentation zur Zahlung ist zur Begründung des Anspruchs auf die Wechselsumme gegen den Acceptanten und den Aussteller des eigenen Wechsels, sowie gegen deren Mitunterzeichner, nicht erforderlich. Zur Begründung der Wechselklage im Urkundenprozesse bedarf es mithin nicht der unter urkundlichen Beweis zu stellenden Behauptung der Präsentation.

Eine Ausnahme bildet nur der Domicilwechsel mit benanntem Domiciliaten und der Sichtwechsel.

2. Wird der Mangel der Präsentation eingewendet, so ist sie vom Kläger zu beweisen; als Beweismittel ist im Urkundenprozesse auch Eideszuschiebung zulässig.

3. Der Einwand ist nur zu berücksichtigen, wenn der Beklagte den Anspruch an sich sofort anerkennt, und ferner sofort Zahlung leistet, sobald die gehörige Präsentation bis zum Urtheile nachgeholt wird.

4. Ist der Einwand begründet, so hat das Urtheil nur die Prozeßkosten dem Kläger zur Last zu legen und die Vollstreckung von vorheriger, durch denselben zu beweisender, Präsentation abhängig zu erklären.

5. Soweit Verzug nicht durch Ableugnung der Schuld, oder auf Grund besonderer Klauseln, mit dem Verfalltage eintritt, kommt der Wechselschuldner ohne Präsentation des Wechsels in seinem Geschäfslokale bezw. in seiner Wohnung nicht in Verzug. Zur Begründung des Anspruchs auf Verzugszinsen ist mithin im Urkundenprozesse der urkundliche Nachweis der gehörigen Präsentation erforderlich.

6. Von der Klageerhebung ab sind Zinsen auch ohne Beweis vorheriger Präsentation zuzuerkennen, wenn nicht der Beklagte den Hauptanspruch sofort anerkennt und mit Recht den Mangel der Präsentation eingewendet hat.

17.

XVI. 33, XVI.², 134, 331.)

G.: Ladenburg. R.: Beisert, Brunner.

1. Es erscheint als zweckmäßig, mit der Einleitung des Aufgebotverfahrens über Werthpapiere, welche auf den Inhaber lauten oder welche durch Indossament übertragen werden können, und mit einem Blanco-Indossament versehen sind, auf Ansuchen des Antragstellers eine gerichtliche Zahlungssperre zu verbinden.

2. Für Zinsscheine und Gewinnantheilscheine empfiehlt sich unter den Voraussetzungen des § 840 der R. Civ. Proz. D.

die Zulässigkeit einer selbstständigen gerichtlichen Zahlungssperre, welche bewirkt, daß der Verlierer nach Ablauf der sogenannten Verjährungsfrist den Anspruch aus dem verlorenen Papier geltend machen kann, wenn sich bis dahin ein Inhaber nicht gemeldet hat. (Anträge Brunner.)

Das Gutachten hält die Einführung einer Zahlungssperre deshalb für überflüssig, weil eine einfache Anzeige des Verlusts beim Aussteller des Inhaberpapiers genüge, um einer etwaigen Zahlung an einen Dritten die befreiende Kraft zu nehmen.

Abgelehnt resp. für erledigt erklärt wurden die Anträge (Beisert):

1. Es empfiehlt sich nicht, im Falle eines Verlustes von solchen Werthpapieren, welche durch Massencreation entstanden sind, eine Zahlungssperre oder eine Umlaufssperre eintreten zu lassen.
2. Ein Aufgebot von Werthpapieren der bezeichneten Art behufs Kraftloserklärung derselben ist nur zu erlassen, wenn die Vernichtung des Papieres glaubhaft gemacht wird (behufs Ergänzung des unvollständig geführten Beweises); dagegen empfiehlt es sich nicht, ein solches Aufgebot auch für den Fall des Verlustes derartiger Werthpapiere zu erlassen.
3. Dem Besitzer von Inhaberpapieren ist die Möglichkeit, sich gegen die Gefahren eines Verlustes zu schützen, durch rationellen Ausbau eines Systems kostenfreier Umschreibung von Inhaberpapieren in Namenspapiere und kostenfreier Rückumwandlung solcher Namenspapiere in Inhaberpapiere zu gewähren.

18.

(VIII. 100, 109, 116, 381. VIII.², 226, 324.)

G.: Gad, Barth Götting, v. Sacken. R.: Dorn.

Es ist zweckmäßig, daß die Execution selbstständigen Beamten nach Art der Gerichtsvollzieher übertragen werden.

Das Gutachten Gad spricht sich dahin aus:

es ist für zweckmäßiger zu erachten, die Execution nicht selbstständigen Beamten nach Art der Gerichtsvollzieher, sondern den Gerichten zu übertragen.

Die drei andern Gutachten wollen die Zwangsvollstreckung an selbstständige Beamte nach Art der Gerichtsvollzieher übertragen, jedoch mit einigen Modificationen, wie bei Subhastation, Sequestration, Einweisung in Forderungen, wo der Natur der Sache nach die Mitwirkung der Gerichte nöthig sei.

Abgelehnt wurde der Antrag (Gad):

es sei zweckmäßig, den Gerichten die Execution zu übertragen, könne aber jeder einzelnen Provinz überlassen werden, bei ihren Einrichtungen zu beharren, ohne daß die Rechtseinheit dadurch gefährdet werde.

19.

(IV. 79, 96, IV.², 197, 125.)

A.: Eberty. G.: Calm, Primker. R.: Dorn.

Als Prinzip wird angenommen:

daß wegen Privatschulden der Personalarrest vollstreckt werden kann.

Der Thema-Antrag Eberty lautet:

Der Personal-Arrest wegen Schulden findet
a) in Wechselsachen,
b) wegen verweigerter Offenlegung des Vermögens,
c) sonst nur bei nachgewiesenem Betruge
statt.

Gutachten:

1. Calm

ist der Ansicht, daß im Prinzipe der Personalarrest an und für sich, namentlich in den Fällen b und c, die der Eberty'sche Antrag anführt, zu verwerfen, jedoch vorläufig in Beziehung auf Wechselsachen beizubehalten sei.

2. Primker

erklärt sich für Beibehaltung der Schuldhaft und will die in dem Antrage Eberty angestrebte Reform nur dahin befürworten:

daß es für wünschenswerth erachtet wird, in Handelssachen die Personal-Execution als prinzipales Executionsmittel und gleichzeitig mit der Vermögens-Execution zu gestatten.

Abgelehnt wurde der Antrag des Referenten:

daß der Personalarrest kein zulässiges Zwangsmittel zur Vollstreckung der Judicate sei,

sowie jedes Eingehen auf Details.

20.

(VII. 100, 182, VII.², 81, 259.) G.: Koch, Otto. R.: Becker.

Es ist nicht gerechtfertigt, im Wege der Gesetzgebung Arrest auf künftig zu verdienenden Arbeits- oder Dienst-Lohn zu verbieten, wohl aber ist bei Beschlagnahme von Arbeits- oder

Dienst-Lohn das Recht auf die Belassung einer Competenz dem Schuldner einzuräumen. (Antrag Lipke.)

Gutachten:

1. Koch

empfiehlt eine Vorschrift, wonach die noch nicht fälligen (künftigen) Arbeits- und Dienstlöhne, Privatbesoldungen und Gehalte jeder Art nur zu einem Viertel ihres Betrages der Beschlagnahme im Wege des Arrestprozesses oder der Execution unterliegen.

2. Otto

spricht seine Ansicht dahin aus:

Der Staat fordert als Voraussetzung für sein Einschreiten gegen Löhne, seien es schon verfallene oder künftig zu verdienende, zu Gunsten eines Gläubigers, daß beim Eingehen des Kreditgeschäfts eine schriftliche Anweisung auf den Lohn und vom Arbeitgeber die Zusage ertheilt worden ist, diese Anweisung seiner Zeit zu vollziehen.

Wie es mit gesetzlichen Verpflichtungen (Geldstrafen, Alimenten, Schadensersatz-Forderungen) zu halten, wie der Staat mit seinen Angestellten zu verfahren habe, das bleibt besonderer Feststellung vorbehalten, wie auch bei Privatbediensteten, die auf längere Dauer oder lebenslang angestellt sind, Ausnahmen gemacht werden mögen.

Um den Umfang des angewiesenen Lohnes hat sich aber bei Annahme dieses Systems der Staat nicht zu bekümmern.

Abgelehnt wurden die Anträge:

a) Embden:

Die Beschlagnahme von Arbeitslöhnen der Handarbeiter ist unzulässig.

b) (Koch):

Die noch nicht fälligen Arbeits- und Dienstlöhne, Privatbesoldungen und Gehalte jeder Art unterliegen nur zu einem Viertel ihres Betrages der Beschlagnahme im Wege des Arrestprozesses oder der Execution.

21. A.

(X, 63, 136, X.², 220, 314, XI.², 260, 361.)

G.: Struckmann, Johanny. R.: v. Kißling, Drechsler, Kühne.

a) Es ist nicht angemessen, daß durch den Verkauf eines Grundstücks im Subhastationsverfahren auch die Hypothek erlösche, welche aus dem Kostenpreise sollte gedeckt werden.

b) für den gerichtlichen Verkauf im Subhastationsverfahren sind Normativbedingungen festzustellen, welche geeignet sind, bei Sicherung der Interessen des Gläubigers und Schuldners einen thunlichst hohen Kostenpreis für das Grundstück herbeizuführen. (Anträge Drechsler.)

Beide Gutachten bejahen, besonders mit Rücksicht auf das Concursrecht und die bestehenden Landesgesetze, sowie auf die wirthschaftlichen Anschauungen verschiedener Kreise, die Frage:

„Ist es angemessen, daß durch die Subhastation sämmtliche auf dem subhastirten Grundstücke ruhenden Hypotheken fällig werden?"

Auf dem X. Juristentag wurde die Frage zum nächsten Juristentag verwiesen, nachdem der Ref. v. Kißling den Antrag gestellt hatte:

daß es nicht angemessen sei, daß die bei einer zwangsweisen Veräußerung durch den Kaufpreis gedeckten Hypotheken fällig werden, daß es aber im Wesen des Pfandrechts begründet sei, daß das Pfandrecht bezüglich der durch den Kaufpreis nicht gedeckten Forderungen erlösche.

21. B.

(XII.¹, 117, 134, XII.³, 253, 331.)

G.: v. Salpius, Heinsen. R.: Drechsler, Albrecht.

Bei der Zwangsversteigerung von Grundstücken ist der Zuschlag nur zu ertheilen, wenn das Gebot den Betrag der dem betreibenden Gläubiger vorangehenden Hypotheken übersteigt.

Beide Gutachten sprechen sich für den im Beschlusse angenommenen Grundsatz aus,

Heinsen jedoch

mit der Modification:

„außerhalb des Concurses."

Die Gutachten führen resp. näher aus, daß juristisch der Nachhypothekar kein unbedingtes Verkaufsrecht habe und sein Interesse wegen der Subhastationskosten und der Möglichkeit, selbst das Grundstück zu kaufen, einen rechtlichen Schutz auf Kosten des Vorhypothekars nicht verdiene, daß wirthschaftlich der Realcredit vor Allem die Sicherstellung der ersten Hypothek verlange, auch die moderne Rechtsentwickelung die Durchführung einer Reform ermögliche.

21. C.

(XVI.², 73, 328.) R.: Drechsler, Kühne.

Der deutsche Juristentag bestätigt in Beantwortung der Frage:

„unter welchen Voraussetzungen soll ein nachstehender Gläubiger das Recht haben, den Zwangsverkauf eines Grundstücks seines Schuldners zu veranlassen?“ die hierüber vom X., XI. und XII. Juristentag gefaßten Beschlüsse und spricht seine Befriedigung darüber aus, daß damit übereinstimmende Grundsätze in dem neuesten preußischen Entwurfe eines Gesetzes, betreffend die Zwangsvollstreckung in das unbewegliche Vermögen, Aufnahme gefunden haben. (Antrag Bardeleben.)

22.

(V.², 185, 62, VI. 40, 134, 164, VI.³, 117, 335.)

A.: Lesse. G.: v. Stubenrauch, Lupp, Kompe. R.: Makower.

a) Der Erlaß einer gemeinsamen Concursordnung ist wünschenswerth.

b) Es empfiehlt sich die Aufnahme von Bestimmungen über den Accord, wonach dieser als Zwangsvergleich für die mit einem Pfand- oder Vorzugsrecht nicht versehenen Gläubiger wirkt und der Bestätigung durch das Gericht bedarf.

c) Die Ueberweisung von kaufmännischen Concursen an die Handelsgerichte ist zweckmäßig.

d) Vorschriften über ein gerichtliches Accordverfahren außerhalb des Concurses sind nicht erforderlich.

Die (in der Verhandlung modificirten) Thema-Anträge Lesse lauten:

I. Die baldige Herstellung eines gemeinsamen deutschen kaufmännischen Accordgesetzes erscheint dringend wünschenswerth und braucht nicht nothwendig vom Zustandekommen einer gemeinsamen Civilprozeßordnung abhängig gemacht zu werden.

II. Ein gemeinsames Accordgesetz hat sich nicht auf den gerichtlichen Accord im Concurse zu beschränken, vielmehr ist auch auf Einführung eines zweckmäßigen gerichtlichen Accordverfahrens außerhalb des Concurses Bedacht zu nehmen.

III. Für beide Arten von Accord sind vorzugsweise folgende Grundsätze durchzuführen:

1. Der Zeitpunkt für die Accordschließung ist so festzustellen, daß den Gläubigern die Theilnahme daran möglichst erleichtert wird.

2. Der abgeschlossene Accord bedarf zu seiner rechtlichen Wirk-

samkeit der Bestätigung durch das Gericht, welches sich dabei auch in eine Prüfung des Verhaltens des Gemeinschuldners einzulassen hat.

3. Der rechtskräftig bestätigte Accord gilt als Vergleich zwischen dem Gemeinschuldner und sämmtlichen Concursgläubigern, dieselben mögen ihre Forderungen angemeldet haben oder nicht.

IV. Für den Accord außerhalb des Concurses sind außerdem folgende Grundsätze durchzuführen:

1. Das Vermögen des Gemeinschuldners wird während des Verfahrens durch einen Gläubiger-Ausschuß möglichst selbstständig verwaltet.

2. Die Einleitung des Accordverfahrens hat in ähnlicher Weise, wie die förmliche Concurseröffnung, eine Beschränkung der bürgerlichen Ehrenrechte des Gemeinschuldners zur Folge.

Gutachten:

1. v. Stubenrauch

stimmt ad I. zu, will ad II. das Accordverfahren principaliter auf den Concurs beschränken,

ad III. 1 den Moment für den Accord-Antrag auf den Zeitpunkt nach Abhaltung der allgemeinen Liquidirungstagfahrt verlegen,

hält ad III. 2 die gerichtliche Bestätigung für erforderlich, jedoch sei eine Prüfung des Verhaltens des Schuldners nicht vorzunehmen,

stimmt ad III. 3 und ev. ad IV. zu.

2. Supp

ist mit I. und III. einverstanden, jedoch unter der Maßgabe, daß ein gemeinsames deutsches Concurs-Gesetz anzustreben sei, spricht sich gegen den Accord außerhalb des Concurses (II. und IV.) aus und will für den Antrag ad II. folgenden Antrag einbringen:

daß in ein allgemeines deutsches Concursgesetz Bestimmungen aufgenommen werden, welche in näher zu definirenden Fällen ein abgekürztes Verfahren vorschreiben und den Accordtermin in möglichst kurzer Frist herbeiführen.

3. Kompe

macht folgende Vorschläge:

Der deutsche Juristentag wolle

a) bei Erörterung und Feststellung der über den kaufmännischen Accord zu beschließenden Resolutionen von einem gemeinsamen deutschen Accordgesetze zur Zeit absehen, die vereinbarten Hauptgrundsätze vielmehr den einzelnen Landesgesetzgebungen zur baldigen gleichmäßigen Einführung empfehlen,

b) als solche Hauptgrundsätze eventuell folgende bezeichnen:

1. Der Accord ist als reiner Privatvertrag zwischen den Kontrahenten zu behandeln, er bindet nur die Kontrahenten und verpflichtet nicht die dissentirende Minderheit zum Nachlasse ihrer Forderungen, beschränkt vielmehr nur die Ausübung ihrer Rechte für eine gesetzlich zu bestimmende Zeit (erzwungene Stundung).
2. Der Accord ist nicht abhängig zu machen von dem Verhalten des Gemeinschuldners und von der Prüfung desselben durch das Gericht resp. den Kommissar.
3. Das Accordverfahren wird geleitet und resp. der Accord bestätigt von einem gerichtsseitig dafür bestellten Kommissar, und ist, wo Handelsgerichte nicht bestehen, jedenfalls ein Kaufmann als Sachverständiger hinzuzuziehen.
4. Der Accordtermin ist erst nach der — schleunig zu bewirkenden — Feststellung der Aktivmasse abzuhalten.
5. Wo das Bedürfniß besteht, ist auch ein gerichtliches Accordverfahren außerhalb des Concurses einzuführen.
6. Die in Nr. IV. 1, 2 enthaltenen Sätze des Lesse'schen Antrages.

Schluß-Bemerkungen.

A.

Abgelehnt werden folgende Thema-Anträge:

I. v. Piper

(III. Vorl. 20, IV. 147, 151, 363, IV.², 325, 116.)

G.: v. Weitzelbaum, Ladenburg, Wengler. R.: Kohlschütter.

daß die Entscheidung in Prozessen bis zu 5 Thlr. (einschließlich) den Ortsgerichten mit Vorbehalt des Rekurses an den Richter überwiesen werde.

Gutachten:

1. v. Weitzelbaum

stimmt mit dem Antrage überein unter Aufstellung spezieller Vorschriften.

2. Ladenburg

spricht sich gegen den Antrag aus,

3. Wengler

ebenfalls.

II. Zenthöfer:

(III. Vorl. 20, 21, IV. 135, 140, 353, IV.², 323, 116.)

G.: v. Weixelbaum, Ladenburg, Wengler. R.: Kohlschütter.

der Juristentag wolle verschiedenen (auf Abschneidung von Streitigkeiten oder wenigstens des ordentlichen Prozesses abzielenden) Vorschlägen seine Zustimmung ertheilen; —

welche Vorschläge sich auf die Vollstreckbarkeit von Urkunden, ein modificirtes Mandats- resp. Vergleichs- oder summarisches Verfahren beziehen.

Von den Gutachtern erklärt sich

1. von Weixelbaum

nur mit dem Vergleichsverfahren einverstanden,

2. Ladenburg

gegen das Eingehen auf den Antrag überhaupt,

3. Wengler

unter gewissen Modificationen mit den Vorschlägen in Uebereinstimmung.

B.

Nicht zur Verhandlung kamen:

I. der Thema-Antrag Zenthöfer (V.², 248):

bezüglich verschiedener Vorschläge über die Ordnung des Zwangsverkaufs-Verfahrens.

II. die Thema-Frage (XIII. 435):

Soll unter der Voraussetzung der Einführung der Berufung die Revision gegen duae conformes stattfinden?

C.

Ueber den Entwurf einer Prozeßordnung in bürgerlichen Rechtsstreitigkeiten für den Norddeutschen Bund haben für den Juristentag Gutachten geliefert:

(IX.², 3, 51, 118, 220, 295, 299.)

v. Bar, Plathner, v. Grolman, Gaupp, Osterloh, André.

D.

Ueber den Entwurf einer Civilprozeßordnung für das Deutsche Reich hat einen mündlichen Bericht erstattet:

Becker (XIII.². 31).

G. Strafprozeß. (Vergl. C. 13.)

1.

(IX. b. 1, 18, 33, IX.², 173, 351.)

G.: Becker, Binder, Merkel. R.: v. Schwarze.

a) Eine Verbesserung der Strafrechtspflege ist von einer möglichst ausgedehnten Mitwirkung des Laienelementes bei der Aburtheilung aller Strafrechtsfälle zu erwarten, und ist für diese Mitwirkung bei den Gerichten mittlerer und unterster Ordnung die Form des Schöffengerichts zu empfehlen. (Antrag v. Schwarze — Becker.

b) Das Richteramt ist den Schöffen in seinem vollen Umfange zu übertragen. (Antrag Meyer.)

Die Thema-Fragen lauten:

1. Läßt sich eine Verbesserung der Strafrechtspflege von der Einführung von Schöffengerichten, d. i. von der Zuziehung von Laien zu den Strafgerichten mittlerer und unterster Ordnung erwarten?
2. Empfiehlt sich die Einführung von Schöffengerichten namentlich auch dann, wenn die Berufung gegen die Urtheile der genannten Strafgerichte beseitigt wird?
3. Ist den Schöffen das Richteramt in seinem vollen Umfange zu übertragen, oder ist denselben ein beschränkter Wirkungskreis (etwa die bloße Entscheidung der That- oder Beweisfrage) zuzuweisen?

Gutachten:

1. Becker

bejaht die drei Fragen,

2. Binder

bejaht die beiden ersten Fragen, spricht sich bezüglich der dritten dahin aus:

daß für den Fall der Einführung von Schöffengerichten die Beschränkung des Wirkungskreises der Schöffen auf die Entscheidung über die Schuldfrage und etwa über die Strafbemessung — mit Ausschluß ihrer Mitwirkung bei der Frage von der Anwendung des Strafgesetzes und bei prozessualischen Entscheidungen zu empfehlen.

3. Merkel

kommt zu folgenden Resultaten:

Zu 1: allerdings kann eine Verbesserung der Strafrechtspflege von der Betheiligung von Laien an der Wirksamkeit der Strafgerichte mittlerer und unterster Ordnung erwartet werden, diese Betheiligung soll aber nur hinsichtlich der Competenz der letzteren in der Form des Schöffengerichts, hinsichtlich der Competenz der ersteren dagegen in der (freilich entsprechend zu modificirenden) Form der Jury stattfinden.

Zu den Modificationen gehören insbesondere:

a) Verengerung des Wirkungskreises,'
b) schwächere Besetzung der Geschwornenbank (kleine Jury),
c) Einstimmigkeit bei Verurtheilungen.

Zu 2: Bejahung der Frage.

Zu 3: den Schöffen ist die Entscheidung über die gesammte Schuld- und Straf-Frage zuzuweisen.

Die beiden Gutachten Becker und Binder sprechen sich im Prinzipe für möglichste Ausdehnung der Schöffengerichte auf alle Strafsachen aus,

das Gutachten Merkel für möglichste Ausdehnung des Geschwornengerichts.

Mit dem Beschlusse a wurde für erledigt erklärt der Antrag (Wahlberg):

Die Verbesserung der Strafrechtspflege ist bei unverrückbarer Festhaltung der Geschwornengerichte mindestens in der bisherigen Competenz von der Einführung der Schöffengerichte in den unteren Gerichten zu erwarten.

2. (Pl.) (Vergl. 6.)

(II. 236, 277, II.², 430, 681.)

A.: Lewald, Schaffrath. R.: Stegemann.

a) Es wird für ein Bedürfniß deutscher Strafrechtspflege erklärt, daß Geschwornengerichte auch in denjenigen Staaten, in welchen dies noch nicht geschehen, eingeführt werden.

b) Strafsachen, welche nach der bestehenden Gerichtsverfassung an sich der Aburtheilung durch Geschworene unterliegen, sind von der Competenz der Schwurgerichte deshalb nicht auszuschließen, weil die Strafthat politischer Natur ist oder durch das Mittel der Presse verübt wurde.

Abgelehnt von der Plenarversammlung wurden:

1. der Antrag (Wettke):

daß bei Beurtheilung von politischen und Preß-Vergehen die Geschworenen nicht minder geeignet seien als Richtercollegien,

2. der von der 3. Abtheilung gefaßte Beschluß:

daß bei Vergehen, welche politischer Natur sind oder durch die Presse begangen worden, wegen dieser Natur bezw. des gewählten Mittels die Entscheidung der Thatfrage durch Geschworne mehr geeignet sei als eine Aburtheilung durch Richtercollegien.

3.

(X. 18, 90, 122, X.², 143, 311.)

G.: Stöckel, Wetzki, Ullmann. R.: Stenglein.

Es liegt kein Bedürfniß vor, die Schwurgerichte aufzuheben, und durch Einführung der Schöffengerichte zu ersetzen. (Antrag v. Lauhn.)

Die Thema-Frage lautet:

Soll in den Strafgerichten höchster Ordnung an die Stelle des Gerichtshofes und der Jury ein einheitliches Collegium von Juristen und Laien treten und in welchem Zahlenverhältnisse sollen beide Elemente vertreten sein?

Gutachten:

1. Stöckel

beantwortet die Frage dahin:

In den Strafgerichten höchster Ordnung soll an die Stelle des Gerichtshofes und der Jury ein einheitliches Collegium von Juristen und Laien unter den dargelegten Voraussetzungen treten, wenn es aus drei rechtsgelehrten Richtern und neun Laienrichtern gebildet wird und alle dem Angeschuldigten ungünstigen Fragen mit Dreiviertel-, mindestens mit Zweidrittel-Majorität entscheidet.

2. Wetzki

spricht sich gegen die Aenderung aus,

empfiehlt ev. das Verhältniß von 3 Richtern und 6 Laien.

3. Ullmann

kommt zu folgendem Ergebnisse:

1. Die Jury ist die einzig rationelle Form der Mitwirkung des Laienelementes in der Strafrechtspflege.

2. Die anerkannte Reformbedürftigkeit der Jury ist kein Grund, das Prinzip derselben durch Einführung des Schöffeninstituts aufzugeben.

3. Eine Reform der Jury ist möglich.

4. Das Schöffengericht ist irrationell innerhalb des Gebietes der Beweis- und Schuldfrage, und geradezu unbrauchbar innerhalb der Rechtsfrage, denn ein Anderes ist die Rechtsbelehrung zum Behufe der Subsumtion der bewiesenen Handlung unter das Gesetz, und ein Anderes die Rechtsbelehrung betreffend den Inbegriff von Fragen des materiellen und formellen Strafrechts, die in der sogenannten Rechtsfrage zur Entscheidung zu bringen sind.

Mit dem Beschlusse erledigte sich der Antrag des Referenten:

> daß es zur Zeit nicht angemessen sei, in den Strafgerichten höchster Ordnung an die Stelle des Gerichtshofes und der Jury ein einheitliches Collegium von Richtern und Laien treten zu lassen.

4. (Pl.)

(VIII. 130, 145, 153, 180, VIII.², 193, 352.)

A.: Hilse. G.: Höß, v. Harrasowsky, Mellien, Mittelstaedt. R.: Stenglein.

a) Der deutsche Juristentag, die Reformbedürftigkeit der in den deutschen Staaten in Geltung stehenden militärgerichtlichen Verfahrungsgesetze und das Bedürfniß einer Einigung derselben anerkennend, spricht seine Ueberzeugung aus, daß eine zeitgemäße, die Anforderungen der Wissenschaft und Rechtssicherheit erfüllende Reform dieser Gesetze nur zu verwirklichen ist, wenn dem Militairstrafverfahren die wesentlichen Formen des bürgerlichen Verfahrens zugeführt werden und die Zuständigkeit der Militairgerichte sich im Frieden auf Dienstvergehen der Militairpersonen beschränkt.

b) Der Juristentag spricht es weiter als seine Ueberzeugung aus, daß Disciplinarvorschriften für die Armee, soweit sie die Erkennung von Strafen zum Gegenstand haben, nur auf dem Wege der Gesetzgebung zu erlassen sind. (Antrag Dernburg.)

Gutachten:

1. Höß (dem Antrage Hilse conform):

daß — unabhängig von der Frage, wie weit die Zuständigkeit der Militairgerichte in Deutschland sich zu erstrecken habe — jedenfalls die wünschenswerthe und auch nothwendige Einigung des Militairstrafverfahrens in Deutschland nur auf Grund eines Gesetzes wird geschehen dürfen, welches den Anforderungen der Humanität und dem vorgeschrittenen Standpunkte der Wissenschaft entspricht, sich von Berücksichtigung althergebrachter Vorurtheile, soweit sie sachlich nachtheilig ist, fernehält, und bei Oeffentlichkeit, Mündlichkeit und Unmittelbarkeit, endlich Trennung der That- von der Rechtsfrage, dem Richter der That freie Würdigung des Beweis-Ergebnisses und dem Angeklagten unbeschränkte Vertheidigungsbefugniß überläßt.

2. v. Harrasowsky

beantragt Uebergang zur Tagesordnung, weil die Frage mit einer allgemeinen Militairgesetzgebung zusammenhange und außer dem Bereiche der Wirksamkeit des Juristentages liege.

3. Mellin

spricht sich dahin aus:

Die Reform der Militairstrafgerichtsordnungen, die in den verschiedenen deutschen Staaten in Wirksamkeit sind, ist für ein unabweisbares Bedürfniß der Rechtsordnung zu halten,

meint aber nicht:

1. daß diese Reform unter den jetzigen Zeitverhältnissen durch ein einheitliches Gesetz durchzuführen ist;
2. daß die in der Frage ausgedrückten Aenderungen des Verfahrens dem Bedürfniß genügen,

kann daher nur einer Resolution das Wort reden, die neben den in der Frage enthaltenen Forderungen auch:

1. die Beschränkung des Militairgerichtsstandes der deutschen Heere auf die militairischen Verbrechen und Vergehen der Militairpersonen,
2. die Oeffentlichkeit des Hauptverfahrens,
3. die Aufhebung des Ernennungs- und Bestätigungsrechtes der Militairbefehlshaber bezüglich der Einsetzung der militairischen Spruchgerichte und ihrer Erkenntnisse,
4. die Gewährung der im bürgerlichen Strafverfahren üblichen Rechtsmittel,

als Aufgaben der Militairgesetzgebung bezeichnet.

4. Mittelstädt:

Der deutsche Juristentag erachtet eine einheitliche Reform des deutschen Militairstrafverfahrens für dringend geboten, welche mindestens für die in den gemeinen Strafgesetzen vorgesehenen strafbaren Handlungen das Anklageprinzip, die Grundsätze der Unmittelbarkeit, Mündlichkeit und Oeffentlichkeit, freie Beweiswürdigung für den Richter und freie Vertheidigungsbefugniß für den Angeschuldigten in einer dem bürgerlichen Strafprozeß entsprechenden Gestalt verwirklicht.

Abgelehnt wurde der Antrag (Seelemann):

daß nur diejenigen militairischen Vergehen der Civilgerichtsbarkeit oder doch mindestens der Mitwirkung von Civilrichtern entzogen werden, für deren Sühnung die gesetzlich geregelte Disciplinarstrafgewalt der Militairvorgesetzten ausreicht.

5.

(IX.³, 144, 350.) R.: Stenglein.

Die Zuständigkeit der Strafgerichte soll in der Regel von der in thesi angedrohten Strafhöhe abhängig gemacht werden. Abweichungen hiervon sollen nur bei der Zuweisung gering strafbarer Fälle, welche an sich vor die Mittelgerichte gehören würden, an die Strafgerichte niederster Ordnung gemacht werden.

Abgelehnt wurden die Anträge:

a) (Bingner):

Bei Regelung der Gerichtsbarkeit der Strafgerichte der verschiedenen Ordnungen kann hinsichtlich einzelner strafgesetzwidriger Handlungen mit besonders weitem Strafrahmen die Zuständigkeit von der in concreto zu erkennenden Strafe abhängig gemacht werden.

b) (Gorban):

Die Zuständigkeit der Strafgerichte im einzelnen Fall soll nicht von der in thesi angedrohten Strafhöhe, sondern von der präsumtiv in hypothesi zu erwartenden abhängig gemacht werden, jedoch soll eine zur Competenz des Schwurgerichts gehörige Sache nicht wegen der geringen Höhe der zu erwartenden Strafe einem andern Gerichte überwiesen werden.

6. (Vgl. 2, 15, 16.)

(VI. 68, 318, X.², 89, 284.) G.: Glaser, John. R.: Jaques.

a) Die Hervorbringung und der Verkauf von Erzeugnissen

der Presse, die Kolportage und das Anheften von Plakaten haben ausschließlich den Bestimmungen der Reichsgewerbeordnung zu unterliegen; eine Entziehung der Befugniß zum selbstständigen Betriebe eines Gewerbes durch richterliches Erkenntniß im Falle einer durch die Presse begangenen Zuwiderhandlung darf nicht stattfinden. Alle weiteren aus den Grundsätzen des Präventivsystems abgeleiteten Beschränkungen, als insbesondere die Kautions-, Konzessions- und Stempelpflicht, zeitweilige oder dauernde Einstellung des Erscheinens bei periodischen Zeitschriften, die Ueberreichung von Pflichtexemplaren, die Entziehung des Postdebits, haben zu entfallen.

b) Preßdelicte sind nach den allgemeinen strafrechtlichen und strafprozessualischen Grundsätzen zu beurtheilen, außerdem sind Fahrlässigkeitsstrafen im Falle der Vernachlässigung der pflichtmäßigen Obsorge zu bestimmen.

Die II. und III. Abtheilung hatte ferner beschlossen:

Die vorläufige Beschlagnahme von Druckschriften, ebensowohl die richterliche als die administrative, ist unzulässig.

Dieser Beschluß ward im Plenum gestrichen (Antrag Kühne), womit auch die Anträge für erledigt erklärt wurden:

1. (Bacher):

Die vorläufige Beschlagnahme von Druckschriften in administrativem Wege ist überhaupt unzulässig und die richterliche nur in soweit, als die Zwecke der strafrechtlichen Verfolgung erfordern;

2. (Niemeyer):

Die vorläufige Beschlagnahme von Druckschriften, ebensowohl die richterliche als die administrative, behufs Unterdrückung von Preßdelicten, ist unzulässig;

3. (Götting):

Die vorläufige administrative oder richterliche Beschlagnahme von Druckschriften ist auf den Fall von Anstiftung strafbarer Handlungen zulässig;

4. (Ref.):

Zusatz zum Beschlusse der Abtheilung:

Die Beschlagnahme, soweit sie durch die Strafprozeßordnung normirt ist, wird hierdurch nicht berührt.

Gutachten:

1. Glaser

stellt folgende Sätze auf:

I. Handlungen, deren Thatbestand nicht schon an und für sich durch den Mißbrauch der öffentlichen Meinungsäußerung bedingt ist, sind auch, wenn sie durch die Presse verübt worden (uneigentliche Preßdelicte), nach den allgemeinen Strafrechtsgrundsätzen und Strafgesetzen zu beurtheilen; es gilt dies namentlich auch von der Anstiftung und der Theilnahme.

II. Dagegen fallen die eigentlichen Preßdelicte d. h. für die öffentliche Ordnung gefährliche und bloß darum verbotene Publikationen — nur aus formellen Gründen in das Gebiet des Strafrechts; für ihre Abgrenzung und Behandlung müssen daher besondere, ihrer eigenthümlichen Natur entsprechende Regeln gelten.

III. Als verboten sind nur diejenigen Veröffentlichungen anzusehen, durch welche entweder

a) zu strafbaren oder wenigstens rechtswidrigen Handlungen aufgereizt, oder

b) ein durch das Gesetz geschütztes Object in einer an sich verwerflichen Form angegriffen wird.

IV. Den eigentlichen Preßdelicten sind nur objective Repressivmaßregeln, über deren Zulassung das Gericht im ordentlichen Verfahren (V. und VI.) entscheidet, entgegenzusetzen; die persönliche Bestrafung des Urhebers der Schrift oder jener Personen, welche zur Veröffentlichung mitwirken, liegt hier ebensowenig im Interesse der öffentlichen Ordnung, als in dem der nothwendigen Preßfreiheit.

V. Bei eigentlichen Preßdelicten ist der Anklagegrundsatz streng festzuhalten, es bedarf weder einer gerichtlichen Voruntersuchung, noch eines gerichtlichen Erkenntnisses über die Versetzung in den Anklagezustand, noch endlich eines Verhöres in der öffentlichen Hauptverhandlung.

VI. Es ist wünschenswerth, daß in Ländern, in welchen Geschwornengerichte bestehen, denselben alle Prozesse wegen des Inhaltes von Druckschriften zugewiesen werden.

VII. Unabhängig von den Vorschriften über Verjährung soll die Verfolgung jeder Druckschrift ausgeschlossen sein, welche während einer bestimmten Zeit, während welcher ihre Verfolgung im Inlande möglich war, unverfolgt geblieben ist.

2. John

kommt zu folgenden Resultaten:

I. Die nothwendige Freiheit der Presse fordert den Wegfall aller derjenigen gesetzlichen Bestimmungen, welche von der Voraussetzung der Gefährlichkeit der Presse ausgehend, den Gebrauch der Presse einschränken und ihn einer beständigen Aufsicht unterwerfen.

II. Für die öffentliche Sicherheit genügt es, wenn bei den mittelst der Presse verübten strafbaren Handlungen die allgemeinen Strafgesetze zur Anwendung kommen.

III. Es ist im Interesse der nothwendigen Freiheit der Presse erforderlich und zugleich im Interesse der öffentlichen Sicherheit geboten, daß der verantwortliche Redakteur die volle strafrechtliche Verantwortlichkeit der von ihm herausgegebenen Zeitung oder Zeitschrift übernimmt.

IV. u. V. Es ist im Interesse der nothwendigen Freiheit der Presse erforderlich und zugleich ohne Nachtheil für die öffentliche Sicherheit zulässig: daß die Verjährungsfrist für sämmtliche Preßdelicte auf einen Zeitraum von sechs Monaten, vom Tage der ersten Veröffentlichung der betreffenden Druckschrift im Inlande an gerechnet, beschränkt werde, ferner, daß die Strafverfolgung gegen Zeitungen wegen der aus anderen Zeitungen unter Angabe der Quelle entnommenen Artikeln, nicht stattfinde.

VI. Es ist im Interesse der nothwendigen Freiheit der Presse und zugleich im Interesse der öffentlichen Sicherheit geboten, daß

1. für diejenigen Preßprozesse, zu welchen die im Inlande erscheinenden Druckschriften Veranlassung geben, dasjenige Gericht das ausschließlich kompetente sei, in dessen Bezirk die betreffende Druckschrift erschienen,
2. sämmtliche Preßprozesse in denjenigen Ländern, in welchen Geschwornengerichte bestehen, den Geschwornengerichten zugewiesen werden.

7.

(XV. 60, XV.², 262, 349.) G.: v. Liszt. R.: Stenglein.

a) Die Preßdelicte werden von den an Herstellung und Ausgabe der Druckschrift betheiligten Personen (Verfasser, Herausgeber, Redakteur, Drucker, Verleger) begangen an demjenigen Orte, von dem aus die Verbreitung der Druckschrift (der Vertrieb) erfolgt.

b) Wird die Druckschrift von mehreren Orten aus verbreitet (vertrieben), so haben die genannten Personen in realer Concurrenz so oftmal das Preßdelict begangen, als Verbreitungsmittelpunkte vorhanden sind.

c) Die Bestimmung des Gerichtsstandes der begangenen That erfolgt in diesem Falle nach der im § 12 der Strafprozeßordnung gegebenen Vorschrift.

Diese Beschlüsse stimmen mit den Thesen des Gutachtens v. Liszt überein.

Abgelehnt resp. für erledigt erklärt wurde der Antrag (Schütze):

Der Gerichtsstand der begangenen That ist nach Maßgabe der Bestimmungen in den §§ 7, 12 u. 13 der Strafprozeßordnung für die durch den Inhalt eines Preßerzeugnisses begangenen strafbaren Handlungen begründet

1. bei demjenigen Gerichte, von dessen Bezirke aus die Verbreitung des Preßerzeugnisses erfolgt ist,
2. wenn die Verbreitung von mehreren Gerichtsbezirken als Verbreitungsmittelpunkten stattgehabt hat, bei jedem dieser Gerichte.

8. (Pl.)

(XV.², 288, 350.) R.: Stenglein.

a) Ein Verfahren in Preßstrafsachen, in welchem das Preßerzeugniß, weil dessen Inhalt eine strafbare Handlung begründe, als Subject einer strafbaren That ohne Rücksicht auf einen Thäter behandelt wird, läßt sich weder vom wissenschaftlichen noch vom Standpunkte des Bedürfnisses der Rechtspflege rechtfertigen.

b) Ein Urtheil, welches auf Unterdrückung eines Preßerzeugnisses, oder auf Vernichtung der zur Vervielfältigung eines solchen bestimmten Hilfsmittels gerichtet ist, ohne daß es die Verurtheilung einer für das Preßerzeugniß verantwortlichen Person (eines Thäters) zur Voraussetzung hat, läßt sich nur rechtfertigen, wenn die Verfolgung oder Verurtheilung einer bestimmten Person nicht ausführbar ist, und das objective Verfahren nach den Grundsätzen der Oeffentlichkeit und Mündlichkeit geregelt ist.

Abgelehnt wurde der Antrag (Berggruen), Zusatz zu b.:

In diesem Falle ist das Urtheil auf Unterdrückung eines Preßerzeugnisses von denselben Richtern (Geschwornen) zu sprechen, welche zuständig gewesen wären, wenn der Urheber des Preßerzeugnisses (Thäter) hätte verfolgt werden können.

9. (Pl.) (Vergl. F. 12.)

(I. 70, 322, 258, II. 131, 175, 241, II.², 282.)

A.: Lewald. G.: v. Groß, v. Seckendorff. R.: v. Schwarze, Glaser.

§ 1. Die Untersuchung einer strafbaren Handlung wird in der Regel durch den Staatsanwalt veranlaßt, indem das Verbrechen als eine Verletzung nicht bloß des Individui, sondern zugleich der Gesammtheit sich darstellt. Bei besonders geringen Verbrechen kann das Gesetz die Erhebung der Anklage ausnahmsweise dem Beschädigten zuweisen und die Mitwirkung der Staatsanwaltschaft ausschließen. Dem Beschädigten sind hierbei in der Regel dieselben Rechte und insbesondere dieselben Rechtsmittel einzuräumen, welche das Gesetz der Staatsanwaltschaft zugesteht.

§ 2. Die Staatsanwaltschaft kann die strafgerichtliche Verfolgung ablehnen, weil entweder die Handlung nicht unter das Strafgesetz zu stellen ist oder die Anzeige nicht mit genügenden Beweisen unterstützt wird.

§ 3. Der durch die strafbare Handlung Beschädigte kann im Falle jeder Ablehnung von Seiten der Staatsanwaltschaft die Anzeige an das Gericht bringen und dessen Entscheidung veranlassen, ob der Fall zu strafgerichtlicher Verfolgung sich eigne oder nicht. Das Gericht kann zur Vorbereitung seiner Entscheidung auf Antrag wie von Amtswegen vorläufige Erörterungen veranstalten.

§ 4. Fällt die Entscheidung zu Gunsten des Antragstellers aus, so constituirt sich derselbe als Privatkläger und betreibt die Anklage bei den Gerichten.

Der Staatsanwalt ist in diesem Falle zur Mitwirkung berechtigt, aber nicht verpflichtet. (Antrag Fischer.)

Wird der Angeklagte freigesprochen, so können dem Privatankläger die Kosten des Verfahrens, und wenn die Anklage durch Beschluß zurückgewiesen wird, die Kosten der vorläufigen Ermittelung zur Last gelegt, auch kann ihm zur Sicherstellung dieser Kosten vorweg eine Caution abgefordert werden. (Antrag v. Tippelskirch.)

§ 5. Dem Beschädigten ist der Anschluß an das Strafverfahren zur Geltendmachung seiner Schädenansprüche zu gestatten. Der Strafrichter kann die Verurtheilung auf den geforderten Schadenersatz miterstrecken oder den Beschädigten auf den civilgerichtlichen Weg verweisen, nicht aber den Angeklagten von der Forderung selbst lossprechen.

Die Verweisung zum Civilprozesse erfolgt durch ein Dekret, gegen welches ein Rechtsmittel nicht zulässig ist. (Antrag v. Lauhn.)

Das Erkenntniß des Srafrichters ist, gleichviel ob der Beschädigte adhärirt hatte oder nicht, insoweit für den Civilrichter bei der Entscheidung über den Schadenanspruch bindend, als in dem strafgerichtlichen Erkenntniß ausgesprochen ist, daß die That begangen worden und daß der Angeschuldigte sie begangen habe.

Es wird hierbei allenthalben vorausgesetzt, daß der erkennende Richter auch im Civilprozesse an gesetzliche Beweisregeln nicht gebunden ist.

§ 6. Dem Beschädigten ist zu jenem Behufe eine selbstständige Mitwirkung bei den Beweisaufnahmen durch Anträge auf Zeugenvorladungen und andere Beweishandlungen zu gestatten, die Verurtheilung in Schadenersatz kann jedoch nur dann gefordert werden, wenn aus den zum Zwecke der Untersuchung nöthig gewordenen Erörterungen die Verbindlichkeit zum Ersatze und der Umfang derselben mit ausreichender Bestimmtheit sich ergiebt.

§ 7. Dem Beschädigten ist die Befugniß einzuräumen, einen Antrag auf Verurtheilung, insbesondere gegenüber dem Antrage des Staatsanwalts auf Freisprechung, vor dem erkennenden Gerichte zu stellen und zu begründen.

§ 8. Der Staatsanwalt nimmt in keinem Stadium der Untersuchung die Stelle einer Partei an. Er soll nicht nur von jeder Parteilichkeit, sondern auch von jeder Parteieinseitigkeit sich frei halten und nur die Erforschung der materiellen Wahrheit, als den Zweck des strafgerichtlichen Verfahrens anstreben, gleichviel, ob diese zu Gunsten oder Ungunsten des Angeklagten gereicht. Insbesondere soll er ihm bekannt werdende, dem Angeklagten günstige Thatsachen nicht verschweigen und die Verurtheilung desselben nicht da anstreben, wo er von der Unzulänglichkeit des Belastungsbeweises überzeugt ist.

Die Vertheidigung ist dagegen nicht verpflichtet, ihr bekannt gewordene, dem Angeklagten ungünstige Thatsachen oder Beweismittel zur Kenntniß des Gerichts zu bringen.

§ 9. Es soll bei der Feststellung der Befugnisse der Vertheidigung maßgebend sein, daß auch durch sie und ihre Thätigkeit ein Postulat der Gerechtigkeit erfüllt wird. Es ist ihr daher jede Befugniß einzuräumen, durch welche sie ohne Gefährdung des Zweckes der Untersuchung auf den Gang derselben und insbesondere die Vollständigkeit der Beweisaufnahme zu Gunsten des Angeklagten einwirken kann. Insbesondere wird jede Beschränkung zu vermeiden sein, durch welche das Vertrauen des Angeklagten auf eine unparteiische und unbefangene Untersuchung und Aburtheilung mit Recht erschüttert wird.

Dem Angeschuldigten wird daher, auch wenn er verhaftet

ist, bereits während der Voruntersuchung der verlangte Beirath eines rechtsverständigen Vertheidigers gestattet und ist diesem die Akteneinsicht, unter Aufsicht des Gerichts, in der Regel nicht zu versagen. Ebenso ist dem Vertheidiger die Gegenwart bei Obduktionen sowie bei allen den gerichtlichen Verhandlungen, Sitzungen oder Terminen, bei denen der Staatsanwalt zugezogen wird, zu gestatten. (Antrag Schaffrath.)

Dem Vertheidiger ist, wie dem Staatsanwalte das directe Fragerecht einzuräumen. Der Vorsitzende schreitet, bei Mißbrauch desselben, zum Schutze des Befragten, wie zur Sicherung des Zweckes der Untersuchung ein.

Dem Staatsanwalt ist weder eine besondere Entwickelung der Anklage noch deren Verlesung bei Eröffnung der Verhandlung zu gestatten.

Die Vertheidigung hat bezüglich der Vorladung von Zeugen gleiche Rechte mit der Anklage. „Die von ihr benannten Zeugen sind zuzulassen, wenn nicht Gefährde offen vorliegt." (Antrag Heydenreich.)

Die Thema-Anträge Lewald lauten:

1. Jedem Privatbetheiligten ist die Erhebung der Anklage in solchen Fällen zu gestatten, wo sich die Staatsanwaltschaft dessen weigert;

2. in allen Fällen sind neben der Staatsanwaltschaft den Privatbetheiligten die vollen Rechte einer Partei, welche nicht bloß die Zuerkennung einer Entschädigungssumme, sondern die Verurtheilung des Angeklagten erstreben darf, einzuräumen;

3. die Parteistellung des Anklägers bedingt es, daß dem Angeklagten gleiche Parteirechte eingeräumt werden, also namentlich

a) daß er nicht erst nach geschlossener Voruntersuchung, sondern von Anfang an sich eines rechtsverständigen Beistandes als Vertheidigers bedienen darf,

b) daß dem Vertheidiger gleiche Rechte mit dem Ankläger eingeräumt werden.

Gutachten:

1. v. Groß

empfiehlt die Ablehnung des Antrages 1,

dagegen die Annahme des Antrages 2,

spricht sich zum Antrage 3 dahin aus:

A. Der Juristentag wolle den dritten Lewald'schen Antrag unter a annehmen mit dem Zusatz:

jedoch unter näher zu bestimmenden, durch den Zweck der Untersuchungsführung gebotenen Beschränkungen.

B. Der Juristentag wolle:

in Erwägung, daß dem Angeschuldigten und seinem Vertheidiger die freieste Bewegung und alle diejenigen Befugnisse einzuräumen sind, welche dem Zwecke des Strafprozesses dienlich und zugleich dem Interesse der Vertheidigung förderlich erscheinen,

daß aber für die nähere Bestimmung dieser Rechte im Einzelnen der Gesichtspunkt der bloßen Vergleichung mit den Rechten des Staatsanwalts weder ein ausreichender noch ein überall zutreffender ist,

über das alinea 1 und den Satz sub b des dritten Lewald'schen Antrages zur motivirten Tagesordnung übergehen.

2. v. Seckendorff

stimmt unter Aufstellung von detaillirten gutachtlichen, die Anträge Lewald theilweise modificirenden Normen im Wesentlichen mit den Anträgen überein, insbesondere werden zum Antrage 3 zunächst als zu beseitigende Ungleichheiten bezeichnet:

a) die Auseinandersetzung der Anklage im Anfange des Strafprozesses,

b) das Verbot des unmittelbaren Fragerechts des Vertheidigers,

c) die Ungleichheit der Befugnisse des Vorsitzenden gegenüber der Staatsanwaltschaft und dem Vertheidiger bei Ausschreitungen,

und wird dann für den Beschuldigten gefordert:

d) Gleichheit bei Vorladung von Zeugen,

e) Mittheilung jedes Antrages des Anklägers an den Beschuldigten, und

f) Zugestehung der gleichen Rechtsmittel.

Die ständige Deputation ließ durch den Referenten v. Schwarze 9 Anträge stellen (Motive II. 241), welche ohne wesentliche Abänderungen im Sinne der Deputation resp. eines Theils derselben vom Juristentage angenommen sind.

Dadurch erledigten sich, resp. es wurden abgelehnt zahlreich gestellte sonstige spezielle Anträge.

10.

(XII.[3], 190, 318.) G.: v. Holtzendorff. R.: Gneist.

Die Privatanklage ist im deutschen Strafverfahren nicht nur für Beleidigungen einzuführen, sondern als allgemeine Ergänzung der Anklage des Staatsanwalts zur Aufrechthaltung des öffentlichen Rechts.

Das Gutachten

v. Holtzendorff

spricht sich dahin aus:

Es ist fehlerhaft, die Privatanklage lediglich auf den Ehrenschutz und die Kategorien der Beleidigung zu beschränken.

In denjenigen Fällen, in denen das Gesetz die Bestrafung der Verbrechen und Vergehen von dem Antrage des Beschädigten abhängig macht, sollte dem Benachtheiligten, mit Ausschluß Anderer, das Recht der subsidiären Privatanklage eingeräumt werden.

In allen anderen Fällen ist ohne jede Rücksichtnahme auf das Vorhandensein verletzter oder benachtheiligter Privatpersonen die staatsbürgerliche Anklage, sofern die Staatsanwaltschaft ihr Einschreiten verweigert hat, freizugeben.

Abgelehnt wurde der Antrag Schütze:

Eine mit dem öffentlichen Anklagerechte concurrirende Privatanklagebefugniß muß zustehen

1. bei allen Officialdelicten jedem Staatsbürger,
2. bei Antragsdelicten mit Ausschluß Anderer dem durch die strafbare Handlung Benachtheiligten.

11.

(II.^{2}, 6, 287, 657, III. 3, 6, 13, III.^{2}, 291, 72.)

A.: Keller. G.: Dorn, Geßler, Heinze. R.: Glaser.

I. Die gerichtliche Voruntersuchung muß beibehalten werden, weil nicht dem Staatsanwalte, sondern nur einem unabhängigen richterlichen Beamten die Verfügung über die Person des Angeschuldigten, die Aufnahme jener Beweise, welche in der Hauptverhandlung nicht wieder vorgeführt werden können, endlich die Herbeischaffung des Vertheidigungsmaterials anvertraut werden kann.

II. Die gerichtliche Voruntersuchung muß aber beschränkt werden

a) dadurch, daß die Erhebung der öffentlichen Klage der Staatsanwaltschaft vorbehalten wird,
b) dadurch, daß die Staatsanwaltschaft angewiesen wird, der Erhebung der öffentlichen Klage gerichtspolizeiliche Vorerhebungen vorausgehen zu lassen,

c) daß die Voruntersuchung wegfällt, wo es sich nicht um Verbrechen schwerster Art handelt, und weder Staatsanwalt noch der Angeschuldigte sie verlangen.

III. Sie soll verbessert werden

a) dadurch, daß das Hinarbeiten auf das Geständniß des Angeklagten aufgegeben wird,

b) dadurch, daß sowohl der Staatsanwaltschaft als der Vertheidigung eine fortwährende Einwirkung auf ihren Gang ermöglicht wird,

c) dadurch, daß die Oeffentlichkeit, mindestens die Parteienöffentlichkeit, auch für sie als Regel anerkannt wird.

Die Thema-Anträge Keller, wie sie auf dem III. Juristentage formulirt wurden, lauten:

§ 1. Die Erforschung der Verbrechen und die Erhebung der die strafgerichtliche Verfolgung begründenden Umstände ist die Aufgabe des Staatsanwalts. Diese Erhebungen kann der Staatsanwalt entweder selbst vornehmen oder von der zuständigen Staats- oder Gemeindebehörde vornehmen lassen; ebenso kann auch der Beschuldigte oder sein Vertheidiger Vorerhebungen vornehmen oder veranlassen.

§ 2. Die Verhaftung eines Beschuldigten, dessen Vernehmung, die Hausdurchsuchung, die Eröffnung von Briefen und anderen Schriften, die Vernehmung von Sachverständigen und von solchen Zeugen, welche voraussichtlich bei der Hauptverhandlung nicht erscheinen werden, kann nur von dem zuständigen Richter vorgenommen oder veranlaßt werden.

§ 3. Der Staatsanwalt hat seinen begründeten, mit den Vorerhebungen belegten Antrag auf Schöpfung eines Anklagebeschlusses dem zuständigen Gerichte vorzulegen, welches hierüber den Beschuldigten zu vernehmen und die Anklage oder die Ablassung von der weiteren Untersuchung zu beschließen hat. Wenn der Beschuldigte es verlangt, kann auch ohne Anklagebeschluß die Hauptverhandlung angeordnet werden.

Die 3 Gutachten erklären sich dahin: daß die Voruntersuchung, mit Rücksicht auf den Parteistandpunkt des Staatsanwalts, eine gerichtliche sein müsse; ferner: daß es nicht ausführbar sei, den Vertheidiger mit dem Staatsanwalte auf eine und dieselbe Stufe zu stellen.

12.

(XVI. 145, XVI.², 281, 342.)

G.: Kronecker. R.: v. Köstlin, Stenglein.

Die Abtheilung beschließt über die vorgelegte Frage:

Wie sind die Befugnisse des Amtsrichters im vorbereitenden Untersuchungsverfahren sachgemäß zu construiren?

in der Erwägung, daß die deutsche Strafprozeßordnung noch nicht 3 Jahre in Wirksamkeit ist, daß die Beibehaltung der bezüglichen Vorschriften derselben im Wesentlichen sich empfiehlt und daß die in verschiedenem Maße wahrgenommenen Unzuträglichkeiten zum großen Theile durch eine verständige, zweckentsprechende Praxis sich beseitigen lassen, zur Zeit zur Tagesordnung überzugehen.

Das Gutachten Kronecker kommt zu folgenden Resultaten, unter Beibehaltung der Prinzipien des Reichsstrafprozeßrechts:

1. Die dem Amtsrichter im vorbereitenden Verfahren zukommenden Befugnisse sind im Allgemeinen beizubehalten,

2. die Befugniß der Staatsanwaltschaft, den Amtsrichter anzurufen, ist in Betreff der Zeugenvernehmungen zu beschränken;

3. in Haftsachen ist an Stelle des vorbereitenden Verfahrens soweit und so bald als irgend möglich die Voruntersuchung zu setzen.

Für Haftsachen werden zahlreiche einzelne Vorschläge präcisirt.

13. (Pl.)

(XI.[2] 209, 330.) R.: Gneist.

Auch für die gerichtliche Voruntersuchung ist der Grundsatz der Oeffentlichkeit als Regel anzunehmen.

Abgelehnt wurden die Anträge:

a) (Mayer):

Auch für die gerichtliche Voruntersuchung wird dem Grundsatze der Oeffentlichkeit durch die unbedingte Parteiöffentlichkeit genügt.

b) (Schütze):

Auch für „die gerichtlichen Akte der Voruntersuchung" ist der Grundsatz der Oeffentlichkeit als Regel anzunehmen.

14.

(VII. 54, 63, VII.[2], 122, 267.)

G.: v. Tippelskirch, Geyer. R.: Brauer.

Es findet eine richterliche Vorprüfung der Anklage der Staatsanwaltschaft statt, jedoch nur eine einmalige Vorprüfung.

Gutachten:

1. v. Tippelskirch

spricht sich dahin aus:

daß vom criminalpolitischen Standpunkte aus besonders der Staatsanwaltschaft gegenüber im gegenwärtigen, wenigstens in accusatorischen Formen sich bewegenden Strafverfahren die Anklagebeschlüsse nicht ganz zu beseitigen wären; daß diese aber nicht die Formen weitläufiger Erkenntnisse anzunehmen brauchen, sondern daß es genügt, wenn der Anklagesenat, falls er mit der ihm fertig vorzulegenden Anklageschrift des Oberstaatsanwaltes einverstanden ist, dieses mit wenigen auf die Schrift selbst zu setzenden Worten erkläre.

2. Geyer

will mit Rücksicht auf das Anklageprinzip und den Mangel mündlicher Grundlage die richterliche Vorprüfung als Regel beseitigen, sie nur als Ausnahme zulassen, wenn der Angeklagte einem Privatankläger gegenüber sie verlangt.

Abgelehnt wurden

a) der Antrag (Keller):

Es ist für das mündliche Strafverfahren nicht angemessen, auf Grund der schriftlichen Akten der Voruntersuchung ein Erkenntniß darüber zu erlassen, ob Anklage zu erheben sei;

b) die ferneren Anträge des Referenten:

1. Eine richterliche Vorprüfung des Anklageantrages des Staatsanwaltes findet nicht statt, wenn entweder der Angeklagte auf eine solche Vorprüfung verzichtet, oder wenn er sich schuldig erklärt.

2. Es findet behufs der Frage, ob der Anklageantrag des Staatsanwalts zulässig, beziehentlich ausreichend begründet sei, bereits in diesem Vorverfahren eine kontradictorische Verhandlung zwischen Staatsanwalt und Vertheidiger vor dem Gerichte statt.

15. (Pl.) (Vgl. 6, 16.)

(V. 54, 78, V.² 188, 62.) G.: Geyer, v. Tippelskirch. R.: John.

a) Die Zwangsmittel, welche zur Erlangung eines Zeugnisses anzuwenden sind, müssen begrenzt sein.

b) Der Umfang der in jedem Falle überhaupt zulässigen Maßregeln darf eine mäßige Geldstrafe oder Freiheitsentziehung nicht übersteigen.

c) Niemand darf gezwungen werden, ein Zeugniß abzugeben, außer von dem mit der Untersuchung befaßten Richter.

Gutachten:

1. Geyer:

Das Gesetz soll den Richter ermächtigen, gegen Zeugen, welche das Zeugniß in Strafsachen oder die Ablegung des Zeugeneides verweigern (ohne daß ihnen gesetzliche Befreiungsgründe zu Statten kommen), Zwangsmaßregeln zu ergreifen, wenn das Zeugniß in dem betreffenden Falle unentbehrlich erscheint.

Das Gutachten giebt hierfür detaillirte Ausführungsbestimmungen.

2. v. Tippelskirch

kommt zu dem Ergebniß, daß Jeder dem Gerichte gegenüber zum Zeugniß verpflichtet ist und im Falle einer Weigerung ohne besondere Befreiungsgründe gegen ihn sowohl eine Ungehorsamsstrafe als auch Zwangshaft, beides mit bestimmter Begrenzung, zulässig ist.

Abgelehnt wurde der Antrag (Calm-Rubo):

> Niemand ist verpflichtet, über eine strafbare Handlung sich als Zeuge vernehmen zu lassen, so lange nicht die Untersuchung gegen einen bestimmten persönlichen Thäter dieser Handlung gerichtet ist.

16. (Vgl. 6, 15.)

(X. 144, XI. 87, XII.³, 155, 313.)

G.: Lewald, Ullmann. R.: Jaques.

a) Die Zeugnißpflicht vor dem Richter in Strafsachen wird wirksam, auch ehe die Untersuchung die Richtung gegen eine bestimmte Person genommen hat.

b) Wenn bei einem durch eine periodische Druckschrift begangenem Delicte der verantwortliche Redakteur als Thäter haftet, entfällt jede Zeugnißpflicht.

c) Ist das nicht der Fall, oder ist ein durch eine nichtperiodische Druckschrift begangenes Delict in Frage, so sind der verantwortliche Redakteur, beziehungsweise der Verleger, Drucker, Verbreiter berechtigt, das Zeugniß zu verweigern.*)

Gutachten:

1. Lewald

stellt folgende Sätze auf:

---

*) Zur Erläuterung muß hier bemerkt werden, daß der Referent bei seinen zu Beschlüssen erhobenen Anträgen von der Ansicht ausging, diese seien die richtigen Consequenzen aus den §§ 20, 21 des Preßgesetzes und aus allgemeinen Rechtsgrundsätzen über Zeugnißpflicht, sie seien nur auszusprechen zur Ausschließung falscher (richterlicher) Auslegung.

1. Die Zeugnißpflicht in Criminalsachen hat in vollem Umfange stattzufinden, daß mithin Jeder dem untersuchenden Richter auf Erfordern mitzutheilen hat, was ihm in Beziehung auf ein zu untersuchendes Verbrechen oder den Thäter bekannt ist; und zwar einerlei, ob die Untersuchung die Richtung gegen eine bestimmte Person schon genommen hat oder nicht.

2. Dagegen ist Niemand zu einem Zeugniß zu zwingen, so lange es sich nicht um ein in dem Reichsstrafgesetzbuch mit Strafe bedrohtes Verbrechen oder Vergehen gegen eine bestimmte Person handelt.

3. Es liegt auch ein volles praktisches Bedürfniß vor — und nur in solchem Falle darf ja überhaupt der Gesetzgeber einschreiten —, diese bedingte Befreiung von der Zeugnißpflicht und vom Zeugnißzwange durch das Gesetz auszusprechen.

4. Der Zeuge darf niemals eine höhere Strafe erleiden, als wenn er der Thäter des betr. Delicts wäre, wonach, wenn es sich überhaupt nicht um ein strafgerichtliches Vergehen handelt, wie bei Disciplinar-Untersuchungen, jede Strafe und jeder Zwang wegfallen muß.

2. Ullmann

kommt zu dem Schlusse:

daß in Criminalsachen in der Regel eine allgemeine Zeugnißpflicht auch schon dann anzuerkennen ist, wenn im Sinne des heutigen Prozesses die Untersuchung noch nicht förmlich gegen eine bestimmte Person eingeleitet wurde.

17. A.

(IV.², 262, 111, V. 29, 111, VI.³, 153, 351.)

A.: Bardasch. G.: Gareis, v. Liszt. R.: v. Schwarze, Abegg.

a) Daß das Wesen und der Charakter des öffentlich-mündlichen Verfahrens es erfordern, die Vereidigung der Zeugen in der Hauptverhandlung vorzunehmen;

b) daß von diesem als Regel geltenden Grundsatze nothwendige Ausnahmen anzuerkennen seien, denen gemäß die Vereidigung nach richterlichem Ermessen auch schon in der Voruntersuchung erfolgen kann;

c) daß ferner die Vereidigung, in welcher Periode des Verfahrens sie auch stattfinde, mit dem Vernehmungsakte der Zeugen verbunden werde, in der Regel vorausgehend demselben.

Gutachten:

1. Gareis

spricht sich dahin aus (dem Antrage Bardasch conform):

daß die Beeidigung der Zeugen in der Regel nicht schon in der Voruntersuchung, sondern erst in der Hauptverhandlung, nach erfolgter Abhörung, zu dem Zeitpunkte zu erfolgen habe, welchen hierzu, nach Gehör des Staatsanwaltes und Vertheidigers, der Vorsitzende für geeignet hält,

daß ausnahmsweise die Vereidung jener Zeugen, welche voraussichtlich bei der Hauptverhandlung nicht erscheinen werden, auch in der Voruntersuchung, nach deren Abhörung, zulässig und der Beeidigung der übrigen, in der Hauptverhandlung abzuhörenden Zeugen nur insoweit hinderlich sein dürfe, als Jener Aussage und Vereidung, wären sie in der Hauptverhandlung erfolgt, solche Wirkung gehabt haben würden.

2. v. Liszt

empfiehlt folgende modificirte Fassung:

I. daß im Strafprozesse die Beeidigung der Zeugen in der Regel nicht schon in der Voruntersuchung, sondern erst bei der Schluß- oder Hauptverhandlung und zwar vor ihrer Vernehmung stattzufinden habe;

II. daß aber ausnahmsweise bei jenen Zeugen, welche voraussichtlich bei der Hauptverhandlung nicht erscheinen können, ihre Beeidigung auch in der Voruntersuchung nach der Abhörung zulässig sei.

Abgelehnt wurde der Antrag (v. Lauhn):

Ein Zeuge, der in der Voruntersuchung bereits eidlich vernommen ist, kann und muß seine Aussage auf den bereits geleisteten Eid nehmen; ausnahmsweise kann das Richtercollegium beschließen, daß unter besonderen Umständen eine zweite Vereidigung des schon vereidigten Zeugen erfolgen soll.

17. B.

(XVII. 230, 275, XVII.², 200, 296.)

G.: Philler, Wiesand. R: von Köstlin.

Nach den bisherigen Erfahrungen erscheint eine Abänderung des Grundsatzes des § 65 der Strafprozeßordnung dahin, daß die Beeidigung der Zeugen in der Regel bei der ersten Vernehmung erfolgen soll, bei sachgemäßer gewissenhafter Anwendung der Bestimmung des § nicht wünschenswerth.

Gutachten:

Das Gutachten Philler will den § 65 unverändert beibehalten und erklärt, daß der Grundsatz, die Beeidigung solle erst in der Hauptverhandlung erfolgen, praktisch sich bewährt habe.

Das Gutachten Wiesand spricht sich umgekehrt für das praktische Bedürfniß der Aenderung aus.

18.

(XI. 3, XI.², 137, 320.)

G.: v. Stemann. R.: Stenglein, Gneist.

Im Strafverfahren ist das Kreuzverhör dem Verhör durch den Präsidenten vorzuziehen.

Das Gutachten v. Stemann kommt zu dem Ergebnisse:

daß im Strafverfahren das Kreuzverhör dem Verhör durch den Präsidenten vorzuziehen ist, jedoch unter folgenden Voraussetzungen:

1. Das Verhör des Angeklagten im Hauptverfahren muß wegfallen.
2. Die Vertheidigung muß auch bei Verhandlung der Straffälle mittlerer Ordnung für obligatorisch erklärt werden, und der Staat die Verpflichtung übernehmen, einen Vertheidiger eventuell von Amtswegen zu bestellen und ihn im Unvermögensfalle des Angeklagten zu honoriren.
3. Die Hauptverhandlung darf nur in Gegenwart des Angeklagten stattfinden.
4. Die Beschaffung der Beweismittel muß allein in die Hände der Parteien gelegt werden.

Abgelehnt wurde der Zusatzantrag (Mansfeld):

jedoch nur in Strafsachen höherer Instanz.

19.

(VII. 86, VII.², 109, 235.) G.: Glaser. R.: Stenglein.

In der Hauptverhandlung soll dem Angeklagten, welcher sich nicht für schuldig erklärt, eine spezielle Einlassung oder Rechtfertigung auf die Anklage nicht zur Pflicht gemacht werden.

Das Gutachten Glaser spricht sich dahin aus:

Wenn in der Hauptverhandlung der Angeklagte den Vortrag der Anklage mit der Erklärung beantwortet, er sei nicht schuldig, eröffnet ihm der Vorsitzende, daß er zu einer weiteren Erklärung oder zu einer Beantwortung an ihn gerichteter Fragen nicht verpflichtet, daß er aber berechtigt sei, der Anklage eine zusammenhängende Erzählung des Sachverhaltes sofort entgegenzustellen, und nach Vorführung jedes einzelnen Beweismittels seine Bemerkungen darüber vorzubringen.

Steht dem Angeklagten kein Vertheidiger zur Seite, so kann der Vorsitzende denselben nach Vorführung einzelner Beweismittel oder am Schlusse des Beweisverfahrens auf einzelne Umstände aufmerksam machen, welche aufzuklären im Interesse seiner Vertheidigung gelegen ist.

20. (Vgl. 21.)

(XIII. 29, 161, XIII.², 173, 421.)

G.: Wahlberg, Stöckel. R.: Thomsen.

a) Wegen falscher Rechtsbelehrung soll der Spruch der Geschworenen durch ein Rechtsmittel bei dem höchsten Gericht anfechtbar sein.

b) Die Rechtsbelehrung ist zunächst nach dem richterlichen Ermessen, stets aber soweit es die Staatsanwaltschaft oder die Vertheidigung verlangt, zu Protokoll festzustellen.

Gutachten:

1. Wahlberg:

Der Spruch der Geschworenen soll wegen einer falschen Rechtsbelehrung, sofern nach Prüfung der beantworteten Fragen nicht ausgeschlossen ist, daß diese einen Einfluß auf denselben geübt habe, durch eine Nichtigkeitsbeschwerde angefochten werden können.

Selbst wenn es ersichtlich ist, daß die falsche Rechtsbelehrung ohne Einfluß auf den Spruch der Geschworenen gewesen ist, soll der Staatsanwaltschaft unbenommen sein, die Nichtigkeitsbeschwerde zur Wahrung des Gesetzes zu ergreifen.

Abgelehnt wurden die Anträge:

1. (Antrag c des Ref.):

Die Rechtsbelehrung ist für die Geschworenen gesetzlich bindend;

2. (Nubo):

Der XIII. Juristentag geht über die Frage:

Soll der Spruch der Geschworenen wegen falscher Rechtsbelehrung des Präsidenten angefochten werden können? und wie?

in Erwägung dessen zur Tagesordnung über,

principaliter

daß den Geschworenen die Entscheidung der Rechtsfrage überhaupt nicht gebührt;

eventualiter

daß die Frage, ob den Geschworenen die Entscheidung der Rechtsfrage gebühre, in der Wissenschaft und Praxis noch nicht zum Abschlusse gediehen ist.

3. (Zimmermann):

vor dem Worte „Spruch" das Wort „verurtheilende" hinzuzufügen.

4. (Lamm):

Derjenige Theil des Verfahrens welcher die Rechtsbelehrung des

Präsidenten, beziehentlich die dagegen erhobenen Einwendungen betrifft, ist durch stenographische*) Niederschrift zu fixiren.

21. (Vgl. 20.)

(XIV.[b] 127, 145, 158, XIV.[2], 121, 272.)

G.: Lamm, Teichmann, Ullmann. R.: Gneist.

Die Rechtsbelehrung durch den vorsitzenden Richter soll für die Geschworenen kraft ihrer Amtspflicht bindend sein.

Gutachten:

1. Lamm

erachtet:

1. daß die Geschworenen in Ansehung der Subsumtion der erwiesenen Thatsachen unter den auf dieselben anwendbaren Rechtssatz an die Rechtsbelehrung grundsätzlich nicht gebunden werden können,

2. daß es zwar als eine Gewissenspflicht der Geschworenen zu betrachten sei, bei ihrem Verdicte an die Rechtsbelehrung des Vorsitzenden insoweit sich zu binden, als sie eine Darlegung des im einzelnen Falle anzuwendenden Gesetzes oder Rechtsgrundsatzes enthält,

3. daß es sich jedoch nicht empfehle, auch nur insoweit die Rechtsbelehrung gesetzlich für bindend zu erklären.

2. Teichmann

erklärt sich grundsätzlich gegen die bindende Kraft der Rechtsbelehrung.

3. Ullmann

will die Geschworenen an die Rechtsbelehrung des Vorsitzenden binden.

Abgelehnt wurden die Anträge:

a) (zweiter Antrag des Ref.):

Einer ausdrücklichen Gesetzesvorschrift dieses Inhalts bedarf es indessen nicht, wenn der Amtseid der Geschworenen ausdrücklich auf Befolgung der Gesetze lautet (Oesterreich. Strafprozeßordnung, § 313) und wenn wegen irriger Rechtsbelehrung ein Rechtsmittel bei dem Reichsgericht stattfindet.

b) (Mittelstädt) Zusatz:

Diese Verbindlichkeit ist in den Amtseid aufzunehmen.

22. (Pl.)

(III. Vorl. 10, III.[2], 73, 356.) A.: Schaffrath. R.: Keller.

Im Strafprozesse darf nur Eine Art der Freisprechung —

*) Vgl. Promemoria betr. die Verwendung der Stenographie im gerichtlichen Dienste, vom Gabelsberger Centralverein zu München (VI.[3] 36).

eine vollständige oder unbeschränkte — nicht aber außer ihr noch eine andere, beschränkte, „aus Mangel an vollständigem Beweise“ stattfinden.

Abgelehnt wurde der Antrag (Stern):

Es bleibt jedoch den Parteien unbenommen, durch den Ausspruch des Gerichts und, falls das Geschwornengericht fungirte, durch ein Verdikt der Geschwornen feststellen zu lassen, daß die Schuldlosigkeit des Angeklagten durch Behebung sämmtlicher wider ihn vorgekommener Verdachtsumstände oder durch Herstellung eines Gegenbeweises nachgewiesen wurde, worüber dem Angeschuldigten ein Amts-Zeugniß auszufertigen ist.

23. (Vgl. 24.)

(VI. 362, VI.³, 223, 352, VII.², 155, 238.)

A.: v. Schwarze. G.: Wirk. R.: v. Schab, Stenglein.

a) Dem Staatsanwalt ist die Berufung gegen die Enderkenntnisse der Collegialstrafgerichte in Betreff der Thatfrage und des Strafmaßes zum Nachtheile des Angeklagten nicht einzuräumen. (Antrag v. Schwarze, Plenarbeschluß des VI. Juristentages.)

b) Dem Staatsanwalt ist die Befugniß einzuräumen, zu Gunsten des Angeklagten sowohl die dem Angeklagten zustehenden Rechtsmittel einzuwenden, wie auf die Wiederaufnahme der Untersuchung anzutragen, und zwar unter der Voraussetzung und in den Fällen, wo es dem Angeklagten gestattet sein würde. (Antrag Rubo, VII. Juristentag.)

Das Gutachten Wirk kommt zu folgenden Resultaten:

Zu a):

1. Der Wahrspruch soll ohne Unterschied zwischen schwurgerichtlichen und nicht schwurgerichtlichen Sachen, desgleichen ohne Unterschied zwischen Ankläger und Angeklagtem inappellabel sein.

2. Bezüglich des Rechtsspruchs sowohl im Punkte der Subsumtion, als der Strafzumessung, soll dem Staatsanwalt keine Berufung zustehen.

Zu b):

1. Der Staatsanwalt hat kein Rechtsmittel, sei es Berufung, sei es Nichtigkeitsbeschwerde, zu Gunsten des Angeklagten einzuwenden, wenn der Angeklagte selbst dies Rechtsmittel haben würde.

2. Der Staatsanwalt soll befugt sein, die Wiederaufnahme zu betreiben.

Abgelehnt wurde der Zusatz-Antrag (v. Pestel):

Es darf jedoch der Staatsanwalt gegen den Widerspruch des Angeklagten das Rechtsmittel nicht verfolgen.

24. A. B. C. (Vgl. 23.)

24. A. (Pl.)

(VI. 72, 272, VI. 193, 352.)

A.: Gotthelf. G.: Wirk. R.: v. Schab.

In Erwägung, daß die wissenschaftlichen Forschungen über die Berufung noch nicht zum Abschluß gekommen, geht die Versammlung über den Antrag Gotthelf zur Tagesordnung über.

Der Thema-Antrag Gotthelf lautet:

I. Das Institut einer Berufungsinstanz für die Thatfrage steht im Widerspruch mit den Prinzipien der Mündlichkeit und Unmittelbarkeit des Strafverfahrens und bietet keine Garantie für eine materiell richtige Rechtssprechung. Dieses Institut verdient daher auch für jene Fälle abgeschafft zu werden, in denen rechtsgelehrte Richter zur Entscheidung der Thatfrage berufen sind.

II. Es sind auf anderem Wege Garantieen für eine richtige Rechtssprechung anzubahnen und als solche sind insbesondere zu erachten:

1. Beigebung eines Vertheidigers schon im Verlaufe der Voruntersuchung auf Verlangen des Beschuldigten und Zuziehung desselben zu allen wesentlichen Erhebungen;
2. collegiale Aburtheilung selbst bei geringfügigen Strafsachen, stärkere Besetzung der Senate mit tüchtig gebildeten, politisch und finanziell unabhängig gestellten Richtern bei wichtigeren Strafsachen (Vergehen; daß Verbrechen vor die Schwurgerichte gehören, wird als selbstverständlich vorausgesetzt);
3. möglichste Gleichstellung der Vertheidigung mit der Anklage in Bezug auf das Recht der Beschaffung von Beweismitteln;
4. Vorschrift, daß eine Verurtheilung nur bei erhöhter Stimmenmehrheit zu erachten sei;
5. Statuirung eines Rechtes der Anklage und Vertheidigung, die Vertagung der Hauptverhandlung zu verlangen, wenn unvorhersehbare Nova sich ergeben;
6. Statuirung des Rechts, Revision (Wiederaufnahme des Verfahrens) zu Gunsten des Verurtheilten zu verlangen, wenn nach der Verhandlung vorher nicht bekannte Thatsachen oder

Beweismittel auftauchen, welche als geeignet festgestellt werden, in wesentlichen Punkten die Sachlage zu Gunsten des Verurtheilten zu ändern, selbstverständlich unter entsprechenden prozessualen Kautelen gegen den Mißbrauch.

Das Gutachten Wirk kommt zu folgenden Resultaten:

zu I der Anträge:

Den Wahrspruch, auch den von ständigen Richtern abgegebenen, in Bezug auf seinen Inhalt der Anfechtung durch Rechtsmittel zu unterwerfen, ist wider den Begriff und die Natur des Wahrspruchs und verletzt die Rechtspflege in ihrer innersten Wahrheit und Würde;

zu II:

zu 1: daß kein wirkliches Bedürfniß in der Praxis sich herausgestellt habe, die Einrichtung auch zu kostspielig sei,

zu 2: daß die ganze Frage der legislatorischen Disposition der einzelnen Staaten zu überlassen sei,

zu 3: daß diese Proposition sich empfehle,

zu 4: daß diese Proposition keine Garantie biete,

zu 5: daß die Vertagung dem richterlichen Ermessen zu überlassen sei,

zu 6: daß die Wiederaufnahme des Hauptverfahrens nur gerechtfertigt sei, wenn

a) der Verurtheilte seine Unschuld durch neue Beweismittel positiv darthun kann,

b) bei dem Hauptverfahren oder dem Urtheile wider ihn Fälschungen im Spiele gewesen sind — Fälschungen in dem Sinne und Belange, daß dadurch, wenn auch nicht nothwendig schon die Richtigkeit seiner Verurtheilung, so doch jedenfalls die nothwendigste Zuverlässigkeit derselben ausgeschlossen erscheint.

Abgelehnt wurden die Anträge:

1. (Ref.)

auf einfachen Uebergang zur Tagesordnung;

2. (Stenglein):

In Erwägung:

1. daß zwar die Berufung, wie sie in den Prozeßgesetzen Deutschlands geordnet ist, den Anforderungen der Gerechtigkeit nicht vollständig entspricht, daß aber
2. in Theorie und Praxis ein genügender Ersatz dafür nicht vorgeschlagen wurde,

geht die Versammlung zur Tagesordnung über.

24. B.

(VIII. 3. IX.², 128, 350.)

A.: Leonhardi. G.: Stenglein. R.: Gotthelf.

Ueber den Thema-Antrag Leonhardi:

„Im Verfahren ohne Geschworne (Schöffen) steht dem Angeschuldigten das Rechtsmittel der Berufung (des Einspruchs, Rekurses) gegen die Feststellung der Thatfrage in erster Instanz auch dann zum Zwecke seiner Klagefreisprechung zu, wenn er auf Grund seiner Feststellung lediglich straffrei gesprochen, d. i. für schuldig, aber nicht für strafbar erklärt worden ist und zwar, wenn das Gericht erklärt hat, er habe sich einer Handlung schuldig gemacht, deren Bestrafung nur aus formellen Gründen (aus Mangel an dem dazu gesetzlich erforderlichen Strafantrage oder in Folge eingetretener Verjährung der Strafbarkeit) unterbleiben müsse,"

wurde (weil die Frage zu speziell sei und mit der noch ungelösten generellen Frage der Berufung zusammenhänge) beschlossen, zur einfachen Tagesordnung überzugehen. (Antrag Bingner.)

Das Gutachten Stenglein spricht aus:

Im Verfahren ohne Geschworne sind dem Angeklagten die ihm für den Fall seiner Verurtheilung gegen die Feststellung der Thatfrage eingeräumten Rechtsmittel auch dann freizugeben, wenn Thatsachen gegen ihn festgestellt wurden, welche eine Schuld des Angeschuldigten enthalten, wenngleich aus rechtlichen Gründen wie z. B. wegen eingetretener Verjährung der Strafbarkeit der That oder wegen Mangels des gesetzlich erforderlichen Strafantrags, eine Bestrafung desselben nicht erfolgte.

Mit dem Beschlusse erledigten sich die Anträge:

a) (Ref.):

Gegen einen Schuldausspruch unter Freisprechung von der Strafe — gleichviel, ob der erste im dispositiven Theile des Urtheils oder in den Entscheidungsgründen enthalten ist — sind auch dem Angeklagten jene Rechtsmittel einzuräumen, die, abgesehen von der Straffreisprechung, ihm offen stehen würden;

b) (Oppert):

daß, falls im Verfahren ohne Geschworne der Angeschuldigte aus formellen Gründen für strafbar erklärt worden ist, die Würdigung der Thatfrage unzulässig ist.

24. C.

(XVII.², 249, 297.) R.: Stenglein, Harburger.

Die Einführung der Berufung zum Oberlandesgericht gegen

die erstinstanzlichen Urtheile der landgerichtlichen Kammern, wenigstens hinsichtlich der Schuldfrage, ist dringend zu wünschen. (Antrag Harburger.)

In der 3. Abtheilung war der Antrag Munkel:

Die Einführung der Berufung zum Oberlandesgerichte gegen die erstinstanzlichen Urtheile der landgerichtlichen Strafkammern ist dringend zu wünschen

(unter Streichung der Worte im Antrage Harburger:

„wenigstens hinsichtlich der Schuldfrage")

angenommen worden.

Sowohl in den Abtheilungen wie im Plenum wurden abgelehnt die Anträge:

1. (Stenglein):

Die Einführung der Rechtsmittel gegen Urtheile der landgerichtlichen Strafkammern als erkennender Gerichte I. Instanz ist als ein Bedürfniß der Rechtsprechung nicht anzuerkennen, vielmehr ist eine Abhilfe der Mängel, welche sich bezüglich der Feststellung der Schuldfrage in dem Verfahren vor den Strafkammern gezeigt haben, durch eine Revision der Strafprozeßordnung in der Richtung größerer Sicherung des Entlastungsbeweises zu suchen;

2. (Rubo):

Die Einführung der Berufung an das Oberlandesgericht gegen die erstinstanzlichen Urtheile der landgerichtlichen Strafkammern und zwar zu Gunsten des Angeklagten, ist dringend zu wünschen.

25.

(VII. 80. VII.², 163. VIII.², 179, 324.)

A.: Gareis. R.: Gotthelf.

a) Die Wiederaufnahme des Strafverfahrens zu Gunsten des Verurtheilten ist schon in dem Falle als zulässig zu erachten, wenn nach der Verhandlung neue Thatsachen oder Beweismittel auftauchen, welche als geeignet erscheinen, in wesentlichen Punkten die Sachlage zu Gunsten des Verurtheilten zu ändern.

b) Diese Zulässigkeit soll nicht von dem Vorhandensein bestimmt bezeichneter Verhältnisse abhängig gemacht werden.

Das Gutachten Gareis spricht sich dahin aus:

bei a.: Die Wiederaufnahme ist zuzulassen auf Grund jeder neuen Thatsache oder jedes neuen Beweismittels, geeignet, die Rechtsgemäßheit des ertheilten Erkenntnisses bezüglich der Existenz des Thatbestandes, der Wahrheit der Beweismittel oder der Integrität des Richters zu Gunsten des Verurtheilten zweifelhaft zu machen;

bei b.: wie der Beschluß.

26. (Vgl. 27.)

(XI. 42, 87, 95. XI.², 171, 329. XII. 46, 329. XII.a 116, 308. XIII.², 259, 429.)

G.: Wahlberg, Ullmann, Vollert, Nissen, v. Köstlin.
R.: Meyer (Thorn), Jaques, v. Kißling.

Der XIII. Juristentag beschloß:

Im Falle der Freisprechung oder der Zurückziehung der Anklage ist für die erlittene Untersuchungshaft eine angemessene Entschädigung zu leisten, es sei denn, daß der Angeklagte durch sein Verschulden während des Verfahrens die Untersuchungshaft oder die Verlängerung derselben verursacht hat. (Antrag Jaques — Stenglein — v. Kißling.)

Gutachten:

1. Wahlberg:

Nicht jede erlittene Untersuchungshaft verpflichtet den Staat im Falle der Freisprechung zur Entschädigung.

Nur in den Fällen der auf bloßer Präsumtion des prozessualischen Ungehorsams oder Widerstandes beruhenden Vorsichtsmaßregel der Untersuchungshaft soll auf Verlangen des Freigesprochenen eine Entschädigung für die aus Zweckmäßigkeitsrücksichten erzwungene Aufopferung des Rechtsgutes der persönlichen Freiheit zu Gunsten der Gesammtinteressen des Staats an einer wirksamen Strafrechtspflege, von Seite des Staats gewährt werden.

2. Ullmann:

Es soll zulässig sein, in zwei Gruppen von Fällen der Freisprechung eine arbiträre Entschädigung aus Billigkeitsrücksichten eintreten zu lassen, nämlich

1. in den Fällen, in welchen die Verhandlung ergiebt, daß das Delict nicht von dem Angeklagten, sondern von einem dritten begangen wurde, und

2. wenn die Handlung überhaupt nicht als strafbar im Sinne des Strafgesetzes erkannt wurde.

3. Vollert:

Die Freisprechung ist ebensowenig wie die Einstellung der Untersuchung an und für sich ein Grund, für die erlittene Untersuchungshaft eine Entschädigung zu gewähren.

4. Nissen:

Es ist ein Gebot der Politik nicht minder als des Rechts, daß der ohne sein Verschulden Verhaftete für die erlittene Haft zu entschädigen ist.

5. v. Köstlin

weist nach, daß in Würtemberg die Pflicht des Staates zur Entschädigung bei ungerechter Verurtheilung resp. widerrechtlicher Gefangenhaltung gesetzlich anerkannt ist.

Die (detaillirten) Anträge auf dem XI. und XII. Juristentag wurden sämmtlich abgelehnt, nämlich:

Auf dem XI. Juristentag wurden abgelehnt die Anträge:

A. (Meyer, Ref.):

I. Die Freisprechung eines Angeklagten an und für sich allein ist nicht geeignet, einen Anspruch auf Entschädigung für die erlittene Untersuchungshaft wider den Staat zu begründen.

II. Wohl ist aber eine solche Entschädigungspflicht des Staates im Prinzip anzunehmen:

1. wenn die Untersuchungshaft gesetzwidrig verhängt oder verlängert ist;
2. wenn die Freisprechung deßwegen erfolgte, weil die den Grund der Verhaftung bildende That zur Zeit ihrer Verübung im Strafgesetz mit Strafe nicht bedroht war;
3. wenn der Verhaftete darthut, daß die That, wegen deren er verhaftet war, entweder gar nicht begangen ist oder daß sie von ihm nicht hat begangen werden können, und wenn die Untersuchung und Verhaftung gegen ihn ohne sein Verschulden verhängt ist.

III. Die Geltendmachung des Entschädigungsanspruches erfolgt abgesondert von dem Strafverfahren, in welchem die Verhaftung erfolgt ist.

Die Höhe der Entschädigung ist von dem Richter unter Würdigung aller Umstände nach freier Ueberzeugung festzustellen.

IV. Die Grundsätze ad II und III finden analoge Anwendung:

1. wenn eine Untersuchungshaft stattgefunden hat, ohne daß es zur Erhebung einer Anklage gekommen ist, in Betreff der Untersuchungshaft;
2. wenn ein rechtskräftig verurtheilendes Erkenntniß wieder aufgehoben ist, in Betreff der Untersuchungs- und Strafhaft.

B. (Rubo):

I. Jede gesetzwidrige Verhaftung, durch welche ein Schaden bereitet wird, ist als gesetzwidrige Handlung geeignet, einen Anspruch auf Ersatz etwaigen Schadens zu begründen;

II. Ohne Rücksicht darauf, ob ein gesetzwidrig Verhafteter verurtheilt oder freigesprochen wird, ist die Schadenersatzklage stets zulässig.

C. (Niemayer):

Der Justizfiskus hat zu gewähren:

1. Jedem, welcher gesetzwidrig verhaftet ist, eine angemessene Entschädigung;

2. dem Freigesprochenen:

a) die gesetzlichen Vertheidigungskosten,

b) die nothwendigen Reisekosten.

Auf dem XII. Juristentage wurden ferner abgelehnt die Anträge:

D. (Ref. Jaques):

1. Im Falle der Nichterhebung oder Zurückziehung der Anklage oder Freisprechung hat der Staat für die erlittene Untersuchungshaft Entschädigung zu leisten. Der Entschädigungsanspruch entfällt, wenn der Beschuldigte erweislich lügenhafte Angaben, Collusions- oder Fluchtversuche gemacht hat, oder wenn sein Verhalten vor dem Richter aus der erweislichen Absicht hervorgegangen ist, die Untersuchungshaft herbeizuführen oder zu verlängern.

2. Für die erlittene Strafhaft ist Entschädigung zu leisten, wenn auf Grund einer Wiederaufnahme des Verfahrens Freisprechung erfolgt.

3. Die Höhe der Entschädigung bestimmt der Richter unter Würdigung aller Umstände nach seinem freien Ermessen.

E. (v. Lauhn-Mayer):

daß von einer Entschädigung für die Untersuchungshaft im Falle einer Freisprechung oder Nichterhebung der Anklage nur die Rede sein kann, wenn der Freigesprochene seine Unschuld dargethan hat.

F. (Rubo):

Im Falle der Nichterhebung oder Zurückziehung der Anklage oder der Freisprechung hat der Staat für die erlittene Untersuchungshaft Entschädigung zu leisten, insofern eine solche nach den allgemeinen Vorschriften über die Schadenersatzpflicht begründet ist.

Abgelehnt wurden endlich auf dem XIII. Juristentage die Anträge:

G. (Ullmann):

Es soll aus Billigkeitsgründen eine arbiträre Entschädigung in dem Falle der Freisprechung, ferner der nicht erhobenen Anklage gewährt werden:

1. wenn die Verhandlung ergiebt, daß das Delict nicht von dem Angeklagten, sondern von einem Dritten begangen wurde,

2. wenn die Handlung überhaupt nicht als strafbar im Sinne des Gesetzes erkannt wird.

H. (v. Keller):

Der Staat hat für die unverschuldet erlittene Untersuchungshaft Entschädigung zu gewähren.

27. (Pl.) (Vgl. 26.)

(XVI.^{2}, 240, 345.) R.: Kleiner, v. Liszt.

a) Ist in Folge einer Wiederaufnahme des Verfahrens zu Gunsten des Verurtheilten auf Freisprechung desselben oder in Anwendung eines mildern Strafgesetzes auf eine geringere als die verbüßte Strafe erkannt worden, so ist derselbe berechtigt, aus der Staatskasse eine Genugthuung für die gänzliche oder theilweise Verbüßung der Strafe, sowie den Ersatz der in Folge der Strafverbüßung entstandenen vermögensrechtlichen Nachtheile zu verlangen. (Antrag v. Liszt-Kleiner.)

b) Der Anspruch entfällt, wenn der Verurtheilte seine Verurtheilung vorsätzlich herbeigeführt hat. (Antrag Müller.)

Die III. Abtheilung hatte, um die Anträge (v. Liszt):

Der Anspruch entfällt, wenn der Verurtheilte die Verurtheilung vorsätzlich oder fahrlässig herbeigeführt hat,

und (Jaques):

der Anspruch entfällt, wenn der Verurtheilte die Verurtheilung durch sein Verhalten während des Verfahrens herbeigeführt hat,

zu vereinigen, eine Art Compromiß-Beschluß dahin gefaßt:

Der Anspruch entfällt, wenn der Verurtheilte durch sein vorsätzliches oder fahrlässiges Verhalten während der Verfolgung die Verurtheilung herbeigeführt hat.

28.

(VI. 16, 53, 177, VI.^{3}, 130, 339.)

G.: Schück, v. Holtzendorff, Eckert. R.: v. Schwarze.

Es entspricht der Gerechtigkeit nicht, daß die Strafvollstreckung gegen alle zu derselben Art von Freiheitsstrafen Verurtheilten in völlig gleicher Weise, also ohne Berücksichtigung der Individualität erfolgt.

Die drei Gutachten kommen dahin überein, daß es nicht mit der Gerechtigkeit übereinstimme, die Strafe gegen alle zu derselben Art von Freiheitsstrafe Verurtheilten in völlig gleicher Weise, also ohne jede Berücksichtigung der Individualität insbesondere der Bildung der Verurtheilten, zu vollstrecken. Während die Gutachten Schück und v. Holtzendorff nur im Allgemeinen Grundsätze aufstellen, formulirt das Gutachten Eckert folgende bestimmte Anträge:

1. Es entspricht der Gerechtigkeit nicht, daß die Strafvollstreckung gegen alle zu derselben Art von Freiheitsstrafe Verurtheilten in völlig gleicher Weise, also ohne Berücksichtigung der Individualiät erfolgt.

2. Die Arten der Freiheitsstrafen sind mit genauer Bezeichnung des Strafsystems und der Quantität der Beschränkung der Freiheit vorerst gesetzlich festzustellen, in dem Gesetze aber auch

3. die thunlichste Individualisirung bei der Behandlung aller Gefangenen vorzusehen.

29. (Pl.)

(VIII. 194, 206, 226, VIII.², 125, 341.)

G.: Wahlberg, v. Valentini, d'Alinge. R.: v. Fäustle.

a) Da durch die Einzelhaft alle Strafzwecke vollständiger und bei einer größeren Anzahl Verurtheilter sicherer erreicht werden als bei jedem anderen Haftsysteme, so empfiehlt es sich, dieselbe als regelmäßige Art des Vollzugs der Freiheitsstrafe gesetzlich zu bestimmen, die Voraussetzungen ihrer Anwendbarkeit sowie die Grundzüge ihres zweckentsprechenden Vollzugs aber auf dem Wege der Gesetzgebung festzustellen.

b) Das Erkenntniß über ausnahmsweise Zulassung der gemeinsamen Haft steht dem aburtheilenden Gerichte zu, sowohl in dem Erkenntnisse als auch, nachdem rechtskräftig die Strafe erkannt ist, vorbehaltlich provisorischer Maßregeln der Strafanstaltsdirektion in dringenden Fällen. (Antrag v. Lauhn-Puchelt.)

c) Eine Abänderung der erkannten Strafdauer im Falle der Vollstreckung in der gemeinsamen Haft findet nicht statt. (Antrag Bingner.)

Gutachten:

1. Wahlberg

hält die Zellenhaft für die relativ angemessenste Form der Strafe, welche als Regel anzuerkennen und in das Strafsystem aufzunehmen sei. Sie ist eine von der gemeinsamen Strafhaft wesentlich verschiedene Freiheitsstrafe und keine bloße Vollzugsmodifikation derselben, ihre gesetzliche Regelung ist daher zu wünschen.

Das Gutachten unterscheidet zwischen milderer und strengerer Isolirhaft. Die Zellenhaft erscheint aber nicht anwendbar auf Sträflinge, welche nach ihrer individuellen Beschaffenheit die Isolirhaft ohne Nachtheil für ihre physische oder moralische Erhaltung nicht ertragen können, oder welche lebenslängliche Freiheitsstrafe zu erdulden haben.

Der Richter soll über die Isolirhaft erkennen.

2. v. Valentini

erklärt, daß die Einzelhaft allerdings, sowohl zur Durchführung des Gerechtigkeits- wie des Besserungsprinzipes in der Strafe, als ein unentbehrliches, außerordentlich wichtiges, keineswegs aber als das allein ausreichende Mittel angesehen werden darf.

Die Modalitäten sollen sich theils nach der Individualität der Verbrecher („Gefallene“, „Verwahrloste“), theils nach den Straforten resp. Strafanstalten, theils nach den Strafzeiten reguliren.

3. d'Alinge

will die Einzelhaft nicht in das Strafsystem aufnehmen, besonders weil dem Richter die erforderliche Kenntniß der Individualität fehle. Das Gesetz könne nicht die Anwendung der Einzelhaft nach Person und Zeitdauer bestimmen, vielmehr müsse das Ermessen der Strafanstalts-Behörden über Einzelhaft oder gemeinsame Haft entscheiden.

Abgelehnt wurden die Anträge

a) (v. Pestel):

Ausnahmen von der Einzelhaft kann der erkennende Richter eintreten lassen, aber auch die Strafvollziehungs-Behörde, sofern letztere nach der Individualität oder dem Gesundheitszustande des Gefangenen die Vollziehung der Einzelhaft von bedenklichen Folgen für denselben begleitet erachtet.

b) (Ref.):

Darüber, ob die gesetzlichen Voraussetzungen für ausnahmsweise Anwendung der Kollektivhaft gegeben sind, entscheidet der Aufsichtsrath der Anstalt.

II. Internationales Recht.

1. (Pl.)

(X.², 71, 277.) A.: Jaques. R.: Borchardt.

Die Herstellung eines gemeinsamen Wechselrechts aller europäischen Staaten sowie der Vereinigten Staaten von Nordamerika entspricht dem heutigen Stande der Wissenschaft und ist ein Bedürfniß des internationalen Handelsverkehrs und Credits.

2.

(XVI., 3, XVI.², 296, 340.) G.: v. Liszt. R.: Stenglein.

1. Es ist wünschenswerth, daß das Geltungsgebiet der heimischen Strafrechtssätze den ausländischen Strafrechtssätzen gegenüber in allen Staaten nach demselben Grundsatze bestimmt werde.

2. Bei dieser Regelung sind Collisionen der Strafansprüche verschiedener Staaten, soweit irgend möglich, zu vermeiden. Die Regelung hat daher von dem Territorialprinzipe als ihrer Grundlage auszugehen.

3. Soweit eine Collision der Strafansprüche durch Ueberschreitung des Territorialprinzips herbeigeführt wird, ist Existenz und Inhalt des mit dem ausländischen concurrirenden inländischen Strafanspruchs lediglich nach inländischem Rechte zu beurtheilen.

4. Einheitliche Grundsätze über die Gewährung der internationalen Rechtshülfe in Strafsachen, insbesondere der Auslieferung flüchtiger Verbrecher sind dringend wünschenswerth.

5. Die Auslieferung ist ein Akt der internationalen Rechtshülfe und nicht der kosmopolitischen Rechtspflege; sie setzt daher

einen Strafanspruch des requirirenden, nicht aber des requirirten Staates voraus. Entstehen und Bestehen des behaupteten Strafanspruchs ist ausschließlich nach dem Rechte des requirirenden Staates zu beurtheilen. Die Entscheidung über das Vorliegen der Voraussetzungen, von welchen die Bewilligung des Auslieferungsbegehrens abhängt, erfolgt durch die Gerichte des requirirten Staates.

6. Es ist wünschenswerth, daß diejenigen Rechtsgüter, gegen welche internationale Angriffe denkbar sind, und welche deshalb eines internationalen Schutzes bedürfen, durch internationale Vereinbarungen geschützt werden.

7. Der sicherste Weg zur Erreichung vorstehender Ziele ist die Gründung eines Staaten-Vereins, welcher sich die Regelung der internationalen Rechtssätze sowie die Regelung der Auslieferung von Verbrechern zur Aufgabe stellt.

Das Gutachten Liszt unterscheidet drei Begriffe, die mit dem Ausdrucke „internationales Strafrecht" verbunden werden:

I. Die Rechtssätze, durch welche das Geltungsgebiet des heimischen Strafrechts den ausländischen Strafrechten gegenüber bestimmt wird.

II. Die Rechtssätze, durch welche die Gewährung der internationalen Rechtshilfe auf strafrechtlichem Gebiete bestimmt wird.

III. Die durch internationale Vereinbarung geschaffenen Rechtssätze zum Zwecke des Schutzes gewisser Rechtsgüter gegen internationale Angriffe.

Folgende Thesen werden aufgestellt:

Zu I. Herrschaftsgebiet der nationalen Strafrechtssätze:

Thesen 1, 2, 3 so, wie Beschlüsse 1, 2, 3.

Zu II. Internationale Strafrechtshülfe (Auslieferung):

Thesen 1, 2, 3 so, wie Beschlüsse 4, 7, 5, ferner:

4. Wegen politischer Vergehen findet Auslieferung nicht statt. Die politischen Verbrechen sind in Gesetz oder Vertrag namentlich und unter Hinweis auf die betreffenden gesetzlichen Bestimmungen aufzuzählen. Maßgebend für die Einreihung unter die politischen Verbrechen ist die politische Natur des durch die Handlung angegriffenen Rechtsgutes, nicht aber das Motiv des Thäters.

5. Der Grundsatz der Nichtauslieferung politischer Verbrecher findet keine Anwendung auf den Fall der unternommenen vorsätzlichen Tödtung des Staatsoberhauptes.

6. Hat der Verfolgte durch mehrere selbstständige Handlungen mehrere

Verbrechen begangen, von welchen einige als politische, andere als gemeine Verbrechen erscheinen, so findet die Auslieferung wegen der gemeinen Verbrechen statt; Untersuchung und Aburtheilung hat sich dann auf diese zu beschränken.

7. Trägt eine und dieselbe Handlung sowohl den Charakter eines gemeinen als auch den eines politischen Delictes, so findet Auslieferung nicht statt.

8. Hat der Verbrecher mehrere Verbrechen begangen, welche als eine aus mehreren Akten zusammengesetzte Gesammthandlung sich darstellen, so ist diese nach ihrem überwiegenden Charakter entweder als politisches oder als gemeines Delict zu betrachten und zu behandeln.

Zu III. Internationaler Schutz internationaler Rechtsgüter:

Soweit durch internationale Angriffe auf gewisse Rechtsgüter das Bedürfniß einer internationalen Abwehr erzeugt wird, sind internationale Vereinbarungen über gleichmäßigen strafrechtlichen Schutz dieser Rechtsgüter wünschenswerth.

Theil III.

Einfluß des Juristentages auf die Gesetzgebung.

„Drei Mächte stehen uns zur Seite, die maßgebend für unser Ziel wirken werden, wenn wir sie gehörig zu benutzen wissen; es ist die Macht der öffentlichen Meinung; es ist die Macht der Wahrheit, wenn wir sie finden; es ist die Macht der sittlichen Nothwendigkeit, die unseren Zweck heiligt."

von Wächter.

„Wenn der Juristentag nicht existirte, wir müßten ihn heute schaffen."

Gneist.

Die Beantwortung der Frage, in welchem Verhältnisse der deutsche Juristentag zur deutschen Gesetzgebung steht, d. h. ob und in welchem Maße seine Verhandlungen resp. seine Beschlüsse praktisch auf die gesetzgebenden Faktoren Deutschlands eingewirkt haben, unterliegt eigenthümlichen Schwierigkeiten. Die Aussprüche des Juristentages können positiv einen bestimmenden oder fördernden, negativ einen verhindernden oder hemmenden Einfluß geübt haben. Da der Juristentag grundsätzlich nur durch die moralische Macht der Ueberzeugung wirken kann und will und stets es abgelehnt hat, mit legislatorischen Anträgen direct an die Gesetzgebungs-Factoren sich zu wenden: so liegt es in der Natur der Sache, daß sein Einfluß auch da, wo er factisch wirksam geworden, nicht immer zu einem directen äußerlichen Ausdrucke gelangt ist. Insbesondere ist es in manchen Fällen, wo ein Einfluß unläugbar vorhanden ist, sehr schwer zu eruiren, ob der Juristentag das legislatorische Wollen und Thun hervorgerufen oder nur bestärkt und gefördert hat. Wenn das, was der Juristentag als seine Ueberzeugung, seinen Wunsch ausgesprochen hat, in kürzerer oder längerer Frist später von der Gesetzgebung sanctionirt ist, wenn die Beschlüsse über einzelne legislatorische Fragen in den nachfolgenden Gesetzen sich wiederfinden, so läßt sich nach dem früher geschilderten Charakter und innern Werthe der Juristentags-Beschlüsse gewiß nicht verkennen, daß sie von hohem Gewichte für die Gesetzgebung geworden sind. Wie unrichtig der Satz: post hoc, ergo propter hoc immerhin im logischen Sinne ist, so wird er factisch bei dem Verhältnisse zwischen Juristentag und Gesetzgebung öfters zutreffen.

Mit welchen Augen die deutschen Regierungen die Gründung des deutschen Juristentages betrachteten, welche Wirkungen sie für das Wohl Deutschlands resp. Oesterreichs erwarteten, mit welchen Beweisen der Anerkennung sie seine Fortentwickelung begleiteten, ist schon früher bei der Geschichte des Juristentages hervorgehoben. Angesichts dieser Kundgebungen darf man gewiß von vornherein annehmen, daß die Regierungen als legislatorischer Factor den Beschlüssen des Juristentages von Anfang bis zu Ende große Beachtung geschenkt haben.

Für die Beachtung von Seiten des andern legislatorischen Factors: der Volksvertretung, sorgten die Mitglieder des Juristentags selbst, da sie zum großen Theile auch Mitglieder der Landtage und des Reichstags waren und so die beste Gelegenheit hatten, die Stimme des Juristentages dort wiederhallen zu lassen. Vorzugsweise tritt dies hervor beim Reichstage und hier wiederum besonders in den Commissionen zur Berathung der großen Reichsgesetze. Manche der thätigsten und hervorragendsten Mitglieder des Juristentags arbeiteten an der Rechtseinheit Deutschlands legislatorisch in einflußreicher Weise als Mitglieder der vom Bundesrath resp. vom Reichstage erwählten Gesetzgebungs-Commissionen.

Die Thätigkeit des Juristentages bezüglich der Gesetzgebung kann man nach zwei Hauptrichtungen hin unterscheiden: als formale und als materielle. In formaler Richtung ging das Bestreben des Juristentags dahin, das nationale Bewußtsein und Bedürfniß einer Rechts-Gemeinsamkeit zu kräftigen, die Forderungen des deutschen Volkes nach einheitlicher, alle Einzelstaaten umfassender Gesetzgebung zur Anerkennung zu bringen, ein Deutsches Recht herbeizuführen, sei es, wie es sei. Hier liegt vorzugsweise die nationale, wenn man will politische Seite des Juristentages. Die materielle Thätigkeit des Juristentages bildet sodann mehr die juristische Seite. Sie bezielt den Inhalt der Einheitsgesetze, will bestimmte Prinzipe oder auch einzelne Rechtssätze aufstellen und vorschlagen, welche nach dem Gange der historischen Entwickelung, nach den deutschen Rechtsanschauungen, nach den Resultaten der wissenschaftlichen Forschungen oder nach den realen Bedürfnissen des Verkehrs als zur Aufnahme in die deutschen Gesetzbücher geeignet erscheinen. Dies sollen die einzelnen Bausteine sein, welche der Juristentag zum geplanten Bau der deutschen Rechtseinheit liefert.

A. Allgemeine Gesetzgebung.

Was nun zunächst die formale Seite anbelangt, so ward gleich auf dem I. Juristentage mittelst einstimmiger Beschlüsse (A. 1, 2, 3) das dringende Bedürfniß anerkannt, daß ein gemeinsames deutsches Gesetzbuch über den Civilprozeß, über das Strafrecht und über das bürgerliche Recht, mindestens zunächst über das Obligationenrecht erlassen werde. Schon nach einigen Monaten wurde in Preußen durch Kabinets-Ordre vom 26. Februar 1861 eine Commission preußischer Sachverständiger niedergesetzt zur Revision des preußischen Civil- und Strafprozeßrechts und — wenn möglich — zur Herbeiführung einer gemeinsamen deutschen Gesetzgebung auf diesen Rechtsgebieten. Ein Jahr später, am 6. Februar 1862, beschloß der deutsche Bundestag, die Ausarbeitung von Entwürfen einer allgemeinen Civilprozeßordnung für die deutschen Bundesstaaten und eines allgemeinen Gesetzes über Rechtsgeschäfte und Schuldverhältnisse (Obligationenrecht) einzuleiten und zu diesem Behufe Commissionen nach Hannover und resp. Dresden zu berufen.

Wie erfreulich diese mit den Juristentags-Beschlüssen harmonirenden legislatorischen Maßregeln nun auch waren, so betrübend wirkte der auch hier hervortretende Gegensatz zwischen Oesterreich und Preußen. Die österreichische Gruppe der Regierungen wollte die Vermittelung des Bundestags, die preußische Gruppe die unvermittelte, freie Vereinbarung der Regierungen und Kammern. Mit Rücksicht auf diese Differenz unter den Regierungen und von dem lebhaften Wunsche nach dem Zustandekommen des großen Werkes beseelt, gab der II. Juristentag (4) seiner Ueberzeugung Ausdruck, daß eine gemeinsame, von den Regierungen und den Kammern der einzelnen Staaten anerkannte — wenn auch lediglich zu diesem nationalen Werke — festgesetzte Einrichtung nothwendig sei. Die Stimme des Juristentages mußte in dieser Richtung nach den damaligen politischen

Verhältnissen ungehört und wirkungslos verklingen und erst nach mehreren Jahren sollte jene ersehnte gemeinsame legislatorische Einrichtung in der Gestalt des Deutschen Reiches zur Existenz und Wirksamkeit gelangen.

So tagten denn die niedergesetzten Commissionen einstweilen neben einander und lieferten in ihren Entwürfen schätzbare Vorarbeiten zu den spätern gemeinsamen deutschen Gesetzen. Daß die Niedersetzung dieser Commissionen mit den Beschlüssen des Juristentages in einem innigen Zusammenhange stand, ist umsomehr anzunehmen, als es gewiß kein Spiel des Zufalls ist, daß gerade an die Spitze der beiden Commissionen für Civilprozeß zwei Männer*) gestellt wurden, welche Präsidenten der ständigen Deputation des Juristentages gewesen.

Ebenfalls schon auf dem I. Juristentag wurde die Ueberzeugung ausgesprochen, daß zu einer Einheit der Rechtsanwendung nur ein höchster Gerichtshof führen könne, dessen sofortige Errichtung bezüglich des bereits bestehenden gemeinschaftlichen deutschen Rechtes, sowie des noch zu schaffenden, wünschenswerth erscheine. (C. 5.)

Von Seiten Oesterreichs wurde denn auch 1862/63 dem Bundestage ein Entwurf unterbreitet zur Errichtung eines Bundesgerichts, „um die Einheit der Rechtssprechung zu vermitteln und im Namen des Bundes in richterlicher und schiedsrichterlichen Eigenschaft zu entscheiden." Die Ausführung unterblieb freilich.

Ebenso unterblieb die durch Beschluß des I. Juristentages (A. 6.) neu angeregte Ausführung des von der deutschen Handelsgesetzgebungs-Commission zu Nürnberg ausgearbeiteten Entwurfs eines Rechtshülfe-Gesetzes, obgleich mehrere Regierungen sich dazu 1861 und 1862 bereit erklärten.

So war denn bis 1866 das Handels- und Wechsel-Recht allein den deutschen Staaten gemeinsam (mit Ausnahme von Lauenburg und Schaumburg). Auf den Gebieten des Civilprozesses und des Obligationenrechts waren allerdings wichtige Vorarbeiten zur Herbeiführung der deutschen Rechtseinheit in Gang gesetzt, aber in Folge der politischen Verhältnisse schien die Erreichung des Zieles in unabsehbarer Ferne zu liegen. Die Ereignisse des Jahres 1866 nun änderten Alles mit einem Schlage. Der Norddeutsche Bund resp. das Deutsche Reich zog (außer dem Handels- und Wechsel-Recht, welches alsbald zum formalen Reichsrecht erklärt wurde), das Obligationenrecht, das Strafrecht, das gerichtliche Verfahren, die Rechtshülfe, das geistige Eigenthum und das Versicherungswesen in den Bereich seiner legislatorischen Competenz hinein, Rechtsgebiete, deren ein-

*) Berlin: Bornemann. Hannover: v. Rizy.

heitliche Regelung gerade den Gegenstand der ersten Beschlüsse des Juristentages gebildet hatten. Es wurde vom Bundesrathe eine Commission für die Civilprozeßordnung niedergesetzt, ferner wurden in Folge eines (auf Anregung von Juristentags-Mitgliedern) gefaßten Reichstagsbeschlusses Entwürfe eines Strafgesetzbuches, zuerst durch den jetzigen preußischen Justizminister Friedberg, dann durch eine Commission ausgearbeitet. Das norddeutsche Strafgesetzbuch (1871) ward zunächst gemeinsames deutsches Recht, ihm folgte das Militärstrafgesetzbuch (1872), und hierauf traten 1879 weiter als Reichsgesetze in Kraft (publicirt 1877): das Gerichtsverfassungsgesetz, die Strafprozeßordnung, die Civilprozeßordnung, die Concursordnung und (publicirt 1876) die Rechtsanwaltsordnung.

Nur noch eine, aber auch die schwierigste Aufgabe bleibt zu lösen: die einheitliche Codification des bürgerlichen Rechtes, zu welchem Zwecke seit 1873 eine aus Juristen der verschiedenen deutschen Staaten resp. Rechtsgebiete auserwählte Commission in Berlin tagt.

Die vom VIII. Juristentag (4) als nothwendig bezeichnete Reform des militärischen Strafverfahrens in Deutschland mittels reichsgesetzlicher Ordnung ist bereits mehrfach in legislatorische Erwägung gezogen, ihre Durchführung aber bis jetzt anscheinend an den Schwierigkeiten einer befriedigenden Vereinigung militärischer Rücksichten mit den Prinzipien des bürgerlichen Strafverfahrens gescheitert.

Bezüglich Oesterreichs sind folgende allgemeine Gesetze hier zu bemerken:

1. Handelsgesetzbuch von 1862.
2. Preßgesetz von 1862.
3. Concursordnung von 1868.
4. Advokatenordnung von 1868.
5. Notariatsordnung von 1871.
6. Grundbuchgesetz von 1871.
7. Strafprozeßordnung von 1873.

Seit vielen Jahren schon sind eine Civilprozeßordnung und ein neues Strafgesetzbuch in Oesterreich legislatorisch in Angriff genommen, die Arbeiten scheinen aber erst dann zum Abschlusse gelangen zu sollen, wenn die jetzt im vielgestaltigen Kaiserstaate herrschenden nationalpolitischen Gegensätze sich ausgeglichen haben.

Außer jenen großen Gesetzen wurden auch über einzelne Rechtspunkte Gesetze vom Deutschen Reiche erlassen. Sehr charakteristisch ist es für den Einfluß des deutschen Juristentages auf die deutsche Gesetzgebung, daß auch diese Specialgesetze vorzugsweise solche Fragen betreffen, deren besondere

Regelung gerade der Juristentag für nothwendig oder empfehlenswerth erklärt hatte. Dahin gehören die Gesetze über folgende Punkte:

1. Wucher, vom 4. November 1867.
— Oesterreich: 14. Juni 1868. —
(VI. J. T. E. 7),
wieder abgeändert durch Gesetz vom 24. Mai 1880.
— Oesterreich: 28. Mai 1881. —
2. Schuldhaft, vom 29. Mai 1868. —
(IV. J. T. F. 19.)
— Oesterreich: 4. Mai 1868. —
3. Errichtung des Reichs-Oberhandelsgerichtes, vom 12. Juni 1869.
(I. u. IV. J. T. C. 5, 7.)
4. Rechtshilfe, vom 21. Juni 1869.
(I. J. T. A. 6.)
5. Beschlagnahme der Arbeits- u. Dienstlöhne, vom 21. Juni 1869.
— Oesterreich: 29. April 1873, 21. April 1881. —
6. Urheberrecht vom 11. Juni 1870 (nebst Markenschutz, vom 30. November 1874, Rechtsverhältniß der bildenden Künste und Kunstgewerbe, vom 9., 10. u. 11. Januar 1876, und Patentwesen, vom 25. Mai 1877.)
(II. J. T. A. 8.)
7. Actiengesellschaften, Nov. vom 11. Juli 1870.
(VIII. J. T. D. f. 3.)
8. Civilehe, vom 6. Februar 1875.
(VIII. J. T. D. d. 1.)
9. Großjährigkeit, vom 14. Februar 1875.
(II. J. T. D. a. 3.)
10. Antragsdelicte, vom 26. Februar 1876.
(XII. J. T. E. 4.)
11. Actiengesellschaften, vom 18. Juli 1884.
(XI. XV. J. T. D. f. 4, 5.)

Auch für eine gemeinsame Gesetzgebung über das Versicherungswesen (III. J. T. A. 9.) erfolgten sofort nach Errichtung des Norddeutschen Bundes umfangreiche Vorarbeiten, aber sie wurden durch den deutsch-französischen Krieg unterbrochen. Seitdem sind sie wieder aufgenommen, ohne jedoch bis jetzt zum Abschlusse gediehen zu sein.

Die Einführung einer allgemeinen Eidesformel (I. J. T. A. 7.) ist durch die deutschen Prozeßordnungen erfolgt, nachdem schon vorher manche Staaten, so Oesterreich 1866, Preußen 1869, die besondere Eidesformel der Juden beseitigt hatten.

Wenn hiernach der bedeutende Einfluß des Juristentages auf die formale Seite der einheitlichen deutschen Gesetzgebung, auf die Gesetzgebung im Allgemeinen, außer Zweifel steht, wird sich ebenfalls nachweisen lassen, daß den Verhandlungen des Juristentages in materieller Beziehung ein nicht geringerer Einfluß auf den Inhalt der einheitlichen Gesetze zu vindiciren ist.

B. Juristisches Studium.

Während die deutschen legislatorischen Entwürfe über diesen Punkt nichts enthielten und Alles der Landesgesetzgebung überlassen wollten, wurden von Seiten der Reichstags-Commission zum Zwecke einheitlicher Regelung für die deutschen Richter einige Bestimmungen in das Gerichtsverfassungsgesetz § 2 eingeführt, welche mit den Beschlüssen des IV. resp. XIV. Juristentages (2, 3) harmoniren. So ist das Monopol der Landesuniversitäten beseitigt, ja das Universitätsstudium in gewissem Sinne für international erklärt, ein mindestens dreijähriges Studium ist erforderlich, zwei Prüfungen (mit einer Vorbereitungszwischenzeit von mindestens 3 Jahren) sind vorgeschrieben. Ein gleiches gilt von den Rechtsanwälten und Staatsanwälten (abgesehen von den Amtsanwälten) nach § 149 G.V.G., sowie von den Rechtsanwälten nach § 1 Rechtanwaltsordnung.

Das Uebrige ist der Landesgesetzgebung anheimgestellt, und der Wunsch des Juristentages, daß reichsgesetzliche Vorschriften die ganze theoretische und praktische Vorbildung aller deutschen Richter, Staatsanwälte und Rechtsanwälte regeln mögen, harrt noch seiner Erfüllung. Hoffentlich tritt diese Erfüllung in nicht zu ferner Zeit ein, da die jetzt in den Particularstaaten auf diesem Gebiete existirenden Gesetze, Verordnungen, Rescripte u. s. w. eine wahre Musterkarte deutscher Vielgestaltigkeit bilden, übrigens in manchen einzelnen Punkten ganz übereinstimmen mit den Beschlüssen des IV. (1) und XIV. (3) Juristentages.

C. Gerichtsverfassung.

Die deutschen Gesetzes-Entwürfe enthielten über die Dienststellung des Richters keine gemeinsamen Bestimmungen. Der IV. Juristentag stellte (1) als Grundsatz für die deutschen Richter das, freilich schon particularrechtlich mehr oder weniger geltende Prinzip hin: daß wider den Willen des Richters eine Versetzung, Entlassung oder Zuruhesetzung nur mittels richterlichen Ausspruches erfolgen könne. Wesentlich hiermit übereinstimmend führte die Reichstags-Commission den § 8 G. V. G. ein.

Während der Entwurf des G. V. G. die Einsetzung von Handelsgerichten statuirte, und zwar unter Erwähnung*) des Ausspruches (3) des V. Juristentages, beschloß die Reichstags-Commission anfänglich deren Beseitigung. Endlich wurden als eine Art Compromiß die jetzigen Gesetzesbestimmungen adoptirt, wonach u. A. in Uebereinstimmung mit dem, alle Vermögensansprüche unter 300 Mark den Amtsgerichten zuweisenden Beschlusse des XI. Juristentages (2) die vom Entwurfe für alle Handelssachen ausgesprochene Competenz der Handelsgerichte auf die Sachen über 300 Mark beschränkt ist, die Handelsgerichte aus kaufmännischen Richtern und einem rechtsgelehrten Vorsitzenden bestehen (Juristentag V., C. 3) und in den für ihre Einrichtung oder Wirksamkeit nicht geeigneten Bezirken wegfallen (3).

Die Beschlüsse des IV. Juristentages (1) über die collegialischen Gerichte für die wichtigeren Civil- und Straf-Sachen, die Einzelrichter für geringere und für dringliche Sachen, über die thunlichste Befreiung des Richters von fremdartigen Geschäften, die Beschlüsse des XI. Juristentages über die spezielle Competenz der Einzelrichter (2), des VI. Juristentages über die Aufhebung der akademischen Gerichtsbarkeit in Civil- und Straf-

*) Mot. S. 115.

Sachen (4) befinden sich wesentlich in Uebereinstimmung mit den neueren Gesetzen.

Der II. Juristentag beschloß (8), daß nach alter deutscher Rechtsanschauung die Gerichte über ihre Competenz allein entscheiden sollen. Der Entwurf des G. V. G. sprach sich über diese Frage nicht aus. In der Reichstags-Commission wurde nun in Folge eines, auf den Beschluß des Juristentages sich beziehenden Antrags der § 17 G. V. G. eingeführt, worin jener Grundsatz ausgesprochen wird, unter Vorbehalt jedoch particularrechtlicher, besonders construirter Competenz-Gerichtshöfe.*) Solche Competenz-Gerichtshöfe sind denn auch in fast allen größeren deutschen Staaten errichtet worden. Die deutschen Reichsgesetze enthalten keine Beschränkung der richterlichen Competenz, soweit das Reich selbst resp. die Reichsbehörden in Frage stehen, befinden sich also im Einklange mit der Ansicht des Juristentags.

Wie der XII. Juristentag (11) das Bedürfniß einer ergänzenden Verwaltungsjurisdiction neben den ordentlichen Gerichten ausgesprochen hat, so sind auch seitdem in den bedeutenderen Staaten des Deutschen Reiches selbstständige Verwaltungsgerichte eingeführt und zwar bezüglich ihrer Einrichtung und Competenz wesentlich so, wie sie auf dem Juristentage gekennzeichnet worden.

Auch in Oesterreich sind Verwaltungsgerichte constituirt (1876), früher bereits als Competenz-Gerichtshof das Reichsgericht (Staatsgrundgesetz 1867), wobei der vom III. Juristentag (9) ausgesprochene Satz, daß der ordentliche Richter über die Giltigkeit von Verordnungen zu entscheiden habe, gesetzlich sanctionirt ist (St. G. G. Art. 7).

Ueber die Organisation der Staatsanwaltschaft haben sehr gründliche durch drei Juristentage sich hinziehende Verhandlungen stattgefunden. Unter mehrfacher Bezugnahme auf dieselbe**) hat die Legislatur einerseits die Mitwirkung der Staatsanwaltschaft bei Civilsachen grundsätzlich abgelehnt (III. Juristentag 13 A.), nur in Ehe- und Entmündigungs-Sachen der Staatsanwaltschaft eine Thätigkeit, und zwar eine prinzipale, zugewiesen, anderseits sie als selbstständige Behörde neben die Gerichte gestellt und ihr die Beamten des Polizei- und Sicherheits-Dienstes untergeordnet (V. Juristentag 13 B. 1, 2, 3). Sodann hat die Reichstags-Commission ebenfalls in Uebereinstimmung mit dem Beschlusse des V. Juristentages (13 B. 4) im § 152 G. V. G. den Satz hinzugefügt, daß den Staatsanwälten die Dienstaufsicht über die Richter nicht übertragen werden darf.***)

*) Prot. 481, 583.
**) Mot. z. G. V. G. 169, z. C. P. O. 210, 399, 409.
***) Prot. 426.

Der Juristentag hatte in seiner IV. und VII. Versammlung (14, 15) folgende Grundsätze für die Organisation der Anwaltschaft resp. Advocatur aufgestellt:

1. Vereinigung von Anwaltschaft (Prozeßvertretung) und Advocatur (Rechtsvertheidigung),
2. Freigebung für alle geprüften Rechtsverständigen,
3. Freizügigkeit,
4. Ueberwachung durch Anwalts-Kammern.

Die Motive (A.) zur deutschen Rechtsanwaltsordnung wiederholen wörtlich die betreffenden Beschlüsse des Juristentages und die in diesen ausgesprochenen Grundsätze sind denn auch gesetzlich sanctionirt, mit verschiedenen Modificationen bei der Durchführung. Insbesondere sind diejenigen Schranken gezogen, welche durch den Inhalt des Gerichtsverfassungsgesetzes und der beiden Prozeßordnungen, namentlich durch den Anwaltszwang bedingt sind.

In Oesterreich wurden bereits durch die Advocatenordnung vom 6. Juli 1868 die obigen drei ersten Grundsätze durchgeführt und die Errichtung von Advocatenkammern als Organen der Disciplin erfolgte durch das Gesetz vom 1. April 1872.

Das Notariatswesen ist in Deutschland noch nicht einheitlich geordnet und die reichsgesetzliche Regelung dieser Materie wird vielleicht erst in Verbindung mit der Codification des Privatrechts erfolgen. Die in den einzelnen deutschen Staaten jetzt bestehenden alten und neuen Particulargesetze über das Notariatswesen zeigen eine bunte Mannigfaltigkeit, in ihren einzelnen Bestimmungen mit den Detail-Beschlüssen des IV. und IX. Juristentages (17 A. und B.) bald im Einklang, bald im Widerspruch.

Die österreichische Notariatsordnung vom 25. Juli 1871 stimmt im Wesentlichen mit den zum Theil spätern Beschlüssen des Juristentages überein, insbesondere auch bezüglich der Trennung von Notariat und Advocatur. (Juristentag IV.)

D. Privatrecht.

Entsprechend dem Wunsche des II. Juristentages (a 3) ist noch vor Erlaß des deutschen Civilgesetzbuches durch das Reichsgesetz vom 17. Febr. 1875 der Zeitpunkt der Großjährigkeit gemeinsam bestimmt (21 Jahre). Die ferner (a 3 gewünschte Aufhebung der cura sexus und der aus dem röm. Rechte herstammenden Beschränkung der Frauen bei der Intercession ist zwar nicht reichsgesetzlich erfolgt, aber seit dem Beschlusse des Juristentages ist mittels particularrechtlicher Gesetze die cura sexus überall, wo sie noch bestand, aufgehoben und jetzt nur noch als Ruine aus guter alter Zeit in Wismar und Rostock bewahrt geblieben, ferner ist jene Beschränkung der Frauen bei der Intercession in fast allen Staaten des Deutschen Reiches beseitigt (so in Preußen, Bayern, Hessen, Sachsen-Weimar u. s. w.)

Der III. Juristentag (b 5) beschloß, daß der gesetzlichen Regelung des Hypothekenwesens die consequente Durchführung der Prinzipien der Specialität und Publicität, sowie das sachenrechtliche Grundbuchsystem zu Grunde zu legen sei. Dies ist geschehen in Preußen durch die Gesetze vom 5. Mai 1872 über den Eigenthumserwerb und die dingliche Belastung von Grundstücken resp. die Grundbuchordnung. Mehrere deutsche Staaten (wie Oldenburg, Coburg-Gotha und Anhalt) sind bereits nachgefolgt.

Das österreichische Grundbuchgesetz vom 25. Juli 1871 beruht wesentlich auf denselben Prinzipien.

Die vom VI. Juristentag (c 4) empfohlene Zinsfreiheit wurde zwar in Deutschland durch Gesetz vom 4. November 1867, in Oesterreich durch Gesetz vom 14. Juni 1868 eingeführt, später aber durch die Gesetze vom 24. Mai 1880 resp. 28. Mai 1881 wieder aufgehoben.

Der vom VI. und IX. Juristentag (c 7. A. u. B.) adoptirte Grundsatz der Haftung des Staats resp. der Gemeinde für Versehen der

Beamten ist seitdem nur sporadisch in Particular-Gesetzen zur Anwendung gelangt, z. B. bezüglich der staatlichen Grundbuchsbeamten in der preußischen Grundbuchordnung vom 5. Mai 1872 § 29, bezüglich der städtischen Grundbuchsbeamten im Badischen Gesetze vom 24. Juni 1884 § 9, im Oesterreichischen Gesetze vom 12. Juli 1872 bezüglich der richterlichen Beamten überhaupt.

Die vom VIII. Juristentag (d. 1) für nothwendig erklärte Einführung der Civilehe, sowie die Beseitigung des Ehehindernisses wegen Religionsverschiedenheit ist durch das R.-G. vom 6. Februar 1875 erfolgt.

Der vom II. Juristentag (a. 3) ausgesprochene vom XII. Juristentag (d. 5) bestätigte Satz, daß die väterliche Gewalt mit der Großjährigkeit erlösche, ist seitdem in verschiedenen Particularrechten sanctionirt worden, so in Sachsen-Weimar-Eisenach (Gesetz vom 27. März 1872), in Braunschweig (Gesetz vom 19. Mai 1876).

Die Beschlüsse des V. u. XII. Juristentages (d. 7. A. u. B.) über das Vormundschaftswesen stimmen in den meisten Punkten mit den Vorschriften der neueren particularrechtlichen Vormundschaftsordnungen überein (Einzelrichter, Mitwirkung der Familie und der Gemeinde).

Die vom VII. Juristentag (f. 2) empfohlene Aufhebung des Instituts der beeidigten Mäkler ist in Hamburg erfolgt durch Gesetz vom 20. December 1871.

Von besonderem legislatorischen Interesse sind die Verhandlungen des VIII., IX. und XV. Juristentages über die Reform der Gesetzesbestimmungen über Actiengesellschaften. Nachdem in Uebereinstimmung mit dem VIII. Juristentag (f. 3) das Erforderniß der staatlichen Genehmigung zur Errichtung von Actiengesellschaften durch die Novelle vom 11. Juli 1870 beseitigt war, richtete die aus dem Bedürfnisse des Verkehrs hervorgehende Strömung der Zeit sich immer mächtiger dahin, mißbräuchliche Gründungen zu verhüten und die Rechte der Actionäre zu verstärken. Auch der Juristentag beschäftigte sich lebhaft mit diesen Fragen und machte in seinen Beschlüssen (f. 4. 5.) verschiedene legislatorische Vorschläge, um jenem Bedürfnisse abzuhelfen. Das neue deutsche Actien-Gesetz vom 18. Juli 1884 hat dann auch im Wesentlichen gleichartige, zum Theil sogar wörtlich gleichlautende Bestimmungen getroffen unter vielfacher Bezugnahme auf die Verhandlungen des Juristentages.*) Dahin gehören namentlich die Annahme der Prospectstheorie, und die Verantwortlichkeit der Gründer, die Aufhebung der Haftung des Actionärs auf nur 40 %, sodann die Erhöhung der Rechte des einzelnen Actionärs,

---

*) Mot. 254, 264, 273, 289, 295, 298.

resp. der Minderheit bezüglich der Einberufung von Generalversammlungen, der Untersuchung von Gesellschafts-Hergängen, der Anfechtung von Beschlüssen der General-Versammlungen und der Verfolgung von Ansprüchen der Gesellschaft aus der Gründung und Geschäftsführung. Auch der österreichische Entwurf von 1882 enthält ähnliche Bestimmungen.

Es ist bereits hervorgehoben worden, daß die Thätigkeit des Juristentages sich mehr und mehr vom Werdenden zum Gewordenen gewandt hat in Folge der fortschreitenden Verwirklichung der deutschen Rechtseinheit. Wie nun besonders die vorerwähnten Beschlüsse über Actiengesellschaften die positive Aufgabe des Juristentags documentiren, an den nothwendig erscheinenden Abänderungen der bestehenden Reichsgesetze mitzuwirken, so illustrirt der Beschluß des XV. Juristentages (F. 11) über die Beibehaltung der allgemeinen Wechselfähigkeit die negative Aufgabe: die Versuche ungerechtfertigter Abänderungen vereiteln zu helfen. Seit diesem, einstimmig in der Abtheilung wie im Plenum gefaßten Beschlusse ist die bis dahin in verschiedenen Kreisen lebhaft betriebene Agitation für Beschränkung der allgemeinen Wechselfähigkeit eingestellt und wohl für lange Zeit, vielleicht für immer verschwunden.

Die Beschlüsse des Juristentages im Gebiete des Privatrechtes sind vorzugsweise mit Rücksicht auf das künftige deutsche Civilgesetzbuch gefaßt, in dessen Ausarbeitung die hierzu ernannte Commission begriffen ist. Daß sie von dieser Commission in sorgfältige Erwägung gezogen werden, ist umsomehr anzunehmen, als mehrere hervorragende Mitglieder des Juristentages auch der Commission angehören. Da nun die Beschlüsse der Commission einstweilen sich noch der Oeffentlichkeit entziehen und den Uneingeweihten verborgen bleiben müssen, so läßt sich das Verhältniß der Beschlüsse des Juristentags zu den Beschlüssen der legislatorischen Commission zur Zeit nicht bei den speziellen Punkten näher constatiren, wie hochinteressant eine solche Constatirung auch gerade für die gegenwärtige Festschrift wäre. Aus sporadischen Durchsickerungen aber, insbesondere aus verschiedenen auf dem einen oder andern Juristentage gefallenen Aeußerungen, sowie aus manchen in der juristischen Litteratur enthaltenen Andeutungen läßt sich wohl die begründete Annahme herleiten, daß in den, bis jetzt zum Abschlusse der ersten Berathung gediehenen Rechtsmaterien (Allgemeiner Theil, Sachenrecht, Obligationenrecht) die Beschlüsse der Commission zum weitaus größten und wesentlichsten Theile mit denen der Juristentage sich nicht im Widerspruche befinden. Letztere haben eine nicht geringe Aussicht, demnächst gesetzlich sanctionirt zu werden.

E. Strafrecht.

Der II. Juristentag (1) hatte, entgegen dem preußischen Strafgesetzbuche, sich dahin erklärt, daß die Verjährung rechtskräftig erkannter Strafe zuzulassen sei. Die Gesetzgebung führte denn auch diese Verjährung ein (St. G. B. § 70), wobei die Motive des I. Entwurfs die Uebereinstimmung mit den Beschlüssen des Juristentages hervorheben.

Während die deutschen Particulargesetze, insbesondere auch das preußische St. G. B., in zahlreichen Füllen absolute Strafandrohungen statuirten, erklärte sich der IV. Juristentag (2) für die Ansicht, daß absolute Straf-Androhungen (nicht: Strafen) grundsätzlich zu verwerfen seien. Diese Ansicht hat auch die deutsche Gesetzgebung adoptirt. Der Entwurf schon beseitigte viele Fälle der Todesstrafe, sowie der lebenslänglichen Zuchthausstrafe. Wo der Entwurf aber noch solche Fälle beibehielt, wurden sie durch die Beschlüsse des Reichstages auf ein minimum reducirt, indem theils statt der Todesstrafe lebenslängliches Zuchthaus oder lebenslängliche Festungshaft (§ 81 vgl. 94) resp. lebenslängliches oder zeitiges Zuchthaus (§ 214) angedroht, theils neben der lebenslänglichen Zuchthausstrafe alternativ lebenslängliche Festungsstrafe (§§ 81, 88) resp. zeitiges Zuchthaus (§§ 178, 215, 220, 229, 251, 307, 312, 315, 322, 323, 324) bestimmt, theils endlich mildernde Umstände (§§ 87, 90) zugelassen wurden. Als Rest der absoluten Strafandrohungen ist speziell die Todesstrafe in den §§ 80 und 211 beibehalten worden.

Abweichend von dem preußischen St. G. B. und von andern deutschen Strafgesetzbüchern, erklärte sich der III. Juristentag (3) für die Grundsätze, daß nicht der Verlust der bürgerlichen Ehrenrechte überhaupt, sondern nur der Verlust bestimmter Rechte auszusprechen, daß letzterer sodann nicht an eine Strafart als solche, sondern an die ehrlose Gesinnung bei der concreten That zu knüpfen, und daß er höchstens auf 10 Jahre zu bestimmen sei. Auf denselben Grundsätzen beruht das D. St. G. B., indem es den allgemeinen Verlust der bürgerlichen Ehre nicht kennt, bei Zuchthaus und Gefängniß (beschränkt) es dem richterlichen Ermessen überläßt, den Verlust der Ehrenrechte zu verhängen, und nur ausnahmsweise einzelne Folgen von Rechtswegen eintreten läßt (§ 31) resp. die Erkennung auf Verlust der bürgerlichen Ehrenrechte für obligatorisch erklärt (§§ 161, 181 und 302 d). Auch ist das Maximum auf 10 Jahre bestimmt.*)

In fernerer Uebereinstimmung mit dem Juristentag (3) ist für solche Handlungen, welche nicht aus unehrenhafter Gesinnung hervorgehen, in vielen Fällen eine besondere Art von Freiheitsstrafen, die Festungshaft im St. G. B. zugelassen resp. festgesetzt.

Die Abschaffung der Todesstrafe, für welche das Plenum des IV. Juristentages (6), ebenso dann der Reichstag, sich ausgesprochen hatte (abgesehen vom Kriegsrechte und Seerecht), ist beim Widerspruche der Regierungen in Gemäßheit der bekannten Compromiß-Verhandlungen nicht im St. G. B. sanctionirt, wohl aber ist die Todesstrafe auf die Fälle der §§ 80 und 211 beschränkt und zwar dies grade in wesentlichem Einklang mit den, freilich vom Plenum nicht adoptirten, Vorschlägen der 3. Abth. des IV. Juristentages.

Der Entwurf der Strafgesetznovelle von 1876 beseitigte in Uebereinstimmung mit dem Beschlusse des XII. Juristentages (4) und unter mehrfacher Bezugnahme**) auf dessen Verhandlungen das Antragsrecht bei allen dolosen Körperverletzungen und bei Diebstählen, Unterschlagungen und Betrügereien solcher Personen, welche sich bei dem Verletzten in Kost oder Logis befinden. Der Reichstag stellte das Antragsrecht bei leichten vorsätzlichen Körperverletzungen (§ 232) wieder her, sowie in beschränktem Maße bei Diebstählen und Unterschlagungen von unbedeutendem Werthe, welche gegen eine Person begangen worden, zu der der Thäter im Lehrlingsverhältnisse steht oder in deren häuslicher Gemeinschaft er als Gesinde sich befindet.***) Der Juristentag hatte sich ferner für die Nothwendigkeit einer Beschränkung der Zurücknahme des Antrages ausgesprochen und zwar in der Richtung, daß die Zurücknahme nur bis zur Eröffnung des Beschlusses auf Vornahme des Hauptverfahrens zulässig sei, bei Delicten unter Angehörigen bis zur Verkündigung eines auf Strafe lautenden Erkenntnisses. Die Gesetzgebung erkannte ebenfalls die Nothwendigkeit einer

---

*) Mot. 48 ff.

**) Mot. zu §§ 223, 247, 263.

***) Sten. Ber. 1875/6 S. 807, 815, 1348.

Beschränkung hier an, führte sie aber in einer anderen Richtung und noch in höherem Maße ein, indem die Zurücknahme nur in den gesetzlich besonders vorgesehenen Fällen für zulässig, sonst für überhaupt unzulässig erklärt wurde (zulässig nach dem Entwurf nur bei § 194, nach den Beschlüssen des Reichstages bei §§ 102, 103, 104, 247, 263, 292, 370, ferner bezüglich Angehöriger bei §§ 232, 303).

Der Entwurf der St.-G.-Novelle wollte sodann den beendigten und unbeendigten Versuch als Grade des Versuchs mit verschiedenen Strafrahmen hinstellen (§ 44), der Reichstag aber lehnte, im Einklange mit den Beschlüssen des XIII. Juristentags (5), diese Unterscheidung ab, erkannte eine gesetzliche Berücksichtigung des beendigten Versuchs nur insofern an, als die freiwillige Verhinderung der Vollendung als Strafaufhebungsgrund stehen blieb.*)

Die Gesetzgebung hob allerdings in Uebereinstimmung mit dem Beschlusse des VI. Juristentages (6) durch Gesetz vom 4. November 1867 die Wucherstrafgesetze auf, führte sie aber, in Folge der inzwischen gemachten Erfahrungen, durch Gesetz vom 4. Mai 1880 wieder ein.

Oesterreichisches Strafrecht.

Von einem Einflusse der Beschlüsse des deutschen Juristentages auf die österreichische Strafgesetzgebung kann naturgemäß mit Rücksicht auf das schon seit 1852 bestehende Strafgesetzbuch wenig die Rede sein. Zu bemerken ist jedoch, daß ähnlich, wie in den Aussprüchen des III. Juristentages (3) befürwortet wurde, durch die Novelle vom 15. November 1867 die Ehrenstrafen erheblich beschränkt sind, namentlich auch das Maximum der Dauer auf 10 Jahre reducirt ist, daß ferner das Schicksal der Wuchergesetze in Oesterreich (Gesetz vom 4. Juni 1868, dann abändernd Gesetz vom 28. Mai 1881) genau so verlief wie in Deutschland.

*) Sten. Ber. 627.

F. Civilprozeß.

Der Fundamentalsatz unseres jetzigen Civilprozesses: die Mündlichkeit oder Unmittelbarkeit der Verhandlung war wohl den meisten deutschen Juristen, insbesondere den Praktikern, zur Zeit der Gründung des Juristentages verhältnißmäßig neu und fremdartig. Ueber das innere Wesen und die Tragweite dieses Grundsatzes zeigte sich gleich in den ersten Verhandlungen des Juristentages eine außerordentliche Verschiedenheit der Ansichten, und es ist kein geringes Verdienst des Juristentages, mittels zahlreicher Gutachten und vielfacher Debatten im Allgemeinen und im Einzelnen das Verständniß des Prinzips gefördert, die Ansichten geklärt zu haben, insbesondere dahin, daß den Schriftsätzen wesentlich nur eine informatorische Bedeutung zukommt und das in der Verhandlung mündlich Vorgetragene entscheidet (1, 14). Zugleich wurde in den Verhandlungen und Beschlüssen des Juristentags den legislatorischen Faktoren resp. den Commissionen ein ebenso umfangreiches wie innerlich werthvolles Material unterbreitet. Dies Material ist denn auch in der Gesetzgebung thatsächlich in ausgiebiger Weise berücksichtigt und benutzt.

Eine der wichtigsten Fragen, mit welchen der Juristentag sich beschäftigte, war die Frage, ob die in der hannoverschen Pr. O. enthaltene, mittels eines die Instanz-Richter wie die Parteien bindenden Beweisinterlocuts herbeigeführte Trennung des Hauptverfahrens in zwei Abschnitte: Behauptungen der Parteien und Beweis der bestrittenen Behauptungen, beizubehalten sei. Nachdem der II. Juristentag den Beweisbeschluß für inappellabel erklärt hatte (4), faßte der III. Juristentag zu Wien nach heftigen Kämpfen mit großer Majorität den Beschluß (7), daß das Gericht bei der Endentscheidung an das Beweisdecret nicht gebunden sein solle. Diesen Beschluß fand die in Hannover am 15. September 1862 zusammentretende Prozeßcommission vor, und auch diese entschied sich, allerdings mit kleiner Majorität, nach lebhaften Erörterungen für den Charakter des Beweisbeschlusses als einer lediglich prozeßleitenden Verfügung, sowie für die Verbindung des Beweises mit den Behauptungen (Juristentag VI., 5). In den folgenden Gesetzentwürfen*) ward nun das System eines einheitlichen mündlichen Hauptverfahrens bis zum unbedingten oder bedingten Endurtheile in seinen Consequenzen immer folgerichtiger durchgeführt.

Die 4. Abth. des VI. Juristentages (6) hatte die Eventualmaxime und jede Präclusivfrist für neue Thatsachen und Beweismittel verworfen, der VII. Juristentag (6) dagegen beschlossen, daß in der Regel eine Präclusivfrist bestehen solle. Der norddeutsche Entwurf (§§ 446 fl.) wollte nun mit dem Beweisbeschlusse, als einer Cäsur in facto, die Zulässigkeit der nova in der Instanz abschneiden. Der I. („revidirte") deutsche Entwurf (§ 228) wiederum erklärte gleichwie die 4. Abth. des VI. Juristentages nova bis zum Schlusse der mündlichen Verhandlung, auf welche das Urtheil ergeht, im Prinzipe für zulässig. Der IX. Juristentag (14) kehrte sodann zu diesem Grundsatze ebenfalls zurück, welcher dann schließlich auch gesetzlich sanctionirt ist.

Schwankend zeigten sich ferner die Beschlüsse des Juristentages über die Frage, ob der Beweisbeschluß mit Gründen zu versehen sei und ob er die Beweislast aussprechen solle, und hier folgten die Prozeßentwürfe in einer für den Einfluß des Juristentages sehr charakteristischen Weise diesem Schwanken nach. Der III. Juristentag bejahte diese Fragen (7), darauf geschah ein Gleiches vom hannoverschen Entwurfe**) und vom preußischen Entwurfe.***) Der VI. Juristentag verneinte bei nochmaliger Erwägung dagegen die Fragen, und nun beseitigten wiederum die folgenden Entwürfe, voran der norddeutsche Entwurf (§ 471), aus dem Beweisbeschlusse die Gründe resp. die Vertheilung der Beweislast. Dabei bezieht sich der III. Entwurf†) ausdrücklich auf die Verhandlungen des VI. Juristentages.

Das Prinzip der freien Würdigung des Beweises ist übereinstimmend vom III. und IV. Juristentage (9) und von sämmtlichen Gesetzeswerken angenommen und auch hier beziehen sich die Motive††) auf das Votum des IV. Juristentages. Bezüglich der Schädenprozesse enthielt der preußi-

---

*) Norddeutscher Entwurf von 1870.
I. Deutscher Entwurf von 1871.
II. „ „ „ 1872.
III. „ „ „ 1874.

**) 1. Lesung § 282, 2. Lesung § 281.

***) § 354, vgl. §§ 395, 396.

†) Mot. 202.

††) II. Entwurf S. 263, III. Entwurf S. 206.

sche Entwurf gar keine besondere Bestimmung, und der hannöversche Entwurf (§ 307) überwies nur die Höhe des Schadens dem Ermessen des Richters. Der VI. Juristentag (10) unterwarf auch die Existenz des Schadens dem freien richterlichen Ermessen. Diese Erweiterung wurde dann vom norddeutschen Entwurfe und von den folgenden Entwürfen ebenfalls statuirt, wobei die Motive auf das Votum des Juristentages hinwiesen.*)

Die Frage, ob es sich empfehle, die particularrechtlichen Beschränkungen des Zeugenbeweises in das deutsche Prozeßrecht zu übernehmen, wollte der preußische Entwurf (vgl. Mot. 104) durch eine besondere Bestimmung für das rheinische Recht erledigen, der hannoversche Entwurf in erster Lesung (§ 343) durch einen Vorbehalt für die Landesgesetzgebung. Der V. Juristentag (11) erklärte demgegenüber die unbeschränkte Zulässigkeit des Zeugenbeweises für wünschenswerth. Darauf beschloß die hannoversche Prozeßcommission in der zweiten Lesung, unter Beseitigung des § 343 von jeder Beschränkung des Zeugenbeweises abzusehen. Hiebei blieb es in den folgenden Gesetzeswerken und der III. Entwurf (Mot. 200) bezieht sich zur Rechtfertigung ausdrücklich auch auf den Beschluß des Juristentags.

In Betreff des Einflusses der Strafurtheile auf die Beweiswürdigung hatte der preußische Entwurf (§ 273) im Wesentlichen die bindende Kraft der Strafurtheile statuirt, der hannoversche Entwurf (§ 308) die Entscheidung der Frage den Landesgesetzgebungen vorbehalten. Die norddeutsche Commission faßte in der Sitzung vom 4. Mai 1868 ebenfalls den Beschluß, daß die verurtheilenden Straferkennungen unbedingt bindend seien. Der VII. Juristentag dagegen erklärte (12) die Erlassung einer gesetzlichen Bestimmung über die Beweiswirkung der Strafurtheile in bürgerlichen Rechtsstreitigkeiten für nicht entsprechend. Der norddeutsche Entwurf verblieb (§ 462) bei dem früheren Beschlusse, aber die folgenden Entwürfe stimmten mit dem Juristentage überein und zwar weisen die Motive**) auf die energische Bekämpfung jener Ansicht eben durch den Juristentag hin. Auch bei den Debatten der Reichstags-Commission über diese Frage beriefen sich sowohl Commissionsmitglieder als auch der Vertreter der Regierungen auf den Juristentag. So ist denn im Einführungsgesetze § 12 Nr. 1 die ausdrückliche Aufhebung aller Vorschriften der Landesgesetze über die bindende Kraft der Strafurtheile für den Civilrichter ausgesprochen.

---

*) III. Entwurf S. 209.

**) III. Entwurf, 286.

In Uebereinstimmung mit dem Beschlusse des VIII. Juristentages (13) und unter Hinweisung auf denselben*) hat die Gesetzgebung die Einführung der zeugeneidlichen Vernehmung der Parteien abgelehnt, ferner das vom norddeutschen Entwurfe (§ 612) beseitigte Institut der eventuellen Eidesdelation wieder hergestellt.

Während der Hann. E. (§§ 408 fl.) allgemein, der Preuß. E. (§ 510) nur unter gewissen Beschränkungen, den (zugeschobenen) Glaubens- und Ignoranz-Eid über facta aliena zuließ, der Nordd. E. (§ 609) ihn beseitigte, jedoch bezüglich der Echtheit von Urkunden (§ 610) eine Ausnahme gestattete, beschloß der VIII. Juristentag (13), die unbedingte Verwerflichkeit dieses Eides auszusprechen. Die späteren Gesetzeswerke aber schlugen einen Mittelweg ein, indem sie die Eideszuschiebung über solche Thatsachen zuließen, welche in Handlungen des Gegners, seiner Rechtsvorgänger oder Vertreter bestehen, oder welche Gegenstand der Wahrnehmungen dieser Personen gewesen sind. Dabei erklären die Motive:**) „So wünschenswerth es auch sein würde, im Anschlusse an das Votum des VIII. Juristentages die Eideszuschiebung über facta aliena gänzlich zu beseitigen, so erscheint doch ein solches Vorgehen den Anforderungen des Verkehrs gegenüber nicht durchführbar."

Von den Beschlüssen des XII. und XIII. Juristentages (2, 3) über die Klageänderung wurde die Bestimmung, daß die richterliche Entscheidung über die Zulässigkeit der Klageänderung durch ein Rechtsmittel nicht anfechtbar sei, zufolge eines auf den Beschluß des Juristentages sich berufenden Antrags in der Reichstags-Commission in der Form des §. 242 C. P. O. gesetzlich sanctionirt, eine Bestimmung, welche bis dahin legislatorisch nicht zur Geltung gekommen war.***)

Der II. Juristentag (4) hatte sich für den unbedingten Anwaltszwang, auch für rechtsverständige Parteien, in allen Prozessen vor collegialisch formirten Gerichten ausgesprochen. Der III. Entwurf (§ 72) wollte bei handelsgerichtlichen Sachen eine Ausnahme machen, die Reichstags-Commission aber verwarf diese Ausnahmen†) wie auch die Vorschläge wegen einer Ausnahme bei rechtsverständigen Parteien.

In fernerer Uebereinstimmung mit den Beschlüssen des II. und X. Juristentages (4 C. 6) wurde das Rechtsmittel dritter Instanz beim höchsten Gerichte als Revision (Cassation) nur über Rechtsfragen und deren Anwendung eingerichtet.

---

*) III. Entwurf, Mot. 330, 334.

**) II. Entw. S. 352 III. Entw. S. 246.

***) Prot. der Reichstags-Commission. S. 1001—3).

†) Pr. 497, 966.

Der II. Juristentag hatte (4) als Consequenz des Prinzips der Mündlichkeit die Unzulässigkeit der Abweisung der Klage per decretum ausgesprochen. Der Norddeutsche Entwurf glaubte, durch eine besondere Bestimmung (§ 218) dies statuiren zu müssen. Später hielt jedoch die Legislatur eine solche Bestimmung für überflüssig, weil selbstverständlich.*)

Das Institut des unbedingten Mandats wurde vom VIII. Juristentag (15), sowie die sogenannte Nichtigkeitsbeschwerde im Interesse des Gesetzes vom III. Juristentag (C. 13) verworfen und auch von der Gesetzgebung nicht aufgenommen.

Der I. D. E. hatte, abweichend von den früheren legislatorischen Vorschlägen resp. Entwürfen, das Rechtsmittel der Berufung gegen die Endurtheile collegialischer Gerichte auf eine revisio in jure beschränkt. Auf dem IX. Juristentag wurde diese Bestimmung einer Kritik unterzogen und der Beschluß (14) zu Gunsten der unbedingten Berufung gefaßt. Der II. Entwurf blieb bei jenem neuen Vorschlage stehen, indem die Mot. (403) unter Erwähnung der Verhandlungen des Juristentages bemerken, daß der Vorschlag Widerspruch und Zustimmung erfahren habe, die Gründe des Widerspruchs jedoch nicht durchschlagend seien. Umgekehrt erklärte dann der III. Entwurf**) den Widerspruch resp. dessen Gründe für überwiegend und stellte in Uebereinstimmung mit dem Beschlusse des Juristentages die Zulässigkeit der Berufung auch wegen Thatfragen wieder her.

Der IV. Juristentag (19) hatte unter Ablehnung aller Detail-Anträge die Zulässigkeit des Personalarrestes wegen Privatschulden im Prinzipe anerkannt. Das Norddeutsche Bundesgesetz vom 29. Mai 1868 beseitigte die Schuldhaft, sofern dadurch die Zahlung einer Geldsumme oder die Leistung einer Quantität vertretbarer Sachen oder Werthpapiere erzwungen werden soll. Durch die D. C. P. O. ist die Haft zugelassen als persönlicher Sicherungsarrest (§ 798), ferner zur Erzwingung einer Potestativ-Handlung (§ 774), einer Unterlassung (§ 775) und des Offenbarungs-Eides (§ 782.)

Mit dem Beschlusse des VII. Juristentages (20), daß das noch unverdiente Arbeits- oder Dienst-Lohn freilich dem Arreste zu unterwerfen, dem Schuldner aber eine Competenz zu belassen sei, befindet sich die Reichsgesetzgebung***) insoweit in Uebereinstimmung, als bei den im Privatdienste dauernd angestellten Personen ein bestimmter Betrag des Verdienstes freigelassen wird, der Rest mit Beschlag belegt werden darf, ähnlich wie bei Beamten u. s. w.

*) III. Entwurf, Mot. 158.

**) Mot. 140.

***) Ges. v. 21. Juni 1869, C. P. O. § 749.

Entgegen den, mit wenigen Ausnahmen in den deutschen Particulargesetzen über die Subhastation herrschenden Grundsätzen beschloß der Juristentag in seinen durch drei Versammlungen (X. XI. XII.) sich hinziehenden Verhandlungen, daß es nicht angemessen sei, auch diejenigen Hypotheken erlöschen zu lassen, welche aus dem Kaufpreise völlig gedeckt werden; daß ferner der Zuschlag nur zu ertheilen sei, wenn das Gebot den Betrag der dem betreibenden Gläubiger vorangehenden Hypotheken übersteigt (21 A B). Das neue preußische Zwangsvollstreckungsgesetz von 1883 adoptirte diese Grundsätze und zwar mit dem ausdrücklichen Hervorheben in den Motiven des ersten Entwurfs von 1878, daß die Verhandlungen des Juristentages Veranlassung gegeben haben, die bisherigen Grundlagen der preußischen Subhastationsordnung nochmals einer Prüfung zu unterwerfen, und daß man sich überzeugt habe, daß die bisherigen Grundlagen zu verlassen seien und man diejenigen Grundlagen annehmen müsse, welche der Juristentag empfohlen.

Gleiche Grundsätze sind bereits 1879 in Würtemberg und im Königreich Sachsen 1884 sanctionirt, bezüglich des Zuschlages in Oldenburg und (modificirt) in Sachsen-Weimar. In Baden sind in der Stände-Versammlung von 1884 unter Hinweisung auf die Beschlüsse des Juristentages die erwähnten Grundsätze allgemein gebilligt, jedoch ist eine auf deren gesetzliche Durchführung gerichtete Motion abgelehnt wegen des Zusammenhangs mit der demnächst erfolgenden allgemeinen Regelung des ganzen Pfandrechts.

In Uebereinstimmung mit dem Beschlusse (24b) des VI. Juristentages über den Zwangsvergleich, welcher im Concurse für die nicht bevorrechtigten Gläubiger wirken und der Bestätigung durch das Gericht bedürfen solle, hat die deutsche Concurs-Ordnung das bezügliche Verfahren wegen des Zwangsvergleichs geregelt (§§ 161, 170, 176) und zwar unter vielfacher Bezugnahme auf die Verhandlungen des Juristentages.*)

Bezüglich der schon lange in Vorbereitung befindlichen österreichischen Civilprozeßordnung läßt sich wohl mit Sicherheit annehmen, daß sie, wenn auch mit Modificationen, sich an die deutsche Civilprozeßordnung wesentlich anschließen wird.

Es kann hier nur bemerkt werden, daß die Schuldhaft (Gesetz vom 4. Mai 1868), der Lohnarrest (Gesetz vom 29. April 1873, 21. April 1881) und der Zwangsvergleich im Concurse (jedoch nur im kaufmännischen, Conc.-O. vom 28. December 1868 §§ 207 fl.), ähnlich geregelt worden wie in Deutschland.

---

*) Mot. S. 353 fl.

G. Strafprozeß.

Bezüglich der Bildung der Strafgerichte sprach der Juristentag (IX. X.) sich dahin aus (1), daß eine Verbesserung der Strafrechtspflege von einer möglichst ausgedehnten Mitwirkung des Laienelements bei der Aburtheilung aller Straffälle zu erwarten sei, und modificirte diesen Ausspruch insofern, als er die Form des Schöffengerichts nur bei den Gerichten mittlerer und unterster Ordnung empfahl (1) und ein Bedürfniß der Ersetzung der Schwurgerichte durch Schöffengerichte, wenigstens zur Zeit nicht anerkannte (3). Der Friedbergsche Entwurf einer deutschen Straf-Prozeß-Ordnung ging consequent davon aus, daß alle Straffälle durch Schöffengerichte abzuurtheilen seien: durch große, mittlere und kleine. Ebenso die Commissionen von 1873. Der Bundesrath aber entschied sich einerseits, in Uebereinstimmung mit den Beschlüssen des Juristentages, für die Beibehaltung des Geschwornen-Instituts, verwarf andererseits die mittleren Schöffengerichte. Die Reichstags-Commission sodann erklärte sich in erster Lesung (wie der Juristentag), für die mittleren Schöffengerichte, ließ sie jedoch in zweiter Lesung wieder fallen*) und nahm mit den Regierungen Schwurgerichte, Strafkammern und kleine Schöffengerichte an.

Entgegen den Bestrebungen, den Schöffen die Mitwirkung bei der Entscheidung über Prozeß-Fragen und bei Ausmessung der Strafe zu versagen, hat der IX. Juristentag (1) ausgesprochen, daß den Schöffen das Richteramt in seinem vollen Umfange zu übertragen sei. Denselben Grundsatz hat auch das G. V. G. § 30 aufgestellt und in der Reichstags-Commission ist hier ausdrücklich auf die Verhandlungen des Juristentages Bezug genommen.

---

*) Pr. 325, 535.

In Uebereinstimmung mit dem Beschlusse des II. Juristentages (2) hat die deutsche Gesetzgebung einerseits die particularrechtlichen Ausnahme-Bestimmungen aufgehoben, welche die an sich zur Zuständigkeit der Schwurgerichte gehörenden politischen Verbrechen besonderen Gerichten überwiesen, andererseits auch die politischen Vergehen den allgemeinen Competenz-Regeln unterworfen. Anträge wegen desfallsiger Erweiterung der Competenz der Schwurgerichte wurden sowohl auf dem Juristentage als in der Reichstags-Commission*) gestellt, jedoch abgelehnt.

Das vom IX. Juristentag (5) ausgesprochene Prinzip, daß die Zuständigkeit der Strafgerichte in der Regel von der in thesi angedrohten Strafhöhe abhängig sei, Abweichungen nur bei der Zuweisung geringerer Fälle, die an sich vor die Mittelgerichte gehören, an die Strafgerichte niederster Ordnung gemacht werden sollen, findet sich in den betreffenden Bestimmungen des G. V. G. (1 besonders § 75) angewandt.

Von speziellem Interesse sind die detaillirten Beschlüsse des II. Juristentages (9) über die strafprozessualischen Rechte der verletzten Privatperson (Privatklage, Nebenklage). Vielfach ist in den Motiven des Entwurfs (Anlage 4 führt sogar die Anträge und Beschlüsse des Juristentages über die Privatklage wörtlich an, als Resultate einer „besonders eingehenden und umfassenden Erörterung"), in den Verhandlungen des Reichstages und der Reichstags-Commission auf die Arbeiten des Juristentages Bezug genommen, so daß sie unverkennbar einen erheblichen Einfluß auf die Gesetzgebung ausgeübt haben. Unter Anerkennung des Legalitätsprinzips für die Staatsanwaltschaft (§ 152) hat das Gesetz bei besonders geringen Delicten (Beleidigungen und Köperverletzung mit Verfolgung auf Antrag) dem Beschädigten die Anklage zugewiesen; in der Regel dieselben Rechte und Rechtsmittel, welche der Staatsanwaltschaft zustehen, sind dem Privatkläger zuerkannt (St. P. O. §§ 425, 430); gegen die Ablehnung der Verfolgung von Seiten der Staatsanwaltschaft steht dem Antragsteller (Verletzten) das Recht zu, gerichtliche Entscheidung zu beantragen (§ 170, von der Reichstags-Commission eingeführt,**) während der Entwurf § 146 nur eine Beschwerde an die vorgesetzte Staatsanwaltschaft zuließ), dies jedoch unter Cautionspflicht und eventueller Haftung für die desfallsigen Kosten (§ 174, 175); für den Verletzten ist unter gewissen Einschränkungen die Nebenklage mit den Rechten eines Privatklägers eingeführt; die Vertheidigung ist schon im Vorverfahren gestattet und dem Vertheidiger sind weitgehende Rechte zuerkannt (Acteneinsicht, Theilnahme an richterlichen Handlungen, directes Fragerecht, Ladung von Zeugen); ferner ist

*) G. V. G. Prot. 361, 365.

**) Pr. 217, 629, Sten. Ber. 484, 977.

die Mittheilung der Anklageschrift (deren Vorlesung, Entwickelung der Anklage) durch den Staatsanwalt in der Hauptverhandlung beseitigt (zufolge Beschlusses der Reichstags-Commission.)*)

In weiterer Uebereinstimmung mit den Beschlüssen des III. Juristentages (11) ist die gerichtliche Voruntersuchung beibehalten und zwar einerseits nicht bloß (wie der Entwurf §§ 149, 150 wollte) bei reichsgerichtlichen Strafsachen unbedingt und bei landgerichtlichen auf Antrag des Staatsanwalts, sondern (wie die Reichstags-Commission beschloß),**) bei schwurgerichtlichen Strafsachen unbedingt und bei Strafkammersachen auch auf begründeten Antrag des Angeschuldigten (§ 176), andererseits unter der Verpflichtung der Staatsanwaltschaft, in den betreffenden Fällen gerichtspolizeiliche Vorerhebungen zu veranlassen (§§ 158 fl.), ferner unter Einführung einer, wenn auch beschränkten Parteien-Oeffentlichkeit. (§§ 167, 191, 193).

Entgegen verschiedenen Gesetzgebungen, welche theils in gewissen Fällen eine gerichtliche Vorprüfung der Anklage resp. Entscheidung über das Resultat der Voruntersuchung ausschlossen, theils (in Schwurgerichtssachen) eine zweimalige Vorprüfung vorschrieben, erklärte der VII. Juristentag (14) eine einmalige gerichtliche Vorprüfung für nothwendig und genügend. Damit stimmt das Gesetz überein, und die in der Reichstags-Commission***) gestellten Anträge auf Modificirungen in jener ersteren Richtung wurden abgelehnt, wobei auch der Verhandlungen des Juristentages Erwähnung geschieht.

Wie der V. Juristentag (15), so hat auch die St. P. O. sich der Auffassung derjenigen Gesetzgebungen angeschlossen, welche die Maßregeln gegen widerspenstige Zeugen nur als Zwangsmittel hinstellen und nur eine mäßige Freiheitsentziehung oder Geldstrafe zulassen. Ferner hat die Gesetzgebung (unter Erwähnung der Verhandlungen des Juristentags†) gleich dem V. (15) und XII. (16) Juristentag die Ansicht reprobirt, daß die Richtung der Untersuchung gegen eine bestimmte Person eine Voraussetzung der Zeugnißpflicht sei.

Bezüglich der legislativen Controverse, ob Voreid oder Nacheid? entschied sich der VI. Juristentag (17 A c) für den Voreid als Regel, ebenso die Gesetzgebung unter Beziehung auf die Verhandlungen des Juristentages.††)

*) Pr. 363, Bericht 63.
**) Pr. 227. 864.
***) Pr. 304, 930.
†) Mot. 35.
††) Mot. 35, Sten. B. 443.

Auch die gesetzliche Bestimmung (§ 65), daß die Beeidigung in der Regel erst in der Hauptverhandlung erfolgen soll, Ausnahmen aber stattfinden, stimmt mit den Aussprüchen des V. Juristentages (17, A a, b) überein.

Das vom XI. Juristentag (18) angenommene Prinzip des Kreuzverhörs ist von der Gesetzgebung nur insofern anerkannt, als auf übereinstimmenden Antrag der Staatsanwaltschaft und der Vertheidigung das Kreuzverhör eintritt (§ 238). Verschiedene Versuche wurden in der Reichstags-Commission gemacht, das Prinzip auch in weiterer Ausdehnung zur Geltung zu bringen, aber sie scheiterten sämmtlich.*)

Abweichend von particularrechtlichen Vorschriften hat das Gesetz (§§ 136, 243) im Einklange mit dem Beschlusse des VII. Juristentages (19) dem Angeklagten in der Hauptverhandlung eine spezielle Einlassung oder Rechtfertigung auf die Anklage nicht zur Pflicht gemacht.

Der Beschluß der Reichstags-Commission, daß wegen falscher Rechtsbelehrung der Spruch der Geschworenen durch ein Rechtsmittel anfechtbar sei,**) wurde vom XIII. Juristentag (20, 21) adoptirt, dann dem Widerspruche des Bundesraths gegenüber unter mehrfacher Bezugnahme auf die Verhandlungen des Juristentags in der Reichstags-Commission bestätigt und vom Reichstag angenommen,***) schließlich aber, als zu den sogenannten Compromißpunkten gehörig, beseitigt. †)

Die vom XIII. Juristentag (22) beschlossene Verurtheilung des damals noch hie und da bestehenden Instituts der Lossprechung von der Instanz ist auch von der Gesetzgebung ausgesprochen als „nicht erst der Begründung bedürfend."

In Uebereinstimmung mit den Beschlüssen des VII. Juristentages (23 b) hat das Gesetz (§ 338) dem Staatsanwalte die Befugniß eingeräumt, auch zu Gunsten des Angeklagten von den Rechtsmitteln Gebrauch zu machen.

Nachdem die Reichstags-Commission, entgegen dem Entwurfe sich in erster Lesung für die Berufung ausgesprochen hatte, verneinte sie wie bei Urtheilen der Collegialstrafgerichte der III. Juristentag (23 a), die Berechtigung des Staatsanwalts zur Berufung. ††) Schließlich wurde die Berufung auf die schöffengerichtlichen Urtheile beschränkt und nun auch

*) Pr. 351, 948.

**) Pr. 464, 588, 998.

***) Sitzung 173, Pr. 4, 5, Sten. B. 521.

†) Sten. B. 987.

††) Pr. 560.

dem Staatsanwalte das auch vom Juristentag hier ihm nicht abgesprochene Recht der Berufung gegeben.*)

Abweichend von derzeitigen Particulargesetzen erklärte der VIII. Juristentag (25) die Wiederaufnahme des Verfahrens zu Gunsten des Verurtheilten auf Grund neuer Thatsachen im Beweise für zulässig, ebenso die Gesetzgebung (§ 399).

Wesentlich in Uebereinstimmung mit den Beschlüssen des X. Juristentages (6) ist in der Gesetzgebung über die Presse das Preßgewerbe den Bestimmungen der Reichsgewerbeordnung unterworfen, die richterliche wie administrative Entziehung der Gewerbebefugniß aufgehoben (Preßgesetz § 4), das Repressionssystem statt des Präventivsystems angenommen, ferner ist, abgesehen von der exceptionellen Haftungspflicht des Redacteurs vermöge Präsumtion der Thäterschaft, das Prinzip durchgeführt, daß die criminelle Haftung für den strafbaren Inhalt einer Druckschrift nach den allgemeinen Strafgesetzen sich bestimme (Ber. der Reichstags-Commission von 1874, entgegen dem Reg. Entw., welcher das System der successiven und ausschließenden Verantwortlichkeit annahm, § 21, Mot. 138); endlich sind Fahrlässigkeits-Strafen eingeführt (entgegen dem Entwurfe). Auf die Verhandlungen des Juristentages wird dabei im Berichte der Reichstags-Commission von 1873**) Bezug genommen.

Bereits der II. Juristentag (2), in seiner Plenar-Versammlung, faßte einerseits den Beschluß, daß Preßverbrechen nicht den an- und für sich competenten Schwurgerichten zu entziehen seien, verwarf andererseits den Beschluß der III. Abthlg, daß für Preßvergehen die Geschworenen zur Entscheidung der Thatfrage mehr geeignet seien als Richtercollegien, erklärte sich also nach beiden Seiten hin gegen die prozessualische Sonderstellung der Preßdelicte. Auch der Entwurf wollte hier jede Ausnahme beseitigen. Im Gegensatz hierzu beschloß die Reichstags-Commission einen § (59a resp. 81), welcher die Preßvergehen ebenso wie die Preßverbrechen vor die Schwurgerichte verwies. In dritter Berathung wurde bei dem Widerspruche der Regierungen dieser § allerdings wieder gestrichen, aber dafür wurden im § 6 Einf. G. zum G. V. G. die bestehenden landesgesetzlichen Vorschriften über die Zuständigkeit der Schwurgerichte für die Preßdelicte reservirt (also in Bayern und Baden, da in Würtemberg die früher eingeführte Competenz der Schwurgerichte durch Gesetz vom 27. Juni 1874 schon wieder beseitigt war)***).

*) Pr. 1011.

**) Sten. B. 338, 342.

***) G. V. G. Mot. 102; Pr. der Reichstags-Commission 362, 625, 741; Sten. B. 259, 903.

Der X. Juristentag (6) sprach nun ganz generell den Grundsatz aus, daß die allgemeinen strafprozessualen Grundsätze auch für die Preßdelicte entscheidend seien. Den Abtheilungs-Beschluß, daß jede vorläufige richterliche wie administrative Beschlagnahme von Druckschriften unzulässig sei, verwarf das Plenum, und im Einklange damit ist im Preßgesetze die Beschlagnahme zugelassen, nur unter besonderen näheren Bestimmungen. Jenen Satz, daß die allgemeinen strafprozessualen Prinzipien entscheiden, haben übrigens auch die Regierungen consequent beibehalten und von diesem Standpunkte aus die vom Reichstag sowohl beim Preßgesetze als auch bei der St. P. O. beschlossenen besonderen Bestimmungen über die Zeugnißfreiheit bei Preßdelicten zum Wegfall gebracht.*)

Die Beschlüsse des XII. Juristentages (16) über die Zeugnißfreiheit sollten nur die richtigen Consequenzen der allgemeinen strafprozessualen Grundsätze zum Ausdruck bringen, keineswegs etwa eine legislatorische Abweichung herbeiführen.

Zwei außerordentlich wichtige Fragen, über welche der Juristentag sich ausgesprochen hat, sind gegenwärtig in Folge einer mächtigen Bewegung unter Laien und Juristen von der Gesetzgebung in Erwägung gezogen und harren der legislatorischen Lösung: die Frage der Entschädigung für unschuldig erlittene Untersuchungshaft resp. Strafe und die Frage der Berufung gegen Strafkammer-Urtheile erster Instanz. Die erstere Frage ist auf 4 Juristentagen erörtert (XI., XII., XIII., XVI. 26, 27). Die darüber gepflogenen Verhandlungen bieten ein charakteristisches Bild einerseits der Gründlichkeit in wissenschaftlicher wie in praktischer Beziehung, andererseits der großen Schwierigkeit, legislatorisch die richtige erschöpfende Formel zu finden. Die zweite Frage ist vom letzten Juristentage (24) nach erregten Debatten mit nicht sehr erheblicher Majorität zu Gunsten der Berufung beantwortet.

Wenn die hie und da schon auftauchenden Zeichen der Zeit nicht trügen, so entwickelt sich in verschiedenen Kreisen eine steigende Bewegung für Aenderung, ja Beseitigung der Schwurgerichte, überhaupt für baldige Reform der bestehenden Strafprozeßordnung. So liegt vielleicht die Zeit nicht fern, wo der eine oder der andere der vom Juristentag erörterten, nicht oder nur theilweise in die Gesetzgebung übergegangenen Vorschläge über mittlere Schöffengerichte (1), allgemein subsidiäre Privatanklage (10), Oeffentlichkeit der Voruntersuchung (13), Kreuzverhör (18), Anfechtbarkeit des Geschworenen-Spruchs wegen falscher Rechtsbelehrung (20, 21), wiederum die Legislatur beschäftigen wird.

*) Sten. B. 1873/74 S. 480, 1103; Pr. der Reichstags-Commission 1875 S. 42, 809; Sten. B. 429, 957.

Was nun das Verhältniß des Juristentags zur Oesterreichischen Gesetzgebung anbelangt, so bot sich hier, abweichend von andern Rechtsgebieten, eine reiche Gelegenheit zur legislativen Einwirkung des Juristentages, nämlich bei der im Jahre 1873 emanirten österreichischen Strafprozeßordnung. In der That stimmen denn auch die betreffenden Vorschriften der österreichischen St. P. O. mit den vorangegangenen Beschlüssen des deutschen Juristentages zum weitaus größten Theile überein.

Dahin gehören: die Stellung der Staatsanwaltschaft im Strafverfahren (Legalitätsprinzip § 34), die Anrufung der richterlichen Entscheidung über die staatsanwaltschaftliche Ablehnung der Verfolgung, die Rechte der Vertheidigung in der Voruntersuchung wie im Hauptverfahren (§§ 45, 97, 249), die Vorerhebungen durch die Staatsanwaltschaft (§ 88), die richterliche Voruntersuchung (freilich nur eintretend bei schwurgerichtlichen Verbrechen oder beim Verfahren gegen Abwesende, sonst auf Antrag des Anklägers, § 91), der Zeugnißzwang (§§ 150 fl.), die Unzulässigkeit der Beeidigung in der Voruntersuchung (mit Ausnahme § 169), endlich die Wiederaufnahme des Verfahrens nach rechtskräftiger Verurtheilung bei neuen Thatsachen oder Beweisen. Eigenthümlich gelöst ist die Frage wegen Voreides oder Nacheides. Die Beeidigung vor dem Untersuchungsrichter erfolgt, in den Fällen ihrer ausnahmsweisen Zulässigkeit, nach der Vernehmung (§ 171), die Beeidigung in der Hauptverhandlung vor der Vernehmung, auf Einverständniß der Parteien nachher (§ 247). Die Losspechung von der Instanz (III. Juristentag 22) wurde schon 1867 speziell durch eine Novelle beseitigt.

Ebenso, ja noch mehr als in der D. St. P. O. den Beschlüssen des deutschen Juristentags sich nähernd, ist die Art und Weise, wie in der O. St. P. O. die Befugnisse des Verletzten geregelt sind. Die Privatklage ist bei allen Antrags-Vergehen zulässig (§ 46), jeder durch ein Verbrechen oder durch ein von Amtswegen zu verfolgendes Vergehen in seinen Rechten Verletzte kann wegen seiner privatrechtlichen Ansprüche sich dem Strafverfahren anschließen als Privatbetheiligter (§ 47). Außerdem ist dem Privatbetheiligten die subsidiäre Privatklage unter bestimmten Bedingungen gegeben: wenn auf die Ablehnung der Verfolgung von Seiten der Staatsanwaltschaft das Gericht die Verfolgung beschließt, und wenn die Staatsanwaltschaft von der Verfolgung zurücktritt (§ 48). Während bei der gerichtlichen Anordnung der Verfolgung die D. St. P. O. (§ 173) die Durchführung dem Staatsanwalte zuweist, überläßt die O. St. P. O., dem Vorschlage des II. Juristentages (9) conform, die Durchführung dem Privatbetheiligten.

Die Einstellung der Voruntersuchung erfolgt durch den Untersuchungsrichter, wenn der Ankläger damit einverstanden ist (§ 109), außerdem durch die Rathskammer im Beschwerdewege (§ 109, 113 fl.) und bei der Versetzung in den Anklagestand durch Einbringung der Anklageschrift findet eine gerichtliche Vorprüfung (durch den Gerichtshof II. Instanz) nur statt, wenn der Angeklagte mittels Einspruchs sie verlangt (§ 207 fl.).

Während die D. St. P. O., mit dem Juristentage übereinstimmend, die unbeschränkte Berechtigung des Staatsanwalts anerkennt, auch zu Gunsten des Beschuldigten Rechtsmittel einzulegen, gestattet die O. St. P. O. diese Einlegung nur bei collegialgerichtlichen Urtheilen und nicht wider Willen des Angeklagten (§§ 282, 283), bei bezirksgerichtlichen (einzelrichterlichen) Urtheilen überhaupt nicht (§ 465).

Der XVII. Juristentag (24) hat sich für die Einführung der Berufung gegen erstinstanzliche Urtheile der Strafkammern ausgesprochen („wenigstens hinsichtlich der Schuldfrage,“ worin der latente Wunsch der Einführung der Berufung auch wegen des Strafmaßes stecken mag) und damit eine Reform resp. Abänderung nicht bloß der deutschen sondern auch der O. St. P. O. zur Erwägung gezogen. Die O. St. P. O. gestattet bei bezirksgerichtlichen Urtheilen die Berufung wegen der Schuldfrage und des Strafmaßes (§ 465), bei allen collegialgerichtlichen Urtheilen, auch bei schwurgerichtlichen wegen des Strafmaßes (§§ 283, 345), jedoch überall bezüglich des Strafmaßes nur dann zum Nachtheile des Angeklagten, wenn eine außerordentliche Strafmilderung oder eine Strafumwandlung (§§ 54, 55 Straf-G.) erfolgt ist, zu Gunsten des Angeklagten, wenn der Gerichtshof von diesem ihm zustehenden Rechte nicht ohnehin schon Gebrauch gemacht hat.

Die O. St. P. O. enthält (§ 344 Nr. 8) das, vom XIII. Juristentage auch für die D. St. P. O., wenn auch vergeblich empfohlene Institut der Nichtigkeitsbeschwerde wegen unrichtiger Rechtsbelehrung der Geschworenen.

Das Strafverfahren in Preßsachen richtet sich nach den allgemeinen Vorschriften der St. P. O., mit besonderen Bestimmungen über die zulässige Beschlagnahme (§§ 483 fl.).

In folgenden Punkten befindet sich die O. St. P. O. im directen Widerspruche mit den Beschlüssen des Juristentages resp. mit der D. St. P. O.

Die Preß-Verbrechen und -Vergehen, wie auch im Wesentlichen die politischen Delicte sind den Schwurgerichten zugewiesen (§ 484, St. P. O., Art. VI. des Kundmachungspatents vom 23. Mai 1873) mit der Beschränkung, daß im Verordnungswege die Regierung eine zeitweilige Suspension der Schwurgerichte für bestimmte Gebiete verfügen kann, in welchem Falle Richtercollegien eintreten (Ges. vom 23. Mai 1873).

Die Mitwirkung von Laien findet nur bei den Schwurgerichten statt, Schöffengerichte existiren nicht. Die Anklageschrift wird in der Hauptverhandlung verlesen.

Nach dem Obigen wird man nicht fehlgreifen, wenn man den Beschlüssen des deutschen Juristentags einen erheblichen Einfluß auch auf die österreichische Gesetzgebung im Strafverfahren vindicirt.

Aus dieser Vergleichung der Beschlüsse des Juristentags mit den Bestimmungen der Gesetzgebung tritt also ein höchst erfreuliches Gesammtbild für den Juristentag hervor. Soweit die betr. Rechtsmaterien durch die reichsgesetzlichen Codificationen geregelt werden, ist der Inhalt des weitaus größten und wichtigsten Theils der Beschlüsse des Juristentags durch das positive Recht sanctionirt. Dasselbe gilt von der stückweise erfolgten Regelung einzelner Punkte durch Reichs- oder Landes-Gesetze, sowie von den Abänderungen der bestehenden Codificationen.

Bezüglich der formellen einheitlichen Gesetzgebung sind ziemlich alle Wünsche des Juristentags erfüllt, bis auf die in Ausarbeitung begriffene Codification des Privatrechts und auf die deutsche Militair-Strafprozeßordnung.

Wegen des juristischen Studiums und des praktischen Vorbereitungsdienstes ist die Gesetzgebung noch formell und materiell im Stadium der Entwickelung begriffen.

Im Gebiete der Gerichtsverfassung (Competenz) befinden sich die Reichsgesetze durchweg in Uebereinstimmung mit den Aussprüchen des Juristentages, nur nicht in einigen wenigen Punkten, die meistens mit particularrechtlichen Verhältnissen zusammenhangen (Competenz des Reichsgerichts wegen der Landesrechte, Competenz der Gerichte gegenüber der Verwaltung bezw. Regierung, Dienststellung der Beamten der Staatsanwaltschaft, Trennung der Advocatur vom Notariat), wo der Juristentag eine reichsgesetzliche Regelung und zwar theilweise nach bestimmten Richtungen hin empfahl (C. 6, 8—11, 13, 17).

Im Privatrechte sind sämmtliche Beschlüsse, sofern deren Materien eben später gesetzlich geordnet sind, im Einklange mit der Gesetzgebung des Reichs. Auch die Particulargesetze, welche einzelne vom Juristentag erörterte Punkte geregelt haben, stimmen mit den Beschlüssen wesentlich überein.

Im Strafrechte hat sich die Gesetzgebung mit dem Juristentage eigentlich nur in zwei Punkten in Widerspruch gesetzt, nämlich insofern als sie die vom Plenum verworfene Todesstrafe beibehielt, jedoch unter Beschränkungen ganz im Sinne des Beschlusses der III. Abtheilung des Juristentages (E. 6), ferner die Bestrafung der Concursgläubiger wegen doloser Operationen (E. 9) nicht einführte. Modificationen finden sich bei den Antragsdelicten (E. 4).

Die privatrechtlichen und criminellen Beschränkungen des Wuchers wurden gesetzlich zwar anfänglich, wie der Juristentag vorschlug, aufgehoben, später aber wieder eingeführt.

Im Civilprozesse wurden die zahlreichen Beschlüsse des Juristentags sämmtlich adoptirt, mit Ausnahme der Beschlüsse wegen Reducirung der Klageänderung auf Aenderung des Objects (F. 3) und wegen Ueberweisung der kaufmännischen Concurse an die Handelsgerichte (F. 22). Der Beschluß gegen den Ignoranz- und Glaubens-Eid (F. 13) fand nur theilweise Anklang, ebenso der Beschluß für die Zulässigkeit der Personalhaft als Prinzip (F. 19).

Von den vielen, im Strafprozesse durch den Juristentag empfohlenen Bestimmungen sind nicht sanctionirt diejenigen über mittlere Schöffengerichte (G 1) und über Anfechtbarkeit des Wahrspruchs der Geschwornen wegen falscher Rechtsbelehrung (G 20, 21), während diejenigen über die allgemein subsidiäre Privatanklage (G 10), Oeffentlichkeit der Voruntersuchung (G 13) und Kreuzverhör (G 18) nur in sehr beschränktem Maße eingeführt wurden. Unbedeutende Differenzen finden sich bei der Voruntersuchung. Im Uebrigen stimmen alle Beschlüsse mit der Gesetzgebung überein.

Im Ganzen sind bis jetzt ca. 120 materielle Einzelfragen, über welche der Juristentag sich ausgesprochen hat, nachher zur legislativen Erörterung bezw. Regulirung von Seiten des Reichs gelangt, und von den betreffenden Aussprüchen des Juristentages befinden sich reichlich 100 in vollem Einklange, nur ca. 10 in directem Widerspruche mit der Gesetzgebung, während der Inhalt der übrigen ca. 10 theils modificirt angenommen, theils gar nicht bis zur reichsgesetzlichen Regulirung gediehen ist.

Schlußwort.

Ueberschaut man die im Vorstehenden niedergelegten und erörterten Resultate der Thätigkeit des Juristentages, so wird man ihm das Zugeständniß nicht versagen können, daß er in den 25 Jahren seines Bestehens auf den ihm zugewiesenen Gebieten fortwährend fleißig gesäet hat und daß manche gesegnete Ernte aus seiner Saat aufgegangen ist. Die Bestrebungen des Juristentages nach Erreichung einer formalen Rechtseinheit der deutschen Nation haben die Einheits-Idee gekräftigt und nicht wenig dazu beigetragen, daß die Verwirklichung der Idee, die Schöpfung der großen deutschen Gesetzeswerke in Angriff genommen wurde. Auch in Zukunft mag die Betonung dieses nationalen Bedürfnisses nach Rechtseinheit angesichts der auch im Rechtsgebiete noch hie und da sich zeigenden centrifugalen Kräfte nicht bedeutungslos erscheinen.

Wie der Juristentag seine materielle Aufgabe: am Inhalte des gemeinsamen Rechts mitzuwirken, bis jetzt gelöst, welchen legislatorischen Einfluß sein Vor- und Mitarbeiten geübt hat, wird die Darstellung seines Wirkens genügsam gezeigt haben. Diese Mitwirkung des Juristentages am Schaffen wie am Erhalten und Verbessern gemeinsamen deutschen Rechts wird auch künftig von hoher Bedeutung sein.

Es liegt nun freilich in der Natur der Sache, daß die ursprünglich als die wesentliche Seite der Aufgabe des Juristentages erscheinende Mitwirkung an der Herbeiführung der deutschen Rechtseinheit, am Schaffen neuen gemeinsamen Rechts, sich in demselben Verhältnisse verringert, wie dieser Zweck nach und nach erreicht wird. Je mehr die deutsche Rechtseinheit dem Ziele ihrer Vollendung sich nähert, desto geringer werden eben für die neuschaffende Thätigkeit die zu beseitigenden Hindernisse, desto kleiner das Gebiet, wo der Juristentag noch Saamen für legislatorische Früchte streuen kann, desto dürftiger wird der Stoff für die anregende und anbohrende Arbeit der Gutachten, Debatten und Beschlüsse. In dieser Richtung also ist die Thätigkeit des Juristentages gewissermaßen eine selbstmörderische. Vielleicht werden wir in nicht gar ferner Zeit, und grade der Juristentag muß sagen: je eher desto lieber, die große Epoche kommen sehen, wo mit dem Erlaß des bürgerlichen Gesetzbuchs als Krönung des ganzen Werkes eine einheitliche Gesetzgebung im Wesentlichen das gesammte Recht in allen seinen Theilen für alle deutschen Staaten codificirend geregelt hat, wo die Volksstämme Deutschlands an dem großen Ziele, zu dessen Erreichung mitzuwirken der Juristentag besonders gestrebt hat, endlich angelangt sind. Es wäre aber grundverkehrt, für diese Zeit zugleich das Ende des Juristentages prophezeihen, ihm einen Todtenschein ausstellen zu wollen. Seine Aufgabe und Thätigkeit bezüglich der Rechtsentwickelung wird nicht aufhören, sondern sich nur umgestalten, eine andere Form, einen anderen Charakter annehmen. Wenn und soweit die deutsche Reichseinheit unter Dach und Fach gebracht ist, fällt den deutschen Juristen, statt der bisherigen Mitarbeit an der Errichtung des Baues, nunmehr die Aufgabe zu, daran mitzuwirken, einerseits, daß dieser Bau je nach den Anforderungen der wachsenden wissenschaftlichen Erkenntniß und nach den steigenden oder sich ändernden Bedürfnissen des praktischen Lebens zeitgemäß erweitert und in der inneren Einrichtung zur möglichsten Vollkommenheit gebracht werde, andererseits auch, daß dieser Bau vor ungerechtfertigten Abänderungen, vor Verschlechterungen bewahrt bleibe. Je größer und umfangreicher die neuen Gesetze sind, je gewaltiger und eingreifender die Umwälzungen sein müssen, welche bei den buntgestalteten Rechtszuständen in den deutschen Staaten jene Codification mit sich führt, desto mehr wird bei der Anwendung dieser Gesetze sich demnächst das Bedürfniß zeigen, sie zu ändern und fortzubilden, sie zu verbessern. Bei dieser Feuerprobe der Gesetze bezüglich ihrer wissenschaftlichen Berechtigung wie ihrer praktischen Tauglichkeit ist den Juristen die Hauptrolle kritischer Entscheidung zugewiesen und gerade der Juristentag hat durch seine bisherigen Arbeiten und deren legislatorischen Einfluß die Berechtigung, den Beruf bewiesen, in erster Linie hierbei mitzuwirken. Haben doch schon bei den vorhandenen deutschen Gesetzbüchern manche Fragen den Juristentag in lebhafte Bewegung gesetzt und ihm reichen Stoff zur Arbeit geboten. Insbesondere hat man dem Handelsgesetzbuche und später der Strafprozeßordnung nicht einmal die Zeit einer ehrlichen Probe gelassen, vielmehr ist vom Anfange ihres Bestehens an vielfach Anlaß gefunden und genommen worden, nicht bloß einerseits Verschlechterungen zu verhüten, sondern auch andererseits Verbesserungen anzuregen und zu fördern, ein Zeichen vielleicht der steigenden und sich ändernden Bedürfnisse des praktischen Lebens, vielleicht auch innere Unzulänglichkeit des Gesetzes. Der Juristentag wird stets ein wichtiger Sammelplatz sein für die Erfahrungen des Juristenstandes über die neuen Gesetze, für Reform-Vorschläge, für legislatorische Anregungen und Abmachungen.

Unverändert in seinem Charakter ist dagegen für den Juristentag geblieben die weitere Aufgabe: eine Vereinigung für den lebendigen Meinungsaustausch und den persönlichen Verkehr unter den deutschen Juristen zu bilden. In dieser Richtung wird sogar der Juristentag eine steigernde Bedeutung für die Rechtsentwickelung gewinnen müssen. Mit jeder Codification mehrt sich Anlaß und Stoff für die praktische Beurtheilung des Gewordenen und die neben den Sitzungs-Verhandlungen mehr still und im Verborgenen wirkende Kraft des lebendigen im Einzelverkehr erfolgenden Austausches gegenseitiger Erfahrungen über das Neue wird sich immer ersprießlicher gestalten. Schriftliche Constatirung, litterarische Kundgebung solcher Erfahrungen wird schwerlich jemals gleiche Bedeutung gewinnen. Auch wird nach wie vor der persönliche Verkehr beim Juristentag ein erfolgreiches Mittel bilden, das Band der Einigung fester zu schlingen um die deutschen Juristen im weitesten Sinne, nicht bloß im Deutschen Reich, sondern auch in Oesterreich.

Wie die in den Jahren 1866, 1870, 1877 auftauchenden Zweifel und Befürchtungen wegen der weiteren Lebensfähigkeit und Zeitgemäßheit des Juristentages überhaupt durch die Thatsachen widerlegt sind, so hat insbesondere die Furcht sich als grundlos bewiesen, als ob das allgemeine deutsche Parlament den Einfluß des Juristentages absorbiren und in gerechtem Selbstgefühle wenig Gewicht auf die Aussprüche einer anderen, nicht aus Wahlen, sondern aus eigener Entschließung hervorgegangenen Versammlung legen werde. Im Gegentheil hat gerade der Reichstag, wie aus der Darstellung des Einflusses des Juristentages auf die Gesetzgebung aufs Klarste hervorgeht, den Verhandlungen des Juristentages einen weittragenden Einfluß gewährt. Ein großes Parlament in seiner vielseitigen Zusammensetzung ist ja auch naturgemäß weniger geeignet, bei Codificationen, bei organischen Gesetzen deren Inhalt, deren Einzelheiten sachlich zu erörtern, als eine freie Vereinigung von specifischen Berufsgenossen. Wie es künftig die Aufgabe des Juristentages bleiben wird, legislatorisch vorzuarbeiten, so wird der Reichstag dabei die Aufgabe haben, die juristischen Einseitigkeiten der Berufungsversammlung vom allgemeinen Standpunkte aus zu berichtigen.

Unverändert endlich wird die theoretische Bedeutung fortdauern, welche für die Förderung der Rechtswissenschaft den Verhandlungen des Juristentages innegewohnt hat.

Wenn der Juristentag nach wie vor, so viel an ihm ist, bestrebt sein wird, mit seinem Ohre nach dem Lautwerden der Bedürfnisse des Verkehrs und nach den Klagen der Praxis zu horchen, mit scharfem Auge die Forschungen und Entdeckungen der Wissenschaft zu verfolgen, und mit richtigem Gefühle den Pulsschlag der Zeit zu prüfen, ob die Stunde gekommen ist, wo die Abschaffung oder die Hinzufügung von Rechtssätzen und Rechtsinstituten angeregt oder empfohlen werden muß, so wird es ihm niemals an Arbeits-Stoff fehlen und wird sich ihm stets ein reiches Feld darbieten für lohnende, fruchtbringende Thätigkeit. Die Rechtsentwickelung kann ja nicht stille stehen, und wenn das gesammte Recht codificirt ist, so hat die Nation und voran der Juristenstand dafür zu sorgen, daß der Codex nicht zum Petrefacten wird.

Nach dem Allen darf der Juristentag sowohl mit Befriedigung auf eine erfolgreiche Vergangenheit zurückschauen, als auch mit Hoffnung hineinblicken in eine gedeihliche Zukunft!

Druck von G. Jansen in Berlin.

Sachregister.

Die Ziffern beziehen sich auf die Seitenzahlen.

C — siehe auch K. —

D.

E.

F.

G.

H.

J.

K.

L.

M.

N.

O.

P.

Q.

R.

S.

T.

U.

V.

Kolibri 360 GmbH
Ferdinand-Jühlke-Straße 7
99095 Erfurt, Deutschland
produktsicherheit@kolibri360.de